KB050617

예술경영
리더십코칭

ARTS MANAGEMENT
LEADERSHIP COACHING

박정배 · 박양우 · 정재완

박영사

머리말

　학문이란, 그 시대 그 사회의 요청과 필요에 따라 새롭게 생성되고 만들어지게 마련이다. 과거에서 현재까지의 흐름에서 여러 선행연구를 살펴보면, 예술경영은 예술의 영역에만 국한된 학문은 아니다. 문화영역 전반에 걸친 창의적이고, 독창적인 문화·예술을 어떻게 대중과 연계하고 그 과정을 얼마나 효율적으로 운영, 관리할 것인가를 추구한다. 따라서 예술경영은 문화·예술 측면에서 포괄적으로 정립해 나가는 것이다. 4차 산업혁명 시대와 현대 사회 요청은 변화를 통한 혁신이다. 이러한 측면에서 다른 학문에 비해 새로운 학문인 예술경영은 많은 부분에서 변화, 혁신 등을 통해 새로움을 더하는 분야로 더욱 주목을 받고 있다. 국내외 선행연구를 살펴보면 예술경영리더십의 필요성과 역할이 '변화와 혁신'에서 중요한 요소로 제시되고 있다. 특히 구성원과 함께 상호보완적 성장을 하며, 어떻게 가치를 창출하고 성과를 만들어 낼 것인가 하는 것이다. 그러나 평소 사람들은 리더십에 관하여 어떠한 생각도 없이 그저 자기 분야에서 몸이 부서질 정도로 열심히 일한다. 그리고 문득 모든 흥망성쇠가 리더십에 달려 있다는 것을 깨닫게 된다. 그때부터 리더십을 집중적으로 다듬기 시작하지만 잘되지 않는다. 리더십의 정의는 매우 다양하다. 이러한 차이점은 리더십 학자들이 리더십의 여러 다른 면을 탐색한 결과이다. 학자들은 리더십의 각각 다른 면에 초점을 맞추고 있다. 이 책에서는 예술경영리더십코칭에서 활용할 수 있는 목표설정, 회의 운영, 협상·갈등관리, 스트레스 관리, 조직·구성원 관리 등에 관하여 보다 체계적이고 실제적이며 유용한 방법들을 얻을 수 있도록 포괄적 제안과 함께 설명하고 실천 노트를 제시하였다.

리더십 각각 다른 리더십의 정의들은 혼동을 주지만, 분명한 것은 리더십 정의에 대한 정답은 없다는 것이다. 오히려 다양한 리더십의 정의들은 리더십을 바라보는 다양한 관점뿐만 아니라 리더십에 영향을 미치는 다양한 요소 이해에 도움이 될 것이다. 이 책에서 리더는 각 분야에서 자기의 일을 책임지는 담당자부터 최고 경영자까지를 모두 지칭한다. 리더와 코치는 같은 개념으로 사용한다. 왜냐하면, 우리가 함께 일하는 조직과 리더는 그들의 능력을 새로운 차원으로 높이는 완전히 다른 리더십이나 관리를 실천하고 있음을 보여주기 위해 리더 코치를 종종 사용하기 때문이다. 지금 세상은 빠르게 진화하고 있다. 그래서 예술경영 현장도 목적과 존재 이유에 맞추어 변화하고 관련 사업은 필요를 충족시키기 위해 조직이 왜 일을 하는 새로운 방식을 수용해야 하는지를 제시하려 한다. 이때 리더들은 예술경영리더십코칭을 통해 그것이 어떻게 사람, 조직, 수익 등 모두 가치와 이익으로 나타날 수 있도록 보여줄 수 있을 것이다. 이 책은 예술경영리더십코칭의 어떤 방법을 활용하고, 어떻게 하면 성과를 만들 것인지에 대하여 상세한 소개와 함께 실무에 도움이 되는 방법 등을 제시하였다. 입문자뿐만 아니라 예술경영리더십을 필요로 하는 사람들이 관련 분야의 기본 지식과 실행방법을 이해할 수 있도록 하였다. 그래서 예술경영 현장에서 알아야 하는 점들은 표, 그림 등으로 예술경영리더십코칭의 일반적인 기본 원리를 간결하게 정리하였다. 내용은 총 7장으로 구성하였다. 이론적 체계화는 물론 실무적으로 활용하도록 하였다. 각 장은 다음과 같다. 1장은 예술경영의 기본적 이해, 2장은 예술경영리더십코칭의 개념, 3장은 코칭의 기본적 이해, 4장은 예술경영리더십코칭의 대두, 5장은 예술경영리더십코칭의 역량, 6장은 예술경영리더십코칭의 대상 육성을 위한 사전 준비 단계, 7장은 예술경영리더십코칭의 대상 육성을 위한 실행 프로세스이다. 부록으로 예술경영리더십코칭의 실천 노트도 첨부하였다.

이 책의 기본 틀과 내용구성에 관한 아이디어는 저자들의 현장경험과 교육경험 그리고 산학협력 과정에서 습득한 노-하우(know-how)와 많은 국내·외 선행연구에서 가져왔음을 밝힌다. 주요 특성은 예술경영리더십코칭의 개념과 필요성과 그에 대한 원리와 적용방법에 주안점을 두고 실제 현장은 물론 교육기관에서 효율적으로 활용하도록 하였다. 그리고 저자들의 이론과 경험을 바탕으로 예술경영리더십코칭의 효용성과 현장성을 높일 수 있는 실천 노트도 덧붙였다. 하지만 책의 내용이 예술경영리더의 위치에 있는 사람이나 예술현장에 있는 예술인들에게 생소하거나 어려울지도 모른다. 실천할 수 있는 것이 아무것도 없다고 생각할지도 모른다. 그렇다면 독단적인 리더일지도 모른다.

독자 여러분은 이 책에서 예술경영리더십을 어떻게 사용해야 하는지에 대한 힌트를 볼 수 있을 것이다. 그리고 진정한 리더란 무엇이며, 존경받는 리더십을 함양하기 위해서는 어떻게 해야 하는지에 대한 명확한 답을 얻을 수 있을 것이다. 4차산업 시대 세상이 빠르게 변화하고 있는 시점에 예술경영·리더십·코칭 등 관련 분야에 수많은 연구와 실무업적을 가지고 있는 전문가들이 이러한 저술을 함께 할 수 있음에 큰 의미가 있다고 본다. 하지만 빠르게 발전하는 예술경영학의 틀을 만들어 간다는 것에 마음만 앞선 것이 아닌가 하는 생각도 있다. 그런데도 후속 연구의 근간이 될 수 있을 것이라는 생각에 부담스러운 마음을 내려놓는다. 이 책으로 예술경영리더십코칭이 재미와 가치가 있는 학문영역임을 깨닫게 되길 바란다. 이 책을 선택하여 주신 모든 분에게 감사와 조언을 부탁드린다. 끝으로 출판을 위해 노력해 준 ㈜박영사 안종만·안상준 대표님과 편집을 맡은 전채린 님과 AE 오치웅 님 이하 여러분에게 감사의 마음을 드린다.

2021. 8.

저자 박정배·박양우·정재완

Chapter 03
코칭의 기본적 이해

Chapter 04
예술경영리더십코칭의 대두

Chapter 05
예술경영리더십코칭의 역량

Chapter 06
예술경영리더십코칭 대상 육성을 위한 사전준비

Chapter 07
예술경영리더십코칭 대상자 육성을 위한 실행프로세스

문화 · 예술경영 현장의 탁월한 리더들의
예술경영리더십코칭 Practice Note

표 차례

그림 차례

CHAPTER

01

예술경영의
기본적 이해

01 예술경영의 생성

한 분야의 학문이 대중에게 인식되고 사회적 가치를 가지게 되는 기준은 무엇인가? 통상적으로 그 학문이 대학에서 교육되고 연구되는 것을 최소한의 기준으로 한다. 예술경영이란 학문은 미국을 포함한 북미대륙과 영국을 포함한 유럽 등지에서 약 40여 년 전부터 대학에서 학제화하여 오늘날에 이르고 있다. 과거에서 현재까지 예술경영은 그 사회적 역할과 학문적 영역을 넓히면서 오늘날 예술의 창작과 그 과정의 합리적인 운용에 관해 많은 해답을 제시하고 있다. 그러나 이러한 예술경영은 대중에게로의 접근방식과 현실적 적용에 있어 그 역할과 방법을 달리해 왔다.

기본적으로 예술경영은 예술과 경영이 접목된 응용학문으로 정의해 볼 수 있다. 창의성과 독창성을 최상의 가치로 여기는 예술이라는 장르와 합리성과 효율성을 추구하는 경영이라는 학문이 하나의 영역으로 융합되기까지는 많은 시행착오와 오랜 기간이 필요했다. 어떠한 학문이든 학제간의 융합이 일어나기 시작할 때는 상호간의 학문영역들이 일정 정도의 거리를 유지하게 된다. 따라서 예술경영이 시작될 초기에는 예술과 경영이 각 학문의 고유 영역과 특성을 견지하면서 상호 독립적으로 인식되었다. 그러나 이러한 현상이 발전하여 1990년대에는 예술의 영역과 경영학 영역이 공통분모를 공유하는 소위 학제적인 성격을 띠면서 발전의 시작이 된다.

21세기를 맞이하면서 세계적인 화두인 문화영역에서 서양과 동양, 익숙한 것과 익숙하지 않은 것의 접목 현상으로 새로움을 창출하는 퓨전(fusion)의 개념이 도입되면서 예술경영은 사람과 사람, 문화와 문화를 연결하는 개념을 설정하며 그 역할과 중요성이 확대되었다. 최근에는 4차산업혁명 시대에 맞게 컨버전스 (convergence) 개념이 예술경영의 영역에도 접목되어 문화융합시대에 더욱 중요한 분야로 역할과 문화가치 확산에 있어 중요한 역할을 하고 있다.

이제 문화는 4차산업 기술의 혁명을 통해 시간과 공간을 초월하며 전 세계가 공유하는 인류의 자산이 되고 있다는 점에서 예술의 창작과 대중에게 확산이라는 문화예술 소비의 시대에 예술경영에 대한 이해와 역할에 대한 시대적 요청은 더욱 증가 되고 있다. 예술경영은 과거에서 현재까지의 흐름을 주요 키워드로 독립적 성향의 시기를 그 출발점으로 하여, 예술과 경영이라는 둘 이상의 분야에 걸치는, 즉 여러 분야와 관계있는 학제적(學際的)인 성향을 띠는 시기로 발전하였다. 더불어 현대에는 과학기술의 발전으로 복합성과 다양성을 추구하는 혼합적 성향으로 정착되었다. 그래서 기술과 문화가 융합·통합·복합(convergence)하는 시기와 접목하여 4차산업 시대에 진입하여 더욱 주목받게 분야가 되었다.

02 │ 예술과 경영의 접목과 확산

　예술경영에서 다루는 영역을 분류해보면 다음과 같이 세 가지로 나눠볼 수 있다. 먼저, 순수예술 및 문화재의 지원과 관리에 관련된 예술 및 문화재 영역을 들 수 있다. 둘째로 순수예술과 문화재 영역을 보다 포괄적으로 수용하는 문화영역을 들 수 있다. 마지막으로 순수예술과 과학기술의 발전에 기인하여 새로운 문화영역으로 자리 잡은 문화산업, 창조산업 영역으로 <표 1-1>과 같이 구분된다.

▌표 1-1 예술경영에서 다루는 영역 분류

영역 분류	예술경영에서 다루는 영역
문화재 영역	순수예술 및 문화재 지원 및 관리
문화영역	순수예술과 문화재 영역을 보다 포괄적으로 수용
문화산업 (창조산업)	순수예술과 과학기술의 발전에 기인한 새로운 문화영역 (대중문화 및 예술: 문화콘텐츠 포함)

자료: 선행연구에 의한 저자 재구성

　앞에서 예술과 경영의 학제간 접목과 관련하여 설명하였다. 여러 선행연구를 보면, 예술경영은 예술의 영역에만 국한된 학문이 아니다. 문화영역 전반에 걸친 독창적인 문화예술을 어떻게 대중과 연계시키고 그 과정에 대한 운영을 얼마나 효율적으로 관리할 것인가에 대해 [그림 1-1]은 예술과 경영의 접목과 포괄적인 개념으로 형성과정을 보여주고 있다.

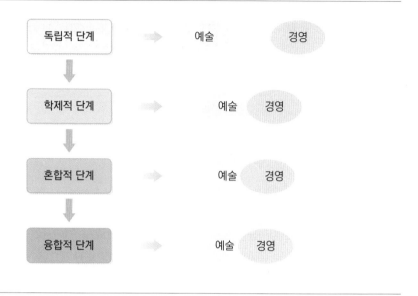

자료: 선행연구에 의한 저자 재구성

03 문화예술의 가치확산

  문화예술의 가치확산과정은 [그림 1-2]와 같이 예술경영의 의미와 역할에 대한 이해를 위한 기본적인 기준을 제공한다. 그리고 예술가의 창작이 실현되고 대중에게 전달되는 과정은 예술가의 개인적이고 함축적인 언어가 대중에게 명확한 의미를 부여하는 작품으로 표출하면서 확산한다.

  이런 과정에서 예술경영은 예술가와 관객 또는 대중과 연결하는 중요한 다리 역할을 하게 된다. 이때 마케팅이라는 수단을 활용하여 예술적 가치를 대중에게 인식시켜 사회적 차원에서 대중에게 확산시킨다. 확산의 과정에서 예술가에 의하여 예술적 가치는 발현되는 것에서 대중에게 인식되면서 발현된 것으로 바뀌게 된다.

  이때 사회적, 경제적 가치를 얻게 된다. 그리고 마케팅은 발현되는 또는 발현된 예술적 잠재성을 강화하기 위해 예술적 가치를 변화시키는 주체(예술경영자)가 제공하는 서비스의 기본적인 수단이 된다.

  각각의 확산과정에서는 다양한 서비스와 마케팅 방법이 활용된다. 이 과정에서 마케팅은 예술이 창작되는 순간이 아니라 문화예술계를 구성하는 다양한 대중에게 예술의 가치를 전파하는 과정과 관계가 있으며, 예술과 경영의 충돌을 해결할 수 있는 접점이 된다. 그러나 예술경영이 가지는 문제점은 예술과 경영이라는 주제에 있어 상호의 이론적 배경과 관점의 차이에서 비롯된다.

▼ 그림 1-2 문화예술의 가치확산 과정

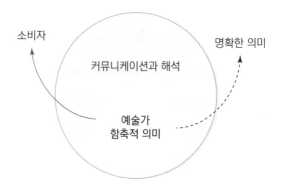

자료: Simona Botti(2000), What Role for Marketing in the Arts? An Analysis of Arts Consumption and Artistic Value, *International Journal of Arts Management*, Volume 2, pp. 14-27, 저자 재구성.

04 예술경영의 필요성

예술상품은 관객의 사상과 느낌 그리고 가치의 일깨움을 통하여 사회의 문화적 웰빙에 도움이 된다. 예술상품이 대중들에게 관심과 생각 따위를 불러일으키는 자극을 주는 것은 감성적 논의나 관습적 공익적 측면의 주제가 된다. 이때 다양한 사회정치적 여과 과정을 통하여 문화적 맥락으로 예술상품은 흡입되거나 재생산된다. 이를 근거로 예술상품의 현대적 형식의 혁신적인 발달과 가치인증에 대한 미적, 역사적 정당성을 확보하기 위해 예술적 개념과 작품들을 인용한다. 아이러니(irony)하게 이러한 예술상품의 순환과정은 예술의 발상이 예술상품의 자본적 소비자 시장 중심 사회에서 넘쳐나는 기성 소비자의 구미에 합치되었을 때 완성되었다. 지난 50여 년 간 한국의 산업 부문간의 관계도 이러한 경제문화의 틀 속에서 많은 변화를 겪어왔다.

이러한 관점에서 예술의 생산 원천인 예술가는 단지 예술의 창조적인 측면에 국한되어 재능을 발휘하는 경향이 있다. 예술가가 아무리 멋진 자품을 만들어도 예술소비자와의 관계가 자연스럽지 않게 되면, 그 예술을 일상생활에서 향유할 수 없게 된다. 그래서 예술경영자는 지금까지의 공적 지원과 함께 예술가가 전념하여 좋은 작품을 만들 수 있고, 그것을 대중이 안심하고 향유할 수 있도록 해야 한다. 이때 예술이 제공할 수 있는 것과 예술소비자가 바라는 속성을 파악하여 [그림 1-3]과 같이 예술시장의 핵심편익을 도출할 수 있다.

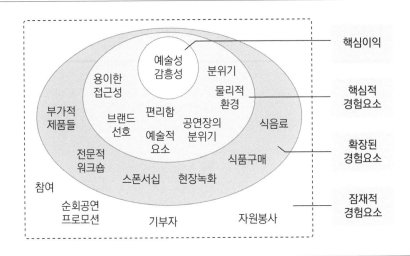

자료: lizabeth Hill; Catherine O'Sullivan; Terry O'Sullivan(1997), Creative Arts Marketing, Oxford [etc.] : Butterworth-Heinemann p.107 내용에서 저자 재구성

예술경영은 예술시장의 핵심편익을 도출하여 예술가의 재능, 자본과 조직, 관객이란 세 가지 요소를 유기적으로 만드는 예술경영의 본원적 역할을 하게 된다.

문화상품이나 예술활동은 소비자의 참여가 없으면 상품으로서의 가치가 없다고 단언해도 무방할 것이다. 문화도 예술도 소비자와 함께 생성한 것이 현대적 관점에서 널리 통용되고 있다. 따라서 예술이 건전한 형태로 실제 생활과 공존하기 위해서는 예술소비자도 스스로 가치관에 기초하여 예술을 향유할 수 있는 여건 등이 만들어져야 한다.

인위적으로 만들어지거나 선정성에 편중되는 등 예술이 비즈니스에 집중된 환경에서는 훌륭한 예술가를 육성할 수 없고, 예술소비자가 원하는 풍요롭고 윤택한 생활의 조성도 불가능하다. 예술경영은 에술향유의 방법론에 대한 영역에서부터 건전한 예술시장의 형성과 사회연계시스템의 구축에 이르기까지 매우 다양한 영역에서 발전된 예술경영의 필요성을 도출하고 활용방법을 연구한다. 이 중에서도 예술 소비측면에서 예술에 대한 향유능력을 높이는 것이 예술발전에 도움과 평가의 다양화 그리고 문화산업이나 국가와 지역발전에도 획기적인 영향을 줄 수 있다. 따라서 예술경영의 필요성을 사회적으로 인식하고 사회 공동의 자산으로 발전시키기 위한 교육적이고 체계적인 연구가 필요하다. 이러한 차원에서 예술이 넓고 친숙하게 보급될 수 있는 문화기반으로서의 예술경영이 구체적인 학문으로 자리잡아가고 있다.

CHAPTER

02

예술경영리더십 코칭의 개념

예술경영리더십코칭

01 예술경영 리더십코칭의 개념

예술경영리더십코칭의 출발은 예술시장의 핵심편익을 도출하여 예술가의 재능과 문화예술기관의 역할을 마케팅으로 사회에 확산시키기 위해 자본과 조직 그리고 관객의 세 가지 요소를 유기적인 만드는 본원적 역할에서이다.

따라서 이러한 유기적인 본원적 역할을 하고자 할 때, 예술경영에서 리더십과 코칭의 각 요소의 필요성이 제기되고, 사회현상과 시대 요구에 따라 상호접목된 예술경영리더십코칭으로 융합되어 현장에서 활용하게 되었다.

리처드(Richard. L) 외(2009)는 리더십이란 지위가 아니라 과정이란 점으로 어떠한 사람이 직위나 지위를 가지고 있다고 해서 자동적으로 리더가 되는 것은 아니고, 리더십이란 리더와 팔로워(Following) 사이의 상호작용의 결과로 일어나는 그 무엇을 포착한다는 점이고, 리더십을 연구하는 학자들은 <표 2-1>과 같이 리더십을 다양한 방법으로 정의하고 있다.

정진우(2008)에 따르면, 코칭은 조직이나 일반적 관계에서 상호보완적 관계를 갖게 하고, 최대의 효과를 기대하는 방법이며 기업이나 비영리재단에서도 인재를 육성할 하나의 방법으로 사용되고 있다고 한다. 코칭의 영역은 가치실현(자아발견), 가정(부부관계), 돈(경제적), 사회적(이웃, 친구 관계), 육체적(운동, 건강 등), 일(직장), 취미생활(여가활동) 그리고 개인의 개발(성장을 위한 투자와 결과)의 8가지를 균형 있게 하는 것이다. 이 점에서 코칭은 균형감을 잃으면 건강을 해치거나, 그런 경우 창조적 사고를 할 수 없거나 효과적으로 일하기 어렵다는 것을 의미하고, 윤택한 삶을 위한 적절한 기술이라 할 수 있다.

따라서 예술경영리더십코칭은 삶의 다양한 부분에서 균형을 잡을 수 있도록

▌표 2-1 리더십에 대한 연구자별 정의

구분	연구자(연도순)	내용
리더십	Bennis.W.G(1953)	구성원들에게 바람직한 방식으로 행동하도록 유도하는 과정
	Merton.R.K(1957)	사람들이 강제적이 아니라 자발적으로 준수하는 대인관계
	Fiedlor.F.A(1967)	이중 맴버들의 작업을 지시하고 조율하는 것
	Roach.C.Fat.al(1984)	동일한 목표를 가진 사람들에게 영향력을 미치는 과정
	Campbell.P.P(1991)	목적달성을 위한 좋은 기회를 공존하기 위해 효율적인 자원분배를 하는 행동
	Hogan.R.T(1994)	리더십의 목적은 타인을 통해 목적한 바를 얻어내는 것이고, 리더십의 수단은 결단력 있고 목표 지향적인 팀을 통하는 것
	Ginnett.R.C(1996)	리더의 역할은 힘이 효과적으로 활동할 수 있는 여건을 만들어 주는 것
	Mumford(2000)	좋은 리더란 다양한 상황에서 결과를 얻어낼 수 있는 힘을 만드는 사람

자료: Richard.L(2009)의 Leadership에서 저자 재구성

그 사람을 비판해 의기소침하게 만들거나, 지나치게 칭찬해 우쭐하게 하는 것이 아니라 사회생활하는데 매일 부딪히면 발생할 수 있는 갈등관리, 상황대처 능력, 커뮤니케이션 등에서 스스로 고치도록 영향을 미치는 요소라고 할 수 있다. 예술경영리더십코칭은 매니지먼트, 카운슬링, 멘토링, 컨설팅, 티칭, 트레이닝 등을 <표 2-2>와 같이 구분하여 설명할 수 있다. 이 부분은 제3장에서 다시 한 번 설명하겠다.

여기서 예술경영리더십코칭이 무엇인지를 정의하기 위해서 리더십과 코칭 그리고 매니지먼트 등의 관계를 살펴볼 수 있다. 일반적으로 리더십은 주로 위험 감수, 역동력, 창의력, 변화, 비전 등이 연상될 것이다. 코칭은 미래비전, 잠재력, 삶의 성장, 발견과 개발, 인간관계를 그리고 매니지먼트는 효율성, 기획, 서류, 전화, 통제, 일관성 등이 연상될 것이다. 따라서 문화산업현장에서 예술경영리더십코칭을 정의하기 것은 쉽지 않다. 왜냐하면, 앞서 설명한 것 같이 예술과 경영 그리고 리더십과 코칭의 다양한 각 학문이 융복합되어있어 있기 때문이다. 이 책에서는 예술경영, 리더십, 코칭을 조작적 정의를 하여 예술경영리더십코칭의 이론적 체계화는 물론 현업에서도 활용할 수 있도록 필요한 지식과 방법을 제시하고자 한다.

▮표 2-2 예술경영리더십코칭과 유사용어 비교

예술경영리더십코칭					
예술경영 현장에서 부딪치는 갈등관리, 커뮤니케이션, 상황대처 능력 등을 조직이나 일반적 관계에서 상호보완적 관계를 갖게 하고, 최대의 효과를 기대하여 성장할 수 있도록 영향력을 행사하는 행위					
매니지먼트	카운슬링	멘토링	컨설팅	티칭	트레이닝
효율성, 기획 서류, 절차, 규정, 통제, 일관성 등으로 성과 달성	과거의 치유	자신의 경험과 지식을 활용해 충고하고 방향과 의견을 제시하며 지도	전문지식을 가진 사람이 상담과 자문에 응해 상황을 분석하고 그 대안을 제시하는 것	점층적으로 정보를 주거나 지식을 전달하는 개념	반복해서 습관이 되도록 신체를 단련시키는 것

자료: 선행연구에 의한 저자 재구성

02 예술경영 리더십코칭의 적용

1) 문화예술기관 조직의 정의

조직의 의미는 어떠한 형태의 조직이든 간에 조직이 달성해야 할 목적과 합리적 방향성 그리고 결과를 창출하기 위하여 일사불란하게 움직이는 것을 그 최상의 가치로 하고 있다. 조직이란 무엇이며, 필요로 하는 기본적인 요소들은 무엇인가에 대한 연구자별 정의를 살펴보면 <표 2-3>과 같다.

▌표 2-3 조직에 대한 정의

브라운 (Brown, A.)	조직 구성원들이 보다 협동적으로 경영 목표를 성취할 수 있도록 그들의 직무와 성원 사이의 관계를 규정하는 것
테리 (Terry, G.R)	경영 목표 달성에 필요한 제 기능을 마련하고, 이를 집행하는 데 부여된 권한과 책임을 명백히 하는 것
셰인 (Schein, H.)	조직이란 공동의 목표 달성을 위하여 노동과 직능을 분화하고 이에 책임과 권한을 부여한 일정 계층을 통하여 여러 사람들의 활동을 합리적으로 조정하는 것

자료: 선행연구에 의한 저자 재구성

'산업의 조직'의 저자 브라운(Brown, A.)은 "조직 구성원들이 보다 협동적으로 경영 목표를 성취할 수 있도록 그들의 직무와 성원 사이의 관계를 규정"하는 것이라고 정의하였고, '경영의 원칙'의 저자 테리(Terry, G. R.)는 "경영 목표 달성에 필요한 제 기능을 마련하고, 이를 집행하는 데 부여된 권한과 책임을 명백히 하는 것"이라 하였다. 또한 셰인(Schein, H.) 은 '조직심리학'에서 "조직이란 공동의 목표를 달성하기 위하여 노동과 직능을 분화하고 이에 책임과 권한을 부여한 일정 계층을 통해 여러 사람들의 활동을 합리적으로 조정하는 것"이라고 조직과 조직관리의 역할을 정의하였다.

조직 구성요소와 역할에 대한 종합적인 정의를 내려보면, "조직은 공동의 목표를 달성하기 위하여 필요한 여러 가지 활동을 분담하고 서로 협조하여 수행하는 사람들의 집합체"라고 정의할 수 있다. 이것은 곧 추구해야 할 목적과 목표 그리고 계획이 존재한다는 것을 의미한다. 이러한 요소들의 체계적인 집행을 위해서는 조직이 필요하며, 상기의 과정을 조직화라고 한다. 예술경영인이 수행해야 할 기능 중 조직화는 매우 중요한 기능이자 역할이다.

조직화의 수행은 기획과 조정이라는 두 가지 과정을 효과적으로 달성하기 위한 것으로 조직이 수행해야 할 여러 가지 일들을 관리 가능한 방식으로 분류하는 중요한 의미를 가진다. 이것은 곧 조직의 효율화를, 이를 통하여 기관의 운영 효율화를 극대화하는 중요한 또는 유일한 수단이기 때문이다. 분할된 일을 각 구성원이나 집단의 책임하에 수행하게 하고, 각 구성원이나 집단들에 의해 수행된 일들을 조직의 목표달성을 위해 효과적으로 조정하여 통합해 나가는 일련의 과정이 인적자원을 경영자원의 주축으로 하는 예술경영 영역에서는 무엇보다도 중요한 요소가 아닐 수 없다. [그림 2-1]과 같이 조직의 구성요소들, 즉, 계획

▼ 그림 2-1 조직의 구성요소와 목표

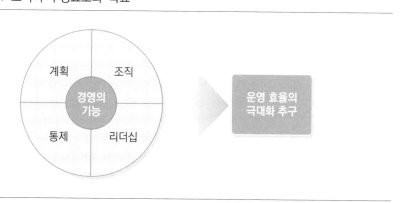

자료: 선행연구에 의한 저자 재구성

(planning), 조직(organization), 리더십(leadership), 통제(controlling)의 요소를 통해 성과의 극대화를 성취하는 경영의 기능을 발휘하게 된다.

2) 조직의 구성요소

(1) 계획

계획은 특정 조직이 성취하고자 하는 목표를 설정하고 이에 대한 시행, 통제의 순환과정을 거치면서 계획한 목표에 이상적으로 도달할 수 있도록 구상·설계하는 것을 말한다. 의도한 결과를 도출하기 위한 프로젝트의 종류와 실행 등에 대한 목표치를 결정하는 과정이기 때문에 계획수립에 있어 미래지향적이어야 한다. 의사결정을 내릴 수 있을 만큼 명확해야 하며, 설정한 목표의 성취를 위한 목표의식이 뚜렷해야 한다.

계획은 미래의 상황을 예측하여 인력, 프로젝트, 시행시기, 장소, 시행방법 등과 같이 목적달성을 위한 제반 요소들을 사전에 결정해야 한다. 이는 예술경영을 실행의 과정에서 가장 적합한 의사결정을 요구받는 판단의 근거를 제공하는 요소이며, 인적자원에 대한 적절한 배치를 통하여 조직의 목표에 접근한 근거를 제공한다.

(2) 조직

조직화를 통하여 운영상의 효율성을 극대화하고 이른바 **경영성과**를 도출해 내기 위해서 어떠한 조직이라도 기본적으로 가져야 하는 필수요소들이 있다. 첫째, 성취하고자 하는 공동의 목표를 가지고 있어야 한다. 조직화를 통하여 인적자원을 구성한 후 조직을 하나의 성취하여야 할 결과에 도달시키기 위해서는 조직의 방향성을 제시하는 목적과 목표를 가지고 있어야 한다. 둘째, 공동의 목표달성을 유효하게 실행하기 위한 조직을 구조화하여 그 가치를 성공적으로 운용하고 발휘할 수 있다. 그러나 이러한 두 가지 조건을 충족시켰다 할지라도 조직은 경영의 모든 직능을 세분화하고 이에 상응하는 권한을 인적자원에 배분한다. 책임의 부여가 되지 않으면 조직은 다양한 상황에 능동적으로 대처하지 못하며 그 가치를 발휘할 수 없다. 이러한 조건들은 그 선후(先後)의 문제이기 이전에 전체적으로 고려하고 실행하여 하나의 유기체적 특성을 공유한다.

이러한 업무의 효율성을 성과의 극대화로 이어 나가기 위해서는 어떠한 사항을 고려해야 할 것인가?', 조직구성의 기본단계에서 가장 우선으로 이루어져야 할 것은 '누가 무엇을 하는가'에 대한 이해와 정의가 필요하다. 조직을 통한 목표의 실행에 있어 인적자원의 특성과 능력을 분석하여 최상의 업무 및 직능 부여와 분배를 통하여 조직을 구성하여야 한다. 이것은 '조직의 활동은 어떻게 분류되어야 하는가', '정보와 그 의사소통이 어떤 체계와 방식으로 형성되어야 하는가', '조직원들이 조직의 목적과 조직구성원들과의 관계를 이해하고 역할을 수행하는가'에 대한 전방위적 기획과 조직화를 통해 실현 가능하다.

(3) 리더십

조직의 구성을 위한 인적자원의 구성과 배치가 조직구성의 시작이므로 인적자원들이 담당할 직종의 유사성, 하부 인력과의 물리적 인접성, 이에 요구되는 감독자의 역할 그리고 다른 관리자 기능과 이에 필수적인 통합관리의 영역을 복합적으로 고려해야 한다. 리더십은 사람이나 조직을 이끄는 힘이다. 예술경영에서 리더십은 지휘하고 선도해 나가야 한다. 리더십에는 [그림 2-2]와 같이 지켜야 할 기본원칙이 있다.

▼ 그림 2-2 예술경영리더십원칙

자료: 선행연구에 의한 저자 재구성

① 목적조화의 원칙

예술경영인이 조직원의 목적과 기업의 목적이 서로 조화되도록 지휘하여 효율적인 리더십을 발휘해 나가야 한다.

② 명령통일성의 원칙

구성원은 한 사람의 상급자로부터 명령을 받고, 상급자는 일관된 명령을 내려야 한다는 원칙이다.

③ 직접감독의 원칙

예술경영인은 조직원들과 개인적으로 접촉하며 그들의 제안이나 아이디어, 건의 그리고 고충 등을 파악하고 이에 대처해 나갈 때 효율적인 리더십의 발휘가 가능한 것이다.

④ 감독기술의 원칙

조직 환경이 바뀌고 추진 목표가 달라지고 경쟁 상대와 기술이 변화하면서 예술경영인의 감독기술도 이에 대응하여 적절하게 변화해 가야 한다.

(4) 통제

통제란 계획에 근거하여 특정 프로젝트의 실현 정도를 측정하여 계획된 목표의 성취가 가능하도록 계획과 집행 시의 차이점에 대한 분석과 해결방안을 제시하고 변화를 도출하는 것과 관련된 사항을 의미한다. 통제의 과정으로는 [그림 2-3]과 같이 통제의 기준을 설정하고 그에 따른 성과를 측정하며, 이를 통하여 기준과 성과 간의 편차가 존재하는지 확인한다. 목표를 달성하는 데 문제점이 될 수 있는 편차가 발생하면, 이 문제점을 해결하기 위한 대안을 제시해야 한다.

통제의 과정

1. 경영 목표와 대상 설정	2. 대상에 대한 실제 효용증가
차기연도 8% 정기 관객 증가	해당연도 4% 정기 관객 증가

4. 개선을 위한 실행	3. 차이점에 대한 이유 분석
• 예산확대 • 인력보충 • 계획검토 • 필요한 추가 조치	• 예산이 너무 적은가? • 지원이 부족한가? • 계획이 부실하였나? • 다른 이유는?

자료: Byrnes, William(2003), Management and the Arts, Focal Press, p.180, 저자 재구성

CHAPTER

03

코칭의
기본적 이해

예술경영리더십코칭

01 코칭의 개념과 정의

예술경영현장에서 코칭을 "인간을 가장 인간답게 다루는 기술"이라고 한다. 인간은 어떠할 때 가장 인간다울까? 아래의 대화는 똑같이 구성원이 실적을 내지 못하고 실수를 한 상황에서 예술경영리더가 구성원과 나눈 대화의 유형이다.

대화 1

리 더1: 박 대리. 실적이 이게 뭔가?

박 대리: 시장 예측을 잘 못한 것 같습니다.

리 더 1: 자넨 어째서 매번 똑같은 실수를 반복하나.

박 대리: 죄송합니다. 저도 열심히 한다고 했는데…

리 더1: 이렇게 실적도 부족하고 매번 똑같은 실수만 하는 자네를 믿고 더 이상 일을 맡길 수 있겠는가?

박 대리: …

대화 2

리 더 2: 김 대리 이번 분기 실적이 목표보다 20% 정도 부진하던데, 시장상황이 예상보다 안 좋았던 모양이지?

김 대리: 네. 시장예측을 잘 못했던 것 같습니다.

리 더 2: 그렇군, 시장을 좀 더 정확하게 분석하여 영업전략을 수정해보
면 어떻겠나?

김 대리: 예. 저도 그렇게 생각합니다.

리 더 2: 목표 달성을 위해 그 밖에 더 점검해야 할 것들은 뭐가 있을까?

김 대리: 이번 기회에 현장에서 직접 문화예술 소비층과 관객 반응을 조
사 해 보고 전략을 재정립 했으면 합니다.

리 더 2: 아주 좋은 생각이네. 현장에 해답이 있다고 생각하네. 우리
박대리는 분석력과 실천력이 탁월하니 잘 해내리라 믿네. 자
세한 내용이 준비되는 대로 보고 해주게나.

김 대리: 예. 이번 주까지 보고하겠습니다. 감사합니다.

자료: http://weekly.cnbnews.com/m/m_article.html?no=115646 리더십이 경쟁력이다.
내용에서 저자 재구성

박 대리의 경우 자신의 실수에 대한 비난을 듣고 감정적으로 불쾌감에서 벗
어나기 어려울 것이다. "내가 왜 그랬을까", "정말 나는 실력이 이것밖에 안 되
는 것일까?"하는 생각에 사로잡히게 된다. 부진한 실적을 만회하기 위한 방법에
대해서 생각도 해 보기 전에 자존감과 용기를 잃어버리게 된다.

그러나 김 대리의 경우 상사와의 대화를 통해 본인이 잘못한 점에 대해 스스
로 파악함은 물론 목표 달성을 위해 필요한 건설적인 방법에 대해서도 스스로 발
견함으로써 실천하고자 하는 의지가 나타났음을 알 수 있다. 또한 일정에 대해
서도 구체적으로 결정하게 되었다. 아울러, 리더에게서 인정과 믿음을 받음으로 자존
감과 자신감이 상승되는 감정을 느낄 수 있었다.

즉, 리더에게 인정과 믿음을 받음은 물론 본인이 스스로 주도권을 가지고 문
제 파악과 대안을 도출함으로써 구체적인 행동을 할 수 있게 되었다. 따라서, 인
간은 남에게서 인정을 받을 때, 스스로 주도권을 가지고 결정을 할 때 비로소
인간다움을 느낄 수 있다.

코칭은 "인간 그 자체를 존중 하고 주도권을 철저하게 상대에게 줌으로써 스
스로 장점과 탁월성을 발견할 수 있도록 지원하여 인정함으로써 상대의 자긍심을
높여 최상의 변화와 성장을 이끌어 내는 강력한 협력관계이다"라고 할 수 있다.

따라서 코칭이란 상대가 주도권을 가지고 스스로 답을 찾게 함으로써 성장과 변화를 하게 하는 것이다. 그리고 이와 같이 성장과 변화를 하기 위해서는 누군가의 도움이 필요하다. 바로 그 도움을 주는 지지자가 "코치"인 것이다.

자료: 선행연구에 의한 저자 재구성

TIP

성장과 변화를 위해서는 지지자(코치: 리더)가 필요하다.

1. 사람들이 변화하기 위해서는 누군가의 도움이 필요하다.

2. 변화를 위해 후원해주고 격려해주고 점검해줌으로써 지속할 수 있는 에너지를 주는
   누군가가 필요한 것이다.

3. 코치가 하는 중요한 일 중 하나가 사람들이 변할 때까지 시간과 에너지를 투자하여
   후원해 주고 격려해주고 점검해주는 일이다.

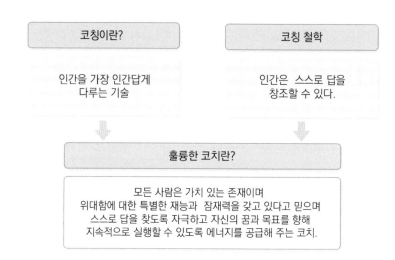

자료: 선행연구에 의한 저자 재구성

02 코칭의 정신

1) 원칙 1

> **인간의 위대한 잠재력을 믿고 이끌어내라**

세계적인 동기부여가인 지그 지글러(Zig Ziglar, 2019)는 '인간은 성취하도록 만들어졌고, 성공하도록 설계되었으며 위대함의 씨앗을 품고 태어난 존재'라고 하였다. 코칭의 기본 철학이자 존재가치는 바로 '모든 사람은 스스로의 문제를 해결할 수 있는 잠재적인 창조력이 있다는 것을 대전제로 한다. 그만큼 코치가 코칭에 임하는 데 있어서의 출발이자 마지막이라고 할 만큼 중요한 가치라고 할 수 있다.

사람에 대한 이러한 믿음은 코칭을 받는 사람들뿐만 아니라 코치 스스로에게도 커다란 영향을 미친다. 즉 코치로서 코칭을 받는 사람들(피코치자)의 잠재력을 굳건하게 믿을 때 그들이 더 많은 것을 이룰 수 있도록 재능과 영감을 이끌어낼 수 있다. 아울러 코치 자신도 스스로의 위대한 잠재력을 믿을 때 성공적인 코칭의 결과를 도출하는 동기부여와 재능을 끌어올릴 수 있는 것이다.

사람들의 잠재 탁월성의 위대함에 대해 믿음으로써 만들어지는 긍정적인 효과는, 코치와 피코치자와의 사이에 신뢰 관계가 형성될 때 그 효과는 배가 된다. 신뢰감은 코치가 피코치자의 현재의 성과와 상황에 연연하지 말고 피코치자의 위대한 잠재력을 믿고 향후 전개될 성과와 긍정적인 변화를 전적으로 받아들여 줌으로써 확고한 믿음을 주어야 한다.

믿음은 인간의 생각을 초월한다고 한다. 미국 심리협회에서는 '어떤 일을 시작하기 전에 이미 그 결과를 알 수 있다'는 실험 결과를 발표하였다. 이는 일을 시작하기 전에 어떠한 생각을 하느냐 하는 '생각의 차이'에 있다는 것이다. 즉 일에 대한 성공과 실패 결과는 하고자 하는 일에 대한 본인 스스로의 믿음의 차이였다는 것이다. 이와 같이 결과에 대한 확고한 믿음의 원천에는 '아직 사용하지 않은 놀라운 힘', 또는 '잠자는 거인(Sleeping Giant)'과 같이 숨은 잠재력이 있음을 알 수 있다. 하버드대 월리엄 제임스 교수는 '인간은 평생 자신에게 잠재된 능력 중에서 불과 5~7%밖에 사용하지 못한다. 그리고 그것이 자신의 모든 능력인 것으로 믿으며 살아간다'고 하였다.

위대함에 대한 무한한 잠재력을 믿는다면, 그 믿음이 습관처럼 굳어 자신감의 원천으로 작용한다. 탁월한 코치가 되려면 코치 자기 자신은 물론 피코치자의 위대한 잠재력과 피코치자가 세운 목표가 실현 가능하다고 믿어야 한다. 사람들은 언제나 건강이나 더 나은 업무 성과 또는 애정이 가득한 인간관계 등이다. 코칭을 하다 보면 상대들이 높은 목표 앞에서 좌절하거나 기대에 미치지 못하는 상황에 놓이게 될 것이다. 그 상황에서 피코치자가 지닌 잠재력을 믿는 일은 무엇보다도 중요하다. 믿음은 한결같아야만 한다.

피코치자가 직장에서나 가정에서 매우 힘든 상황에 처해 있더라도, 코치는 피코치자의 장점과 잠재 탁월성을 찾아내어 수면으로 끌어 올릴 수 있어야 한다. 쉬운 일이 아닐지라도 피코치자에 대한 신뢰는 반드시 지니고 있어야 한다. 피코치자를 믿기로 의식적으로 결정했든지, 아니면 오랜 경험과 지속적인 학습과 연습을 통해 믿음을 갖게 되었는지는 중요치 않다. 만일 코치가 속으로 피코치자가 목표를 달성하지 못할 거라거나 자질이 부족하다고 생각한다면, 이는 파장으로 피코치자에게 전달이 되어 코칭 과정 전체에 악영향으로 작용할 것이다.

탁월한 코치는 모든 사람이 지닌 위대함을 기억하고 그들이 언제나 성공을 원한다는 군건한 믿음을 가져야 한다. 즉 모든 사람에게는 각자의 탁월한 재능과 강점이 있다. 코칭의 역할은 사람들이 갖고 있는 탁월한 잠재력들을 발견하고 핵심역량으로 충분히 발휘할 수 있도록 도와주는 것이다. 코치가 이와 같은 역할을 제대로 해낸다면 상대가 눈부시게 빛나는 존재가 될 것이다. 아울러 코치도 스스로의 위대한 잠재력을 굳게 믿어야 하며 이러한 믿음이 자연스럽게 상대방에게 전달되도록 하여야 한다.

2) 원칙 2

> ❝
> ### 사람들이 스스로 최고의 능력을 발휘하도록 이끌어가라
> ❞

　사람들에게서 최고의 결과를 이끌어내려면, 이미 최고의 능력과 지금보다 더 나은 결과를 얻을 수 있는 가능성이 내재되어 있음을 먼저 믿어야 한다. 이는 코칭의 첫 번째 원칙에 뿌리를 두고 있다. 하지만 사람들에게서 최고를 이끌어내려면 위대함을 향한 잠재력을 믿는 것 이상의 노력이 필요하다. 코치는 효과적으로 경청하고 적절한 질문을 던짐으로써 피코치자의 내면에 숨겨진 해답을 이끌어내야 한다. 코치는 피코치자 스스로를 이끌도록 하고, 답을 주는 대신 스스로 결정을 내리게 해야 한다.

　코치의 지나친 관여는 피코치자의 주도권과 자율성의 작용을 막는다. 코치는 코칭의 결과에 큰 책임을 느낀 나머지 통제권을 쉽게 넘기지 못할 수도 있다. 코치가 관리와 통제, 그리고 지시를 계속한다면 피코치자는 무력감을 느끼고 자율성을 잃은 나머지 코치에게 의존하게 될 것이다. 또한 주도권을 빼앗기고 의욕과 창의성도 함께 꺾이게 될 것이다. 곧 피코치자는 자기 자신을 움직이는 원동력인 자신감과 역량을 잃게 될 것이다. 이러한 문제를 그대로 내버려 둔다면 피코치자의 발전을 가로막아, 궁극적으로 도달할 수 있는 최고의 경지에 이르지 못하게 막을 것이다.

　좋은 코치는 피코치자가 스스로를 발전시키고 해답을 찾아낼 능력이 있는 사람이라고 믿는다. 코치는 피코치자의 미래에 도움이 될 만한 많은 정보와 책임을 갖고 시간을 투자하는 사람이 아니다. 피코치자에 대해 많은 정보를 갖고 있고, 그들의 과거, 현재, 미래, 그리고 현재 처한 환경과 처한 상황을 꿰뚫고 있는 사람은 바로 피코치자 본인이다. 더 많은 책임을 지고 시간과 자원을 투자해야 하며, 결과에 더 많은 영향을 받는 사람 역시 코치가 아니라 피코치자 본인이다.

따라서 피코치자가 스스로 나아갈 방향을 설정하고 자신의 인생에 영향을 미칠 중요한 결정을 내리도록 하는 것은 매우 당연하다.

　　탁월한 코치는 피코치자 스스로 내면을 들여다보고 지혜와 나아갈 방향을 발견해내도록 돕는 사람이다. 코치로서 우리는 피코치자가 스스로 해결책을 발견하고, 스스로의 행동에 주도권을 갖고 책임을 지며, 스스로를 잘 이끌어가도록 할 때, 그들의 인생에 거대한 변화의 물결을 일으키게 된다.

3) 원칙 3

> **다른 사람의 성장은 곧 나 자신의 성장이다**

　　진정한 성취감은 다른 사람들에게 가치를 부여하는 데서 온다. 탁월한 코치라면 코칭이 자신의 소명이며, 자신의 재능을 대의를 위하여 활용하는 일이라는 사실을 잘 알고 있다. 소명에 응답하는 삶을 살다 보면 인생의 목표를 이기적으로만 세울 수가 없다. 인생을 보다 중요하고 가치 있는 것을 위해 사용해야 한다는 욕구를 갖게 되기 때문이다. 타인들에게 가치를 부여하는 목표하에 인생을 살며 기쁨과 만족을 느끼다 보면, 인생 최고의 성취와 참 기쁨을 얻는다. 우리가 코치로서 해낸 일 덕분에 세상은 더 살기 좋은 곳으로 되어 간다.

　　성취감을 주는 직업이란 자신의 강점과 재능을 발휘하여 사람들과 조직, 그리고 공동체에 기여할 수 있는 직업이다. 이렇게 주어지는 성취감은 인정과 수용, 그리고 애정과 같은 내재적 보상으로 오는 것이지, 돈이나 물질 같은 외적 보상으로부터 오는 것이 아니다. 성취감은 남이 아닌 나 자신으로부터 나온다. 성취감은 보람 있는 일을 했을 때 얻어지는 결과이며, 타인의 인생에 긍정적인 영향을 미치고 대의를 위해 의미 있는 기여를 할 때 자연스럽게 흘러나오는 것이다. 코칭은 궁극적으로 고객뿐만 아니라 코치 자신에게도 행복과 만족, 그리고 삶의 의미를 가져다준다.

　　코치로서 타인의 삶에 가치를 더하기 위해 우리는 끊임없이 준비하고 성장하며 스스로 개발해야 한다. 성취감은 더 나은 코치가 되겠다는 열망과 돈으로 언을 수 없는 행복을 가져다준다. 또한 의미 있는 성취감과 그로 인한 기쁨은 기여하는 삶을 살겠다는 목표에 충실하도록 만들어 준다. 이 원칙에 충실한 코치에게는 코칭이 하나의 임무나 직업이라기보다 영광스러운 소명이다. 그렇게 여김으로써 코치는 인생에서 큰 성취감을 느끼게 될 것이다. 코칭은 은퇴 후에도 배울 수 있는 기술이며, 코칭을 그만두지 않는 한 은퇴란 없다.

코칭이 주는 가장 큰 이득은 코칭 과정에서 코치 자신도 성장한다는 것이다. 다른 사람의 성장을 도우려는 열정과 노력은 스스로를 변화시키는 강렬한 자극이 된다. 다른 사람을 성장하게 하려면 나 자신의 성장이 먼저 이루어져야 하기 때문이다. 그리고 지속적으로 다른 사람에게서 변화를 이끌어내려면, 나 자신역시 지속적으로 변화해야 한다.

월풀(Whirlpool Corporation)의 제프 페티그(Jeff Fetting) 회장은 조직의 성장을 위해 직접 사람들을 코칭하고 코칭 문화를 형성하는 데 노력을 쏟았다. 그는 자신이 남을 성장시킨다면 자기 자신도 성장할 것이며, 남과 자기 자신이 함께 성장한다면 조직 전체도 성장할 것이라는 굳은 신념을 가지고 있었다. 전설적인 CEO인 GE의 전 회장 잭 웰치(Jack Welch)는 남을 코칭하지 않는 임원의 승진을 허가하지 않았다. 잭 웰치는 리더들이 구성원들의 성장을 도울 때, 자기 자신뿐만 아니라 조직도 함께 성장한다는 사실을 알고 있었다.

당신이 훌륭한 코치 역할을 수행해내는 리더라면 사람들을 성장시킬 것이다. 그러면 사람들은 더 나은 성과를 올릴 것이다. 이는 또다시 당신이 속한 조직의 성공으로 이어진다. 사내의 많은 사람을 코치해줄 수 있다면, 구성원들은 거대한 변화가 일어나는 것을 목격할 것이며 자신도 마찬가지로 좋은 코치가 되고 싶어 할 것이다. 당신의 직속 구성원뿐만 아니라 다른 부서의 구성원들에게까지 거대한 영향을 미치게 될 것이다. 그리고 조직 전체에 바람직한 코칭과 리더십 문화를 형성하게 될 것이다. 또한 코칭 역량을 일상에서도 발휘하게 되면, 삶은 더욱 풍요로워질 뿐만 아니라, 더 나은 리더이자 팀원, 배우자이자 부모, 그리고 친구가 될 수 있다.

4) 원칙 4

<blockquote>
도전을 즐기고 융통성을 키워라
</blockquote>

(1) 도전을 즐겨라

유명한 농구 감독이며 작가인 존 우든(John Wooden, 2011)은 "최고의 결과는 최고의 결과를 이끌어낼 수 있는 사람 앞에 모습을 드러낸다"라고 하였다. 즉 훌륭한 코치가 되려면 소질보다는 코칭에 임하는 자세와 태도가 중요하다는 것이다. 코칭 중에 때때로 맞닥뜨리게 되는 코칭의 도전과제를 슬기롭게 해결하려면 이에 적절한 자세로 임해야 한다. 문제는 곧 배우고 성장할 수 있는 기회와 같다. 즉 문제가 무엇이든 간에 그 문제에 어떻게 반응하느냐가 좋은 코치와 나쁜 코치를 결정짓는다.

문제에 끌려 다니는 사람은 탁월한 코치가 될 수 없다. 실수로부터 교훈을 얻는 데 집중하고 힘든 상황을 통해 얻게 되는 교훈에 감사하라. 해결책을 찾아내고 보다 성장한 모습이 되기 위한 행동을 취하라. 실제로 코치와 피코치가 겪게 될 도전과제는 거의 무한대라고 할 수 있다. 피코치자가 각양각색인 만큼 피코치자와의 관계도 각양각색이기 때문이다.

코칭 중 각양각색의 도전과제와 맞닥뜨리게 되었을 때 긍정적이고 시각으로 도전을 즐기다 보면 진정 코칭의 성과는 물론 성취에 따른 또 다른 짜릿한 재미도 맞보게 될 것이다.

(2) 융통성을 키워라

어제의 성공 방법이 오늘의 가장 실패 요인이 되는 시대에 우리는 살고 있다. 눈앞에 놓인 다양한 도전과제를 해결하려면 보다 융통성 있는 접근이 중요하다. 코칭은 상대 중심이며, 상대는 서로 다르다. 따라서 각각의 상황은 유일무

이(唯一無二)하므로 어떤 공식화된 해결 방법을 적용하는 것은 무리가 있다. 상대가 처한 상황은 계속해서 변화하므로 코칭에 융통성은 필수이다. 따라서 각각의 상대의 상황과 성향에 맞도록 융통성을 발휘하여야 한다.

상대는 자신이 코칭을 통해 진정으로 얻고자 하는 것이 무엇인지 잘 모를 수도 있으며, 현실에 맞닥뜨리게 되는 실질적인 문제들 때문에 코칭의 방향을 바꾸고 싶어 할 수도 있다. 코치는 대화가 진행되는 도중에도 상대의 요구를 받아들여 즉흥적인 대처를 할 수 있어야 한다. 상대로부터 돌아오는 반응을 보면서 어떻게 방향을 잡아야 할지 정보를 얻을 수 있다. 코치는 현재 가장 중요한 것이 무엇인지 인지하고 그 상황에 적절한 기술이나 질문을 선택해야 한다. 변화를 인지하고 대응하는 기술, 변화를 받아들이고 민첩하게 새로운 방향으로 진로를 수정하는 능력을 라이프 코칭 가이드의 저자 로라 휘트어스 외(2009)는 "그때그때 상대와 함께 춤을 추듯"이라고 표현하였다.

5) 원칙 5

> ❝
> ### 코치에게도 코치가 필요하다
> ❞

훌륭한 코치가 되려면 겸손하고 겸허하게 다른 사람의 코칭을 받아들일 줄 알아야 한다.

코칭을 하다 보면 그 과정의 곳곳에 다양하고 험난한 장애물들을 만날 수 있다. 마치 높은 산을 오르는 일과 마찬가지로 지속적인 배움과 역량 개발이 동반되어야 하는 기나긴 여정이다. 새로운 산의 정상에 오르려면 그 산의 가장 낮은 지점에서부터 시작해야 하는 법이다. 다른 코치에게 코칭을 받음으로써 인생의 더 많은 목표를 이루고 더 나은 코치가 될 수 있다.

코치들이 코칭을 받길 꺼려하는 주된 이유는 자존심과 현재 상황에 안주하려는 마음, 그리고 열정 부족이다. 코치들은 자신이 이미 산 정상에 도달했다고 생각하지만, 결코 그렇지가 않다. 현재 위치에 만족하여 더 높은 곳을 향해 나아가려 하지 않거나 또는 더 높은 경지로 올라가는 일이 너무 힘들고 수고스러워서

포기하고 산을 내려감으로써 보다 탁월한 코치가 되지 못한다.

좋은 코치들은 코칭 중에 생기는 장애물을 극복하기 위해 지속적으로 새로운 습관을 들이고 배움을 통한 깨달음을 지속적으로 얻기 위해 다른 코치들로부터 코칭을 받는다. 즉 다른 사람으로부터 코칭을 받지 않는 코치는 불완전하다. 더 나은 코치가 되려면 코칭을 할 뿐만 아니라 받기도 해야 한다. 좋은 리더가 되려면 좋은 팔로어(follower)가 되어야 하는 것처럼, 좋은 코치가 되려면 먼저 코칭을 잘 받는 방법을 알아야 한다. 산의 반대편에서 바라보면 원래 서있던 위치에서 볼 수 없는 풍경을 보게 된다. 서로 다른 관점과 시각을 경험함으로써 보다 이해심이 많고 잘 공감해주어 피코치자에게 도움이 되는 코치로 성장할 것이다.

코치가 자기 입에서 나오는 조언을 정작 실천하지 않는다면, 효과적으로 코칭을 할 수 없다. 어떤 코치가 절제력을 기르라고 조언을 했는데, 정작 자신은 방탕한 삶을 살고 있다면 설득력이 없다. 코칭은 지시가 아니라 사례를 통한 깨달음을 활용할 때 가장 효과적이다.

코칭의 장점에 대해 이야기하는 코치가 있다면, 스스로 코칭을 받고 그 가치를 몸으로 느꼈을 때 더욱 설득력 있게 들릴 것이다. 코치로 살아간다는 것은 고객들이 살았으면 하는 바람직한 모습의 인생을 사는 것이다. 코치로서 가장 바람직한 일과 삶의 모습을 몸소 실천함으로써, 사람들이 당신의 좋은 관계와 행복한 삶, 우선순위에 입각한 행동, 장점의 발휘, 일이 주는 성취감 가운데 있음을 발견하게 해야 한다.

코칭은 배우는 것이 아니라 몸소 실천을 통한 깨달음으로 이해하는 것이다. 실생활에 효과가 있는 코칭을 목격할 때 어떤 코칭이 좋은 코칭인지를 깨닫게 된다. 코칭 방법을 이해하는 가장 좋은 방법은 남에게서 듣는 것이 아니라 좋은 코칭을 관찰하고, 연습하고, 직접 받으며 경험을 쌓는 것이다.

03 코칭과 다른 개념 비교

코칭을 이해하는 데 있어 2장에서 설명한바, [그림 3-1]과 같이 유사한 타 부문과의 비교를 하는 것은 내용과 용어를 이해하는 데 도움이 된다. 컨설팅은 기업의 진단과 분석을 통해 대안을 제시하는 것이고, 멘토링은 본인의 경험과 노하우를 지도하는 것이며, 티칭은 지식이나 정보를 전달하는 활동이다. 이 세 가지 부문의 공통점은 일방적으로 주는 것이라는 것이다. 이에 비해 코칭은 고객이 주도권을 가지고 스스로 해답을 찾고 실천할 수 있도록 끌어내는 것이다.

▼ 그림 3-1 코칭과 다른 개념의 비교

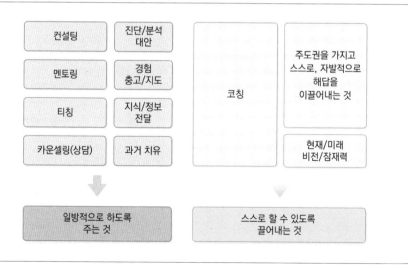

자료: 선행연구에 의한 저자 재구성

또한 카운셀링은 과거의 상처를 치유하는 데 중점을 두지만 코칭은 과거 보다는 현재의 문제 해결과 미래의 비전 달성에 초점을 맞추고 있으며, 코칭은 치유 하는 것이 아니고 스스로 할 수 있도록 코치가 조력을 하는 것이다.

04   리더십코칭의 효과

    리더십코칭의 효과로는 리더의 영향력을 강화하고 조직 내 성과 발휘를 가속화하며, 전반적인 직업만족도를 제고하고 이직률을 감소시킨다. [그림 3−2]의 코칭의 효과와 같이 앤드로우(Talkington Andrew W, 2002) 외의 연구조사에 따르

▼ 그림 3-2 코칭의 효과(생산성 & ROI*)

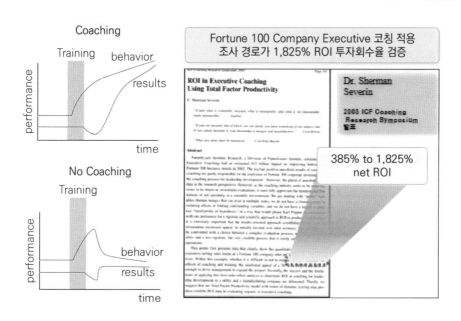

자료: Sherman Severin(2003), ROI in Executive Coaching Using Total Factor Productivity, ICF Coaching Research Symposium, 저자 재구성

* ROI(Return on Investment): 투자자본수익률

면 교육만으로도 생산성이 4배 향상되었고 교육과 코칭을 함께 활용할 때 생산성이 18배가 되었다고 하였다. 또한 ICF(International Coach Federation) 코칭 리서치 심포지움에서 샤먼(Dr. Sherman Severin) 박사가 포춘 100개 기업의 경영자 코칭 적용조사 결과로 비즈니스 코칭의 투자 회수율(ROI: Return on Investment)은 교육만 받았을 때 385%의 생산성이 나타났고, 교육과 코칭을 도입했을 때 1,825%의 생산성이 제시되었다.

미국에서 경영자 코칭을 제공하는 멘체스터 코칭 펌(Coaching Firm)은 조직에 코칭이 도입되면서 코칭의 투자회수율이 600%에 이른다고 조사결과를 설명하였다. 멘체스터 컨설팅사 코칭효과보고서 Tip (1) (2)는 회사가 말하는 코칭과 코칭받은 직원이 말하는 코칭의 혜택에 대한 보고서 내용이다.

조사에 참여한 회사는 생산성 향상, 품질 향상을 코칭으로 보았고, 코칭을 받은 직원은 직속 상사와의 관계개선, 직속 감독자와의 관계개선, 팀워크 증진 등을 각각 수치(%)로 결과를 제시하였다.

TIP. 멘체스터 컨설팅사 코칭효과 보고서(1)
회사가 말하는 코칭의 혜택

1) 생산성(53%)	2) 품질 향상(48%)
3) 조직의 강점 강화(39%)	4) 고객서비스(39%)
5) 고객불평 감소(34%)	6) 인재 보유/유지(32%)
7) 비용 절감(23%)	8) 수익성 증가(22%)

TIP. 멘체스터 컨설팅사 코칭효과 보고서(2)
코칭 받은 구성원이 말하는 코칭의 혜택

1) 직속 상사와의 관계 개선(77%)	2) 직속 감독자와의 관계 개선상(71%)
3) 팀워크 증진(67%)	4) 동료와의 관계 개선(63%)
5) 직무 만족(61%)	6) 갈등 해소(52%)
7) 조직의 실행 능력 향상(44%)	8) 고객과의 관계 개선(37%)

(1) 코칭과 강의·훈련 비교

<그림 3-3>은 특정한 일시와 장소에서 관련자를 대상으로 일방적으로 정보나 지식을 전달하는 방식을 조사한 것이다. 결과를 보면 "회사가 얼마나 기회를 주는가?"와 "실질적인 도움이 되었는가?"에 대한 강의/훈련방식이 코칭/피드백에 비해 낮게 나온 것을 알 수 있다.

▼ 그림 3-3 코칭과 강의·훈련 비교

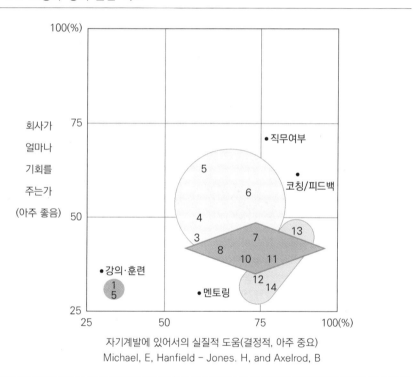

자료: Michaels, E., Handfield-Jones, H., & Axelrod, B. (2001). The War for Talent. Brighton, MA Harvard Business Press.

그러나 코칭/피드백의 경우에는 특히 1:1의 경우 회사가 나에게 특별히 기회를 준다고 생각하는 것이 60% 정도 되었고, 무엇보다 자기계발에 있어 실질적으로 도움이 되었다고 하는 것이 85%로 높은 결과가 나왔다.

▼ 그림 3-4 리더십 코칭 성공 사례

1. NRP: Nissan Revival Plan 사례

나는 CEO가 아니라 코치이다!

닛산 카를로스콘 사장

리더 코칭이란?

"직원들의 창의성과 열정을 살려
생산성을 높이는 사람"

위기	• 6,800억엔 적자 • 관료주의 만연, 쇄락적 조직 분위기
혁신	• 닛산 리바이벌 플랜(NRP)가동 • 중견 간부 600명 선발 3개월간 1:1 코칭 실시 • 사내 코치 양성 → 잠재력 발휘
도약	• 1년 만에 3조 흑자 • 관료주의 타파, 코칭 리더십 발휘 • 조직 내 신뢰와 소통문화 정착

2. American Express Financial Services Group의 사례

코칭 도입	• 지원자들 대상으로 비즈니스 코칭 프로그램을 1년간 실시 • 격주 1:1 코칭 + 그룹 코칭 실시

주요
이슈
	• 고객의 특별한 강점을 발견하고
	  더욱 강화시켜 업무 성과향상에 기여
	• 각각의 전문성과 행동영역을 발견
	  개발하여 업무성과와 개인이슈 해결
	• 조직원들의 스트레스 관리 등 삶의
	  질 향상을 위한 코칭적 지원

결과	• 25% 매출 상승 효과 • 생산성 효과 400% 향상 • 스트레스 관리로 삶의 질 향상

"부하를 코칭 하지 않으면 임원이
될 자격이 없다"!

"리더의 미래는 코칭 능력과 다른 리더를
성장시키는 능력에 달려있습니다".

– GE 회장 잭 웰치–

자료: 선행연구에 의한 저자 재구성, 사진 Google.com
사진출처: 카를로스 곤 https://www.autodaily.co.kr/news/articleView.html?idxno=334672
　　　　　 잭 웰치 https://yhgosh.tistory.com/154

▼ 그림 3-5 리더십 코칭 전개 Frame

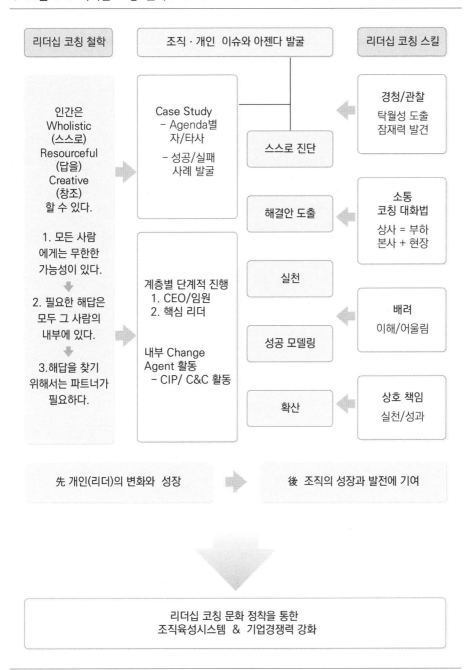

자료: 선행연구에 의한 저자 재구성

따라서, [그림 3−4]의 리더십 코칭 사례에서 보듯이 문화예술경영현장도 핵심 인력 대상으로 일시에 한 장소에 모아 놓고 일방적으로 전달하는 훈련 방식을 지양하고, 실질적인 도움이 되는 코칭의 비중을 높이는 것이 효과적이라고 할 수 있으며, 리더십 코칭 전개 Frame은 [그림 3−5]와 같다.

진정한 리더십이란 구성원의 협력을 자발적으로 이끌어 내고 능력을 충분히 발휘할 수 있도록 북돋아 주는 리더십이다. 노자(老子)는 "리더는 신하를 다스릴 때 스스로 할 수 있는 무위(無爲)의 리더십을 펼쳐야 한다. 자꾸 직접 간섭하고 강요하면 그들은 반박할 것이다. 스스로 할 수 있는 분위기를 만들어 주는 것이 리더의 역할이다"라고 무위(無爲)의 리더십에 대해 강조하였다(無爲而無不治).

이와 같이 "리더십 코칭"이란 구성원의 잠재력을 믿고 격려와 열정을 불어넣어 스스로 해답을 창출하게 하고, 현장 솔루션을 스스로 개발하게 하며, 리더는 구성원에게 무한한 신뢰와 후원을 보내주며 상호 책임져 준다. 또한 수평적 조직 체계로 창조적 자율적 인재를 육성하고, 질문형 의사소통으로 양방향 커뮤니케이션으로 소통을 함으로써 "성과 창출"은 물론 "신바람 일터"의 기틀을 만든다. [그림 3−6]은 리더십 코칭에 대한 이해와 활용 목표를 도식화해서 스스로 진단할 수 있도록 했다.

▼ 그림 3-6 리더십 코칭에 대한 이해와 활용 목표

"리더십 코칭"은 어떤 리더십이라 생각하나요?

"리더십 코칭"이 부각되는 배경은 무엇일까요?

↓

앞으로 리더로서 "리더십 코칭"을 어떻게 활용하시겠습니까?

자료: 선행연구에 의한 저자 재구성

CHAPTER

04

예술경영리더십
코칭의 대두

예술경영리더십코칭

01 리더십 철학

그동안 역사 속에 영향력을 끼친 많은 리더 들이 존재하였다. 몸소 낮은 자세로 섬기는 예수님의 "서번트 리더십(Servant Leadership)", 강인한 추진력으로 중국을 현대화로 이끈 덩샤오핑의 "카리스마 리더십(Charisma Leadership), 정주영 회장과 나폴레옹 황제처럼 불굴의 도전 정신으로 무장된 "도전적 리더십(Challenge Leadership), 간디, 링컨 대통령의 "관용의 리더십(Tolerance Leadership)", 빌 게이츠와 이건희 회장, 스티브 잡스의 "혁신 리더십(Innovation Leadership), 워렌 버핏의 "자율경영 리더십(Self−Orgautigation Leadership)", 이외에도 석가모니, 유비, 조조, 칭기즈 칸, 이순신 장군, 유일환 박사, 김구, 젝 웰치 등 실로 영향력을 끼친 수많은 리더들이 나왔고 또한 앞으로도 수많은 리더들이 나타날 것이다. 또한 리더십을 연구하는 학문도 계속 발달해 왔고 앞으로도 계속 진화하여 발달해 갈 것이다.

그러나 앞에서 열거했던 수많은 리더들은 과연 완벽했을까? 지금까지 개발되어 온 리더십 이론도 과연 완벽할까? 답은 '아니다'이다. 한국프로야구의 최종결승전인 한국시리즈에서 10번 우승에 빛나는 천하의 김응룡 감독도 한화에서는 2년 연속 꼴찌를 하지 않았던가? 즉, "리더십에 정답은 없다"에 많은 사람들이 동의를 할 것이다. 그러나 영향력을 끼친 리더들에게는 리더십에 관한 자기만의 생각, 신념, 가치관, 즉 리더십에 대한 확고한 "철학"이 있었고 이를 일관되게 조직과 사람들에게 적용했다고 하는 것이다.

일본에서 "경영의 神"이라고 불리던 "마쓰시타 고노스케(1894~1989, 일본의 대표적 기업인)는 "인간의 능력이란 누군가에게 차별받을 만큼 그렇게 얄팍하지 않다"라고 하는 인간에 대한 가능성과 잠재력에 대한 믿음의 철학을 가지고 있었다.

야신(野神) 즉, 야구의 신이라고 불리는 한국프로야구의 김성근 감독(2021일본 프로야구 소프트뱅크 호크스 감독 어드바이저)도 "이 세상에 쓸모없는 사람은 없다. 다만 이를 알아보자 못하는 리더만 있을 뿐"라는 인간에 대한 무한한 신뢰를 리더십의 철학으로 삼고 있다. 우리나라 1위의 기업으로 이끈 이 병철 회장과 이건희 회장도 "인재(人才)중시"라고 하는 리더십의 기본 철학을 가지고 있었다.

"정상에서 만납시다"의 저자이며 세계적인 세일즈맨인 지그 지글러(Ziz Zigla, 1926~2012. 미국 작가/세일즈맨)도 "인간은 성취하도록 만들어져 있고 성공하도록 설계되었으며 위대함의 씨앗을 품고 태어난 존재이다"라는 철학을 가지고 있었다. 이번 장에서는 다음 같이 '나는 리더로서 어떤 리더십 철학을 가질 것인가 생각해 볼 수 있을 것이다.'

TIP
나는 리더로서 어떤 "리더십 철학"을 가질 것인가?

자료: 선행연구에 의한 저자 재구성

02 리더십 유형과 다면평가

조직의 승패는 조직 리더의 리더십에 달려있다. 기업도 마찬가지이다. 유능한 리더를 만난 기업은 눈에 띄게 발전하지만 그렇지 못한 기업은 쇠퇴하기 마련이다. 스마트 폰 시대를 시작한 애플과 변화에 적응하지 못해 핸드폰 시장에서 낙오된 노키아, 최고의 전자회사로 거듭난 삼성과 그 자리를 삼성에게 내준 소니의 사례는 유능한 기업 리더의 중요성을 말해준다. 이들 기업의 성공과 실패는 기업 리더가 효과적인 리더십을 발휘했느냐 아니냐에 달려있었다.

그렇다면, 이토록 중요한 리더십에는 어떤 유형이 있을까? 그동안 리더십 유형 분류의 방법은 많은 학자들에 의해 연구되었으며 리더십 연구발달의 4가지 이론은 <표 4−1>과 같다.

▌표 4-1 리더십 발달의 4가지 이론

특성이론 (Trait Theories)	토마스 칼라힐(Thomas Carlyle,1841~1907)의 이론부터 발전되어 왔다. 그는 리더들은 독특한 유형을 소지하는 사람들로서 그들이 보유하고 있는 성향은 타인을 리드할 수 있는 능력뿐만 아니라 팔로워(Follower)들과는 차별화된 특정된 능력을 소지하고 있다고 하였다(Dorfman, 1996). 이 관점에서 리더는 Great Man Theories(위인 이론)과 같은 "지시형"리더십을 행하였고 구성원들은 절대적 복종을 당연시 하는 것을 전제로 한다.

행동이론 (Behavioral Theories)	산업화가 된 1950년도 이후로부터 행동이론이 활성화되었다. 리더의 행동을 직무중심적 행동에서 관계중심적 행동의 연속체에 해당되는 5가지 유형으로 구분하였다(BASS,1990). 직무중심적 행동은 성과를 높이는 데는 성공적이었으나, 구성원들의 신뢰,열의,충성심 등을 하락 시켰다. 반면 관계중심적 행동은 조직의 관계형성과 모랄(Moral)을 높이는 데 효과적이었으나 성과는 부정적이었다. 따라서 바람직한 리더는 이 두 가지 행동을 적절하게 실행하는 것이라고 추천하였다(Bass,1990, Vroom).
상황 이론 (Situational Theories)	행동 리더십의 이론을 토대로 상황리더십의 이론은 리더가 실행해야 하는 다양한 행동들은 적합한 시기와 상황에 수행해야 한다는 것이다. 이는 주어진 상황에 따라서 한 리더가 지시적인 행동을 해야 할 때도 있고, 대인 관계를 위주로 한 관계중심의 행동을 해야 할 때가 있다는 이론이다(다음 페이지 상황적응이론 참조).
최근 이론 (Recent Theories)	최근 이론들은 주로 Team Leadership, Transactional Leadership, Transformational Leadership, Empowerment, Self leadership, Coaching leadership 등으로 발전되어 오고 있다. "코칭 리더십"은 부서원을 또 다른 리더로 육성하는 것으로 이는 극대화 되는 경영환경의 변화와 핵심인력의 부재, 차세대 리더 양성이라는 다양한 문제를 해결할 수 있는 리더십으로 구성원들의 성장을 도와줌으로써 여러 명의 리더를 육성하는 모델이다.

자료: 시요우민·류원우·무원우(손지현 역)(2011), 조직과 의사결정, 시그마북스

위에서 보듯 리더십 이론에 대한 발달들의 다양한 연구가 진행되고 있음을 알 수 있다. 이 책에서는 최근의 분류방법의 대표적인 3가지의 유형인 상황적응 리더십, 리더십 6가지 유형, FRLD 리더십 유형과 다면평가를 소개하고자 한다. 분류된 각 리더십 유형은 각각 장점과 단점이 함께 있을 뿐만 아니라 적정선을 지켜야 의미가 있다는 것을 알 수 있다. 따라서 지금부터 설명하는 리더십 유형을 참조하여 나의 리더십 유형을 파악해보고 나서 장점은 계속 활용하고 부족하거나 보완하여야 할 리더십 유형을 파악하여 예술경영리더십코칭을 적용하고 실천하는 것에 진정한 의미가 있다고 할 것이다.

1) 상황적응 리더십

먼저 리더가 실행해야 하는 다양한 행동들은 적합한 시기와 상황에 맞게 수행해야 한다는 "상황적응 이론"으로 <표 4-2>와 같이 상황적응 리더십은 지도적, 지지적, 참여적, 성취 지향적 리더십의 4가지로 설명할 수 있다.

❚표 4-2 상황적응 리더십 유형

리더십 유형	내용
지도적 리더십 (Directive Leadership)	리더는 구성원에게 완성해야 할 과업에 대해 설명을 한다. 여기에는 리더의 요구 사항, 임무 완성 방법, 시간 등이 포함된다. 지도적 리더십에서는 구성원을 위해 명확한 직무 기준을 제시하며 구성원에게 업무규칙을 정확히 설명해 준다. 상세한 규칙과 지도가 동반되는 리더십이다.
지지적 리더십 (Supportive Leadership)	리더는 구성원에게 우호적이고 친근하게 대하며 구성원의 복지와 요구 사항에 귀를 기울인다. 구성원을 평등한 존재로 대하고 존중한다. 그렇기 때문에 구성원에게 충분한 관심과 이해를 표현할 수 있으며 구성원이 필요할 때 진심으로 도와줄 수 있다.
참여적 리더십 (Participative Leadership)	리더가 구성원을 의사 결정에 참여시키는 리더십이다. 이 유형의 리더는 구성원과 함께 일을 하면서 이들의 생각과 의견을 구한다. 또한 구성원들의 의견을 그룹과 조직에서 향후 시행할 의사 결정 내용에 포함시킨다.
성취 지향형 리더십 (Achievement-oriented Leadership)	구성원을 독려하여 일의 효율을 최고치로 끌어올리는 리더십이다. 이 유형의 리더는 목표치를 상당히 높게 제시함으로써 구성원이 지속적으로 일을 개선해 나가도록 한다. 이것 외에도 성취 지향형 리더는 자신의 구성원이 도전적인 목표도 능히 정하고 완수해 나갈 것으로 굳게 믿는다.

자료: Ibid

2) 리더십 6가지 유형

글로벌 경영 컨설팅 그룹 "헤이 컨설팅"에서는 리더십 유형을 <표 4-3>과 같이 지시명령형, 비전형, 관계 중시형, 집단 운영형, 규범형, 육성형 리더십으로 6가지 유형으로 분류하였다.

❚표 4-3 리더십 6가지

유형	특징	장점	단점
지시 명령형 리더십	• 구성원에게 일방적으로 명령을 내리고 복종을 요구한다. • 명확하고 강력하게 지시는 하지만 목적이나 구체적인 방법은 충분히 설명하지 않는다.	• 빠르게 일 처리를 해야 할 때 유용하다. • 긴급한 상황에 신속한 지시와 실행이 필요할 때. • 긴장분위기를 조성한다. • 고객 불만에 신속히 대응해야 하는 경우 유용하다.	• 구성원에게 자주성을 부여하지 못한다. • 이 리더십을 반복하다 보면 리더의 명령만 기다릴 뿐 스스로는 아무것도 하지 못한다.
비전형 리더십	• 비전형 리더십은 구성원이 따라가고 싶게끔 느끼게 하는 리더십이다. • 비전형 리더십을 가진 리더는 스스로의 생각을 먼저 말하고 구성원에게 동기를 부여하면서 인솔해간다.	• 미래의 비전을 제시하여 조직 구성원들에게 열정적으로 일할 동기를 부여한다. • 설정된 하나의 목표만을 향해 조직이 움직이기 때문에 조직 구성원은 효율적으로 일할 수 있다.	• 리더에 대한 구성원의 존경과 신뢰가 반드시 있어야만 효과를 볼 수 있다. • 리더보다도 경험이 풍부하고 지식이나 전문능력이 높은 구성원이 있는 경우 비전형 리더십은 효과적이지 못하다.
관계 중시형 리더십	• 인간관계나 조직의 화합을 최우선으로 여기는 리더십이다. 구성원과 우호적인 관계를 맺고 그 결속감을 활용해 조직성과를 창출하려고	• 새로운 구성원을 조직에 동화시키고 업무에 적응시키는 데 효과적이다. 비전형 리더십과 관계중시형 리더십을 함께 발휘하면 더욱 효	• 관계중시형 조직은 "사이 좋은" 클럽으로 빠져버릴 위험성이 크다. • 멤버 간에 모두 친밀하기 때문에 조직은 평화롭지만 긴장감이 전혀

유형	특징	장점	단점
	한다. 관계중시형 리더는 구성원 위에 군림하거나 비전을 제시해서 인솔하기보다 친화적이고 따뜻한 인간관계를 통해 구성원을 움직이려고 한다.	과적이다. • 비전형 리더십으로 비전을 제시하고 관계중시형 리더십으로 팀의 화합을 도모한다면 팀의 효율은 배가될 것이다.	없을 수가 있다. • 이 때문에 조직성과가 높아지지 않을 가능성이 높다.
집단 운영형 리더십	• 업무방식이나 사내 규칙을 정하는 의사결정 과정에 구성원을 참여시키고 그들의 동의를 얻는다. • 집단 운영형 리더에게 구성원 한 사람 한 사람은 회사의 주역이고, 집단 운영형 리더는 이들 사이에서 이들의 의견을 정리하는 역할을 한다.	• 가장 민주적인 리더십으로 모든 조직구성원의 의사에 귀를 기울일 수 있다.	• 조직을 리드하면서 최종결정을 내리는 능력이 부족하다. 이 때문에 아무리 구성원들과 회의를 거듭해도 의견 일치를 이끌어내지 못할 가능성이 있다. 의사결정과 업무수행 속도가 떨어지는 단점이 있고, 긴급한 업무를 수행할 수 없을 때도 많다.
규범형 리더십	• 자신에게도 타인에게도 엄격하다. 구성원에게 철저한 자기관리와 높은 업적수준을 요구하며 자신이 그 규범을 보이기 위해서 노력한다. • 스스로가 성공적인 모델이 되어 솔선수범하며 팀을 이끌어간다. 어떤 일도 더욱 빠르게 잘 처리하기 위해서 노력하며 주위사람에게도 자신과 같은 정도의 업무능력을 요구한다. • 구성원의 업적이 오르	• 조직 규모가 작아서 조직 구성원이 조직 전략과 이에 필요한 기술을 잘 알 수 있을 때 효과를 발휘하는 리더십이다. • 조직 구성원이 우수하고 리더의 특별한 리더의 관리가 필요하지 않을 때, 구성원이 의욕적이어서 리더의 동기부여를 필요로 하지 않을 경우에도 효과적이다.	• 조직이 크고 복잡해서 상사 혼자서 업무를 처리하기 힘든 경우나, 구성원에게 많은 것을 지시하고 가르쳐야 할 때는 큰 효과를 올릴 수 없다. • 구성원이 자신의 기대에 부응하지 못할 경우에 구성원을 지도하는 것을 금방 포기하기도 한다.

유형	특징	장점	단점
	지 않으면 이를 바로 지적하고 개선을 요구한다.		
육성형 리더십	• 육성형 리더는 유능한 카운슬러나 교육자와 같은 행동을 한다. 구성원이 자신의 장점이나 단점을 내보이도록 도와주고, 구성원에게 필요한 것을 조언해준다. 구성원을 육성하는 데 필요한 지도와 피드백을 게을리 하지 않는다. • 육성형 리더는 현재 당장의 업적보다는 미래의 성장을 중시한다. 구성원과 대화하는 것을 즐기며 자신이 구성원과 동등한 위치에 서는 것을 거부하지 않는다. • 육성형 리더십은 조직에서 매우 중요한 리더십이지만 가장 부족한 리더십이기도 하다.	• 육성형 리더십은 구성원 스스로 발전하고자 하는 의지가 있을 때 매우 효과적이다.	• 리더의 지도기술이 부족하여 자신이 지도할 구성원과 가르쳐야 하는 내용에 대해 제대로 파악하지 못할 경우에는 효과를 볼 수 없다. • 단기적인 성과를 요구하는 일을 할 때도 육성형 리더십은 효과적이지 않다.

자료: PBR(2009), ISSUE 24호, 30호 내용에서 저자 재구성

3) FRLD*리더십 유형과 다면평가

다면평가는 1980년 중반에 미국 TEAMS 회사에 근무하는 에드워즈와 에웬 (Edwards, MR and Ewen, AJ, 1996)이 처음으로 360도 피드백 과정(Feedback Process)이라고 사용하면서 시작되었다. 직속 상사뿐 아니라 동료, 구성원, 고객 등 평가대상의 직무 행동을 잘 아는 사람들이 정보를 제공하는 유형으로 여러 사람이 여러 각도에서 평가대상에 대한 가치나 장점 등 전체적인 모습을 판단하기 위한 일종의 인사평가제도이다. FRLD 리더십 다면 평가는 [그림 4－1]과 같이 리더 본인의 설문지 작성을 통한 자기 평가와 랜덤(Random)으로 뽑은 3~4명의 구성원에게 다면평가의 결과를 가지고 평가하여 부족한 리더십 유형에 대한 인식을 통해 향후 리더십을 보완하는 목적이 있다.

① FRLD리더십 유형

베스 외(Bernard M. Bass al., 2008)에 따르면 FRLD리더십 유형은 [그림 4－1] 과 같이 9단계로 구분하는데 1단계 방임형, 2단계 수동형, 3단계 예외형, 4단계 보상형, 5단계 영향의 이상화형(카르스마), 6단계 영감적 동기부여형, 7단계 지적 자극형, 8~9단계 개인적 배려형(8단계 진정성형, 9단계 신뢰형)으로 설명하고 있다. 이때에 1~4단계는 거래적 리더십이 요구되고, 5~9단계는 변혁적 리더십이 요구된다.

---

* FRLD(Full Range Leader Development): 전 범위 리더십

▼ 그림 4-1 FRLD모델 리더십 다면평가

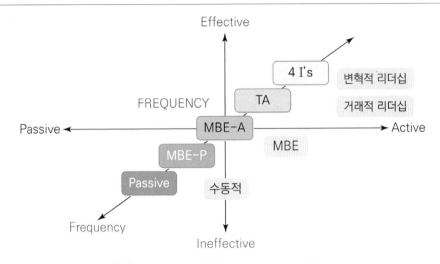

1. 수동적 리더십(Passive leadership)
2. 예외에 의한 관리(Management-by-exception Active & Passive)
3. 거래적 리더십(Transactional leadership/contingent reward)
4. 변혁적 리더십(4I's)
   (1) 영향의 이상화(Idealized Influence) =카리스마(Charisma)
   (2) 영감적 동기부여(Inspirational Motivation) = 동기유발
   (3) 지적 자극(Intellectual Stimulation)
   (4) 개별적 배려(Individualized Consideration) = 진정성+신뢰

자료: Bernard M. Bass, Ruth Bass(2008), The Bass Handbook of Leadership: Theory, Research, and Managerial Applications, Free Press; 4th ed. edition에서 저자 재구성

② 거래적 리더십유형

기존의 리더십 이론에서 제시했던 일반적인 특징을 가진다. 일의 목표와 방향을 명확히 하고 각 구성원이 맡아줄 업무를 적절하게 분장하여 동기를 유발하고 일을 추진해 나간다. 거래적 리더십은 방임적, 수동적, 보상적, 예외에 의한 관리 리더십 유형의 1~4단계가 여기에 속하며 <표 4-4>와 같다. 거래적 리더십은 일반적으로 반복적이고, 기대된 성과의 수준이 측정될 수 있는 상황에서 효과적인 방법이다. 그러나 구성원들의 행동이 장기적이고 기대 이상으로 높은 수준의 성과를 달성할 수 있도록 고취시켜 나가는 데 있어서는 효과적이지 못하다.

▌표 4-4 거래적 리더십의 유형 4단계

유형	특징
방임적 리더십	리더로서 책임을 포기하거나 결정을 회피하는 리더십 (1) 중요한 사안이 발생했을 때, 그것에 관여되는 것을 회피한다. (2) 내 구성원이 도움이 필요하여 찾을 때 자리에 없다. (3) 결정을 내리는 것을 회피한다. (4) 시급한 문제가 있어도 이에 대한 대응을 미루는 편이다.
수동적 리더십 (MBEA)	구성원들에 대해 기준과 표준에 이탈하거나 실수에 초점을 두고 지적 리더십 (1) 변칙, 실수, 예외 그리고 기준에서의 이탈에 주로 초점을 둔다. (2) 내 구성원이 실수나 불만이나 실패에 관한 사항을 처리하는 데 모든 주의를 기울인다. (3) 내 구성원의 실수들의 원인, 과정, 현 상태 등을 파악하는 데 초점을 두고 있다. (4) 업무 기준에 못 미치는 것에 대해만 관심을 집중한다.
예외에 의한 관리 리더십 (MBEP)	조건에 충족되기 전까지는 관여를 안 하는 리더십 (1) 문제들이 심각해질 때까지는 관여하지 않는다. (2) 일들이 나쁘게 꼬여갈 때까지는 행동을 취하지 않는다. (3) 문제가 없으면 현 상황을 계속 유지해 나가야 한다고 굳게 믿고 있다. (4) 문제가 만성적으로 되어야 비로소 행동을 취한다.
보상에 의한 관리 리더십 (TA)	거래적 리더는 구성원이 노력한 만큼 지원해 주고, 목표를 달성했을 때 받을 수 있는 보상에 대해 구체적으로 제시하며, 리더의 기대를 충족시켜 줄 때 만족감을 표현하는 리더십 (1) 내 구성원이 노력하는 만큼, 그(그녀)를 지원해 준다. (2) 담당자와 업무 목표 달성에 대하여 구체적으로 의논한다. (3) 목표 달성 시에 그 보상이 무엇인지 명확히 해준다.

자료: 선행연구에 의한 저자 재구성

③ 변혁적 리더십

기대 이상의 성과를 도출해 내는 과정으로 구성원에게 장래의 비전 공유를 통해 몰입도를 높여 구성원이 원래 생각했던 성과 이상을 달성할 수 있도록 동기부여를 통해 일을 추진해 나간다. 변혁적 리더십은 영향의 이상화(카르스마), 영감적 동기부여, 지적 자극, 개인적 배려(진정성, 신뢰) 리더십 유형의 5−9단계가 여기에 속하며 <표 4−5>와 같다. 윤혜진(2018)에 따르면, 성과에 관한 연구에 따르면, 변혁적 리더십은 팔로워 개인의 업무수행에 긍정적으로 관련되어 있으며, 팀 및 조직 수준의 성과와 긍정적으로 관련이 있다. 국내 연구에서도 변혁적 리더십과 조직문화는 직무 만족에 긍정적 영향을 주며, 팀 구성원들이 그룹 일체성과 조직 유효성에 영향을 미친다고 보고되었다. 여러 리더십 연구중에서도 변혁적 리더십은 기업경영에서 가장 효과적인 리더십 스타일중 하나로 인식되고 있다.

▌표 4-5 변혁적 리더십의 5단계 유형

유형	특징
영향의 이상화 리더십 (카리스마)	리더는 추종자에게 비전과 사명감, 그리고 자부심을 심어줌으로써 추종자로부터 존경과 신뢰를 받는 리더십 (가) 내 구성원이 같이 일할 때, 그(그녀)에게 자긍심을 심어 준다. (나) 조직의 이익을 위하여는 내 이익을 희생한다. (다) 내 부하가 존경하게끔 행동한다. (라) 하는 일의 미래에 대한 비전을 명확하게 알려준다. (마) 나의 가장 중요한 가치관과 신념에 대하여 이야기한다. (바) 강한 목적의식을 가지는 것의 중요성에 대해 이야기한다. (사) 어떤 결정을 따르는 도덕적, 윤리적 결과를 고려한다. (아) 임무에 대해 공동체적 사명감을 갖는 것이 중요하다고 강조한다.
영감적 동기부여 리더십	리더는 추종자들에게 높은 수준의 기대감을 심어주고, 추종자의 노력을 집중시키기 위해 상징기법을 사용하며 중요한 목적을 단순한 방법으로 표현 리더십 (가) 미래에 대하여 낙관적으로 이야기한다. (나) 무엇을 달성해야 할 것인지에 대해서 열성적으로 이야기한다.

유형		특징
		(다) 힘과 자신감을 피력한다. (라) 목표 달성에 자신감을 피력한다.
지적 자극 리더십		리더는 추종자들의 지성, 합리성, 그리고 신중하게 문제를 해결하도록 촉진시키는 리더십 (가) 업무에 관한 기본적이며 중요한 가정들이 과연 적절한가 다시 검토한다. (나) 문제를 해결할 때, 다른 관점들에서도 보려고 한다. (다) 문제를 다양한 관점에서 보게끔 한다. (라) 나의 구성원이 어떻게 임무를 완성하는지에 대해 새로운 길을 제시하여 준다.
개별적 배려 리더십	진 정 성	리더가 추종자 개인에게 관심을 가지고 주목하며, 개별추종자를 개인적으로 상대하면서 조언과 지도를 아끼지 않는 리더십으로 구체적인 질문 내용은 다음과 같다. (가) 가르치고 코치하는 데 시간을 할애한다.
	신 뢰	(나) 단지 그룹의 일원보다는 하나의 개인(인격체)으로서 나를 대해준다. (다) 내 구성원이 남들과 다른 요구 및 능력과 야망이 있음을 고려한다. (라)나의 구성원이 장점을 계발하도록 도와준다.

자료: 선행연구에 의한 저자 재구성

④ 변혁적 리더십의 특징과 "예술경영리더십코칭"

변혁적 리더십이란 리더가 조직구성원의 사기를 고양시키기 위해 미래의 비전과 공동체적 사명감을 강조하고 이를 통해 조직의 장기적 목표를 달성하는 것을 핵심으로 하는 리더십으로 다음과 같은 특징이 있다.

첫째, 구성원을 리더로 개발한다.

둘째, 낮은 수준의 신체적 필요에 대한 구성원들의 관심을 높은 수준의 정신적인 필요로 끌어 올린다.

셋째, 구성원들이 기대했던 것보다 넘어설 수 있도록 고무시킨다.

넷째, 미래 수준의 비전을 가치 있게 만드는 변화의 의지를 만드는 방법으로 소통한다.

따라서 "변혁적 리더십"은 급변하는 환경에서 조직에서 변화를 주도하고 관리하는 데 적합한 리더십 유형으로 부가되고 있으며 예술경영에서 리더십과 코칭을 융합한 예술경영리더십코칭은 중요한 요소로서 중심으로 자리잡을 것이다.

지금까지 다양한 리더십 스타일에 대해 살펴보았다. 모든 리더십 유형에는 각각 장·단점이 있고 적정선이 있으며 상황에 맞게 사용하는 것이 핵심이라 할 수 있겠다. 따라서 나의 리더십 스타일을 평가해보고 장점은 계속 강화하면서 부족한 부분을 보완함으로써 예술경영리더십코칭을 접목하여 새로운 개념의 "탁월한 리더"로 거듭나고자 노력하는 것이 진정한 의미가 있다고 할 수 있다.

TIP
나의 리더십 스타일 평가 및 목표

현재, 나의 리더십 중 계속 강화하여야 할 장점은?

_____

향후 "탁월한 리더"가 되기 위해 개선하거나 보완하여야 할 리더십 스타일은?

_____

나의 "리더십 철학"은?

_____

↓

예술경영리더십코칭 목표 & 실천 방안

_____

자료: PMG지식엔진연구소(2019), 최신경제상식사전(전자책), 박문각 내용에서 저자 재구성.

03 예술경영리더십 코칭의 대두

1) 시대가 요구하는 리더십

'시대가 요구하는 리더십'은 머니투데이 기사 제목으로 취업 뉴스 사이트 잡드림(www.jobdream. co.kr)이 취업준비생, 직장인 905명을 대상으로 실시한 "직장에서 가장 만나고 싶은 상사 유형" 설문조사 결과를 나타낸 것이다.

이 조사에서 응답자의 절반 50.28%(455명) 이상이 압도적으로 유재석(개그맨, 2021 현재까지, 지상파 3사에서 연예대상수상)을 선택했다. 이어 웹툰 "미생"의 오상식 차장이 24.31%(220명)으로 2위에, "죽은 시인의 사회" 키팅 선생님이 14.59%(132명)로 3위에 올랐다. 프란치스코 교황(6.41%, 58명)과 스티브 잡스(4.42%, 40명)가 각각 4위와 5위를 차지하였다.

"유재석"을 1위로 뽑은 응답자들은 그의 부드러운 리더십에 표를 던졌다. 한 응답자는 "너무 혼내고 막말하는 상사한테 상처 받은 경험이 있어 유재석을 뽑았다" 이 밖에 "무한상사의 유재석 같은 인자하고 포용력 있는 상사라면 직장생활할 만할 것", 아랫사람 챙기고 윗사람을 위할 줄 아는 유재석이야말로 이 시대의 트랜드인 부드러운 리더" 등의 의견을 보였다.

강함은 남성적인 지도력의 기본이요, 부드러움은 여성적인 지도력의 기본이다. 독일의 문호 괴테가 이르기를 "여성적인 것, 그것이 인류를 구원한다"고 하였다. 옳은 말이다. 권위와 강함을 내용으로 하는 남성적 지도력은 지난 세기의 지도력이다. 그런 지도력이 한계에 이른지는 이미 오래다. 땅콩 회항 사건(2014.12. 5:50 뉴욕발 한국행 대한항공 KE086 항공편이 공항 활주로로 이동하다 후

진한 사건. 대한항공 086편 회항 사건)으로 온 국민이 분노하고 있는 것이 그 반증인 것이다. 지금은 부드러움과 포용이 사람들을 움직이는 시대이다. "부드러움과 낮춤"으로 지도력을 발휘한 대표적인 사례가 마하트마 간디와 이순신의 경우이다. 간디와 이순신은 온유와 겸손의 위대함을 보여준 사례이다. 최근 로마 교황의 한국방문에서 우리들은 깊은 감명을 받았다. 교황의 "온유와 겸손"의 모습이 수많은 사람들의 마음을 움직인 강한 리더십의 원천이었던 것이다.

앞에서 살펴보았듯이 리더십에 정답은 없다. 그러나 시대가 요구하는 리더십의 정답은 있는 것이다. 이 시대가 요구하는 리더십은 무얼까? 이미 세계적인 500대 기업의 CEO와 핵심리더들의 약 70%(포춘지)가 상시 리더십코칭을 적용하고 있으며, 우리나라에서도 본격적으로 "리더십코칭"을 리더들이 적극 활용하여야 할 시대가 온 것을 위 조사 결과가 반증해 주고 있는 것이다.

2) 예술경영리더십코칭의 대두

그동안 우리는 산업화 시대를 지나면서 성과 창출과 고속 성장을 위해서 획일된 사고의 강요, 인간성의 존중이나 개인적인 삶, 그리고 가족보다는 회사를 우선시 하는 등의 많은 희생을 하였고 그 희생도 어느 정도 사회적으로 용인이 되는 시대를 살아왔다.

특히, 조직관리에서도 상사의 이론을 바탕으로 상사가 직접 해답을 제시하고, 지시하고 명령하는 일방적인 커뮤니케이션, 구성원을 지배하는 수직적인 종속 관계가 주종을 이루었다.

그러나 작금(昨今)의 시대에는 인권의 강화와 각 개인의 욕구의 다양화에 따라 예전과 같은 일방적인 지시와 질책은 한계에 봉착하게 되었다. 즉 개인 자존감의 저하와 조직분위기의 경직으로 성과 창출도 안 되고 재미도 없는 건조한 조직으로 전락하고 마는 것이다.

따라서 관리와 통제 중심의 리더십에 한계를 느끼게 되었고 상생과 소통의 새로운 리더십의 필요성이 대두 되었다. 바로 상생과 소통의 리더십이 "코칭 리더십"인 것이다. "코칭 리더십"은 구성원 스스로 해답을 창출하게 하고, 현장 솔루션(solution)을 스스로 개발하게 하며, 상사는 구성원에게 무한한 신뢰와 후원을 보내주며 상호 책임을 지어 준다.

또한 수평적 조직 체계로 창조적 자율적 인재를 육성하고, 질문형 의사소통으로 양방향 커뮤니케이션으로 소통을 함으로써 성과 창출은 물론 "신바람 일터"의 기틀을 만든다.

따라서 이러한 코칭리더십의 배경을 통해 앞의 제2장에서 설명한 바와 같이 예술경영 현장에서 부딪치는 갈등관계, 커뮤니케이션, 상호대화능력 등을 조직이나 일반적 관계에서 상호보완적 관계를 갖게 하고 최대의 효과를 기대할 수 있도록 영향력을 향상하는 행위로서 문화예술경영 현장에서 긍정적 측면 결과 창출을 위해 [그림 4-2]와 같이 예술경영리더십코칭의 필요성이 대두되고 있다.

▼ 그림 4-2 예술경영리더십코칭 리더십 대두

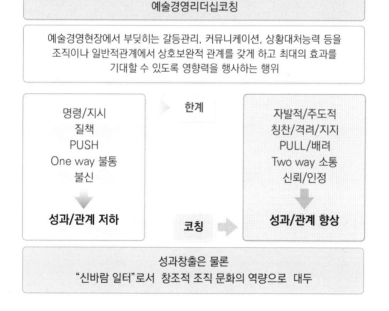

자료: 선행연구에 의한 저자 재구성

CHAPTER

05
예술경영리더십
코칭의 역량

예술경영리더십코칭

01 예술경영리더십코칭 역량 강화: 경청

1) 경청의 커뮤니케이션

자료: Google.com

자료: Google.com

20세기 가장 탁월한 앵커(Anchor) 두 명을 꼽으라면 단연 래리 킹(Larry King, 1933~ 앵커, 베스트 셀러 '대화의 법칙" How to Talk to Anyone, Anytime, Anywhere의 저자)과 오프라 윈프리(Oprah Winfrey, 1954~, 방송인, 영향력 1위, 존경 받는 부자 1위 선정)가 뽑힌다.

두 앵커의 방송 프로그램이 장수하면서 대단한 영향력을 발휘했던 사실이 그 증거이다. 그러면 두 사람의 공통점은 무엇이었을까? 그것은 바로 방송 프로그램 80%의 시간을 듣는 데 할애한다는 것이다.

커뮤니케이션의 달인이라고 불리는 CNN의 명 사회자 래리 킹의 "나의 대화의 첫 번째 규칙은 상대방의 말을 잘 들어주는 것이다"라는 그의 고백 속에 그 비결이 숨어 있다. 솔직하고 깊이 있게 상대의 마음과 입을 열도록 하는 것은 자신의 듣는 태도에 달려 있기 때문이라는 것이다.

위 두 사람의 방송인뿐만 아니라 세상의 각 분야에서 성공하여 영향력을 발휘하는 탁월한 리더들의 대화법은 평범한 사람들과는 무언가 다르다. 가장 큰 차이는 충분히 상대의 말을 경청하고 난 후 자기의 의사를 전달하는 것이다. 이와 같이 성공적인 소통의 핵심 중의 핵심은 "경청(傾聽, Listening)"이다.

예술경영리더십코칭에서의 경청은 질문하기와 더불어 가장 중요한 커뮤니케이션 방법이다. 듣기는 상대방을 이해하기 위한 가장 기본적이고 중요한 방법이다. 또한 사람들은 누구나 자신에게 다가와 자신의 눈을 마주 봐주고 자신의 말에 귀 기울여주는 사람에게 호감을 갖고 신뢰감을 형성하게 된다. 따라서 코칭에서의 듣기는 신뢰감의 구축, 라포의 형성을 비롯하여 코칭의 전 과정에 큰 영향을 미친다. 따라서 예술경영리더십코칭에서 반드시 갖추어야 할 아주 중요한 코칭 역량 중의 하나이다. 그러나 우리는 그저 귀로 잘 듣기만 하면 경청을 잘하는 것으로 착각할 수 있다. 이건희 회장의 "말을 배우는 데 3년, 경청을 배우는 데 60년이 걸렸다"라는 고백처럼 제대로 된 경청은 충분한 훈련과 시행착오를 통한 체험을 통해 완성되어가는 것이다.

2) 최고 리더의 경청기술

정신분석학의 창시자이며 의사인 프로이드(Sigmund Schlomo Freud, 1856~1939)는 경청의 스승으로도 매우 유명하다. 그의 진료를 받고 나오는 환자들은 한결같이 "프로이드가 내 말을 듣는 모습이 너무 인상적이라 도저히 잊혀지지 않는다"고 고백을 하였다고 한다.

즉, 환자를 대하는 다정한 얼굴, 온화한 눈빛으로 경청을 하며 간간히 아주 친절하게 저음의 목소리로 공감을 해주어 정신적인 환대를 느꼈다는 것이다.

[그림 5-1]은 말하기보다 경청하는 대가들의 예이다.

> **TIP**
> 어떤 칭찬에도 동요하지 않는 사람도 자신의 이야기에 마음을 빼앗기고 있는 상대에게는 마음이 흔들린다.

윈스턴 처칠_(전) 영국 총리

일어나서 의견을 말하기 위해서는 용기가 필요하다.

하지만 앉아서 상대방의 말을 듣기 위해서도 용기가 필요하다.

에이브러햄 링컨_(전) 미국 대통령

무언가를 논할 때면, 나는 삼분의 일 정도 되는 시간을 내가 말하는 것과 나 자신에 대해 생각하는 데 쓰고 나머지 삼분의 이는 상대방과 그가 하는 말을 생각하는 데 쓴다.

벤자민 프랭클린_(전) 미국정치인, 미국독립선언서 초안 작성

"저는 누구를 만나든, 어떤 모임을 가든, 다른 사람들의 이야기를 먼저 충분히 듣습니다. 그 이야기 속에서 공통부분을 발견하여 거기에 내 의견을 종합하여 이야기 합니다. 그러면 모인 사람들 다수가 제 의견에 동조하게 되고, 자연스럽게 저는 그 모임의 중심인물이 됩니다. 오늘의 제 성공은 경청을 통해 남의 마음을 헤아린 후 말을 한 결과입니다."

이건희_(전) 한국 삼성그룹 회장

저는 말을 배우는 데 3년 걸렸지만 경청을 배우는 데는 60년이 걸렸습니다.

자료: 선행연구에 의한 저자 재구성, 사진 Google.com
사진출처: 처칠 https://designerzom.tistory.com/40
링컨 http://kid.chosun.com/site/data/html_dir/2021/11/01/2021110102072.html
프랭클린 https://m.dongascience.com/news.php?idx=15973
이건희 https://www.hankyung.com/economy/article/202010255560i

TIP

최고의 리더는 모름지기 듣고, 듣고, 또 듣는다.

3) 잘 듣는 경청능력

지금 우리는 남의 이야기에 귀를 기울이기 보다는 자기 이야기를 하기에 온통 빠져있는 시대에 살고 있다. 조직에서 리더와 구성원, 가정에서 부부와 자녀 간의 대화를 떠올려 보면 대부분 아래처럼 "제발 들어만 주세요"라는 그들의 외침을 자기중심적 사고와 태도로 의도적으로나 무의식적으로 무시하는 경우가 대부분이다. 그러나 현대를 살아가는 모든 사람들은 오늘도 "제발 들어만 주세요"라고 외치고 있는 것이다. 그 예는 [그림 5-2]와 같다.

오죽하면 심리치료의 90%가 들어만 주어도 치유된다고 하지 않는가.

▼ 그림 5-2 "제발 들어만 주세요"의 예

이야기를 들어 달라고 하면
당신은 충고를 하지
나는 그런 부탁을 한 적이 없어
이야기를 들어 달라고 하면
그런 식으로 생각하면 안 된다고 당신은 말하지
당신은 내 마음을 짓뭉개지
이야기를 들어 달라고 하면
나 대신 문제를 해결해주려고 하지
내가 원하는 것은 이런 것이 아니야

들어주세요
내가 원하는 것은 이것뿐
아무 말 하지 않아도 돼.
아무것도 해주지 않아도 좋아
그저 내 얘기만 들어주면 돼(90%치유)

자료: 조신영(2007), 경청: 마음을 여는 지혜. pp.211-212, 위즈덤하우스.

또한 잘 듣기 위해서는 인내심, 이해력, 자비로움, 개방성, 사려 깊음, 집중력, 이타심, 공감력, 균형 감각이 월등해지므로 잘 들어주는 경청 능력은 코칭 리더로서 뿐만 아니라 이 세상을 살아가는 데 있어 풍요로운 삶을 살 수 있는 중요한 지혜(智慧) 중의 지혜라고 할 수 있다.

4) 잘 듣는 방법

일반적으로 대화에서 말하는 사람이 주도권을 쥐고 있는 것으로 생각하는 경우가 많다. 하지만 말하는 사람이 아무리 번지르르한 말을 한다 하더라도 듣는 사람이 귀를 막고 있으면 그 말은 아무 소용이 없다. 이와 같이 듣는 사람이 아무런 반응이 없으면 말하는 사람은 "내 이야기가 흥미가 없나?", "내가 뭔가 잘못된 이야기를 하고 있나?",

"저 사람이 나를 싫어하는 걸까?", "저 사람이 지금 나를 무시하고 있는 건가?", 내가 이 이야기를 계속하면 저 사람이 나를 더욱더 무시하겠지?" 등의 온갖 생각에 사로잡히게 된다. 이는 결국 대화를 중단하게 되는 결정적인 원인이 된다. 이처럼 상대방으로부터 말을 끄집어내는 것은 듣는 사람의 역할이며, 이것이 예술경영리더십코칭의 중요한 역할인 잘 듣는 방법, 곧 "경청"인 것이다.

(1) 7%와 93%

▼ 그림 5-3 메라비언의 법칙(the Law of Mehrabian)

자료: Albert Mehrabian(1971) Silent Messages.

　메라비언의 법칙에 따르면, 대화를 통하여 상대방에 대한 호감 또는 비호감을 느끼는 데에서 [그림 5-3]과 같이 상대방에 하는 말의 내용이 차지하는 비중은 7%로 그 영향이 미미하다. 반면에 말을 할 때의 태도나 목소리 등 말의 내용과 직접적으로 관계없는 요소가 93%를 차지하여 상대방으로부터 받는 이미지를 좌우한다는 것이다. 예를 들어 공연장에서 누가 나의 발을 밟고 나서 "미안하다"라고 말하지만 그 태도나 말의 뉘앙스가 진정성이 없고 불량스럽다고 하면 오히려 기분이 나빠질 것이다. 이와 같이 대화를 하는 데 있어서의 말이 아닌 신체언어와 목소리 등이 더욱 더 영향이 큰 93%의 역할을 한다. 따라서 이제는 "무엇을 말하느냐(What to say)"에서 "어떻게 말하느냐(How to say)"가 중요하다.

(2) 듣기 단계

듣기에도 <그림 5-4>와 같이 첫 번째 단계는 상대방의 말을 "무시"해 버리는 것이다. 즉 상대방이야 뭐라고 하든 전혀 들으려고 노력하지 않는 것을 말한다.

두 번째 단계는 "듣는 척" 하는 것이다. 겉으로는 듣고 있는 듯한 자세를 보이지만, 머릿속으로는 딴 생각을 하고 있는 상태다.

세 번째 단계는 "선택적 듣기"로 상대방이 하는 말 중 자신이 흥미 있는 부문에만 귀를 기울이는 것을 말한다.

네 번째 단계는 "적극적인 경청"이다. 상대방의 말에 관심을 갖고 주목하여 듣는 것을 의미한다. 일반적으로 좋은 듣기라고 하면 적극적 경청 단계를 말한다.

▼ 그림 5-4 듣기의 단계

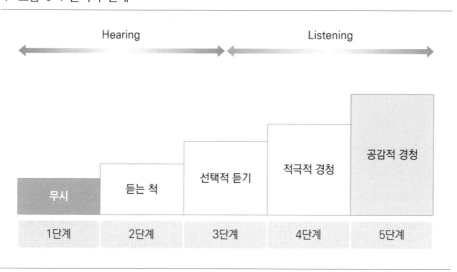

자료: Covey, Stephen R(1994), Daily Reflections for Highly Effective People: Living the Seven Habits of Highly Successful People Every Day, Fireside Books.

하지만 예술경영리더십코칭에서 듣기는 마지막 단계인 "공감적 경청"으로 이어져야 한다. 이 단계에서의 듣기는 상대방을 이해하려는 의도를 가지고 듣는 것이다. 이러한 "공감적 경청"은 상대방의 머리와 가슴속에서 일어나고 있는 본질적인 내용에 귀를 기울이는 것이기 때문에 예술경영리더십코칭하는 데 있어 강력한 힘을 가진다.

TIP

상대방이 하는 말 끝에 퀴즈의 해답이 있다고 상상하라!

- 살짝 윙크하거나, 부드럽게 손을 잡거나, 등을 가볍게 두드려 주는 것만으로도 엄청난 메시지가 전달된다.
- "안녕하세요" 말 한마디도 가볍게 듣지 말고 귀 기울여 보라!
- 상대방이 말하고자 하는 의도와 감정을 파악하고 공감하면서

---

5) 히어링(Hearing)과 리스닝(Listening)

우리말에는 듣기라는 말이 있지만 영어에서는 이를 히어링(Hearing)과 리스닝(Listening)으로 명확하게 구분되어 있다. 히어링이란 문자 그대로 귀를 통해 소리를 인지하는 것이다. 그러나 이것은 단지 신체적 행동일 뿐이다.

리스닝은 단순히 소리를 인지하는 것뿐만 아니라 상대방의 말을 온전히 이해를 하는 것이다. 이렇게 집중하여 제대로 듣는다면, 상대방의 말이 끝났을 때 약간의 피로감마저 느끼게 된다. 결국, 제대로 듣기란 수동적이기보다 적극적이고 능동적인 행동인 것이다 이와 같이 효과적으로 상대방의 말을 듣기 위해 필요한 것은 나 자신에게 집중되는 마음을 접고 온전히 상대방에게 집중하는 것이다. 따라서 경청은 바로 이 리스닝을 의미하는 것으로 [그림 5-5]와 같이 히어링과 리스닝을 설명할 수 있다.

Hearing	Listening
가만 있어도 들리는 것	말을 들으며 의도, 감정, 깊이 등을 새겨 들음

히어링 하는 사람들의 특징

1. 잘 듣는 척 한다.

2. 자기가 말할 차례만 초조하게 기다린다.

3. 머릿속은 다른 생각으로 가득 차 있다.

리스닝 하는 사람들의 특징

1. 상대방을 있는 그대로의 존재 자체를 인정하고 존중한다.

2. 상대가 무슨 말을 하든 액면 그대 담백하게 받아들인다.

3. 상대가 말로 그리는 그림 속으로 빠져 든다.

4. 상대가 말 하려는 요점을 정확히 파악한다.

듣는 것(Listening)을 하지 않으면 대화는 있으나 소통은 없다.

자료: 선행연구에 의한 저자 재구성

6) 경청의 의미

경청(傾聽)의 한자에 그 뜻과 의미가 담겨 있다. [그림 5−6]은 경청의 뜻과 대화의 법칙을 정리한 내용이다. 이를 잘 숙지하면 실전에서 경청을 하는 데 하나의 행동 지침이 될 것이다.

경청의 한자의 뜻

傾聽

- 다가 갈 경(傾)
- 들을 청(聽)
  - 귀 이(耳) + 왕(王) → 왕이 백성을 사랑하는 넓은 마음으로 자비롭게 들어라.
    → 왕의 앞에서 들을 때처럼 집중해서 들어라.
  - 열 십(十) + 눈 목(目) → 열 개의 눈으로 관찰하면서 들어라.
  - 한 일(一) + 마음 심(心) → 온전히 한 마음처럼 몰입하여 들어라.

> 말하는 상대방에게 다가가서
> 왕 앞에서처럼 집중하여 듣고, 왕의 마음으로 자비롭게 듣고
> 열 개의 눈으로 상대방의 신체적 언어와 감정, 의도를 관찰하면서
> 상대방과 온전히 한 마음처럼 몰입하면서 듣는 것.

> <u>3-2-1 대화의 법칙</u>
>
> 3분간 상대방의 말을 "경청"하고
> 2분간 "맞장구" 쳐주고
> 1분간 나의 말을 한다.

자료: (美)Fortune 대인관계성공비법의 내용 중, 저자 재구성

7) 상대방 중심의 듣기

"경청'의 중요성을 깨닫고 잘하고 싶은데 잘 안 되는 이유는 무엇일까? 많은 리더들이 경청이 안 되는 이유로 "자기중심적"으로 듣는 태도를 꼽는다. 자기중심적으로만 상황을 보고 듣는 것은 다른 사람들과의 관계를 해치고 잘못된 의사결정을 내리게 만드는 위험성이 있다.

> **TIP**
>
> **자기중심적으로 듣기**
>
> 사람은 누구나 자기중심적이다. 사람은 듣고 싶은 것만 들으려고 한다.
> 즉, 자신의 관점에서 판단하거나 자신의 의도대로만 경청하는 행위

사람은 다른 사람의 이야기를 듣고 있으면 자신도 모르게 마음이 초조해진다. 특히 리더들은 자기가 말할 기회를 잡기 위해 초조하게 기다리는 마음과 표정을 감추지 못한다. 또한 자신의 생각과 아집으로 대화를 진행하려고 한다. 상대의 이야기가 끝나지 않았는데도 "그래서 결론은 뭔가?", "잠깐, 그것은 내 생각과 달라", "그것은 틀렸어" 등으로 상대방의 말을 끊고 자신의 이야기를 했던 경험이 누구에게나 한두 번 정도는 있었을 것이다. 이 외에도 리더 자신이 원하는 것만 듣기 위해 다른 내용들은 무시해 버리는 행동, 머릿속은 다른 생각으로 가득 차 있어 상대방에게 집중하지 않는 행동, 자기가 옳다는 것을 증명하기 위해 반격을 가할 허점을 찾아내는 행동, 상대방의 말을 자기 방식으로 해석해서 영향을 주려고 하는 행동 등이 모두 자기중심적으로만 듣기 행동에 해당한다.

여기에 덧붙여 상대방에게 좋은 사람처럼 보이려고 잘 듣는 척하는 행동, 형식적인 반응과 필요이상으로 감탄사를 연발하는 행동도 이에 포함된다. 자기 중심적으로만 듣기의 가장 최악의 모습은 입을 꾹 다물고 어떠한 반응과 표정이 없는 행동이다. 이는 상대방을 좌절하게 하고 참담한 심정이 되게 하므로 리더는 반드시 대화 시 최소한의 반응을 보여야 한다.

또한 경청이 잘 안 되는 것은 많은 리더들이 잘 들어보겠다고 구성원과의 소통의 자리를 만들지만 구성원의 말을 잘 들기보다는 "자기중심적"인 듣기 태도로 인해 결국 참지 못하고 시간이 없다는 이유와 빨리 성과를 내야 한다는 이유 등을 들어 본인이 하고 싶은 이야기만을 일방적으로 하게 되고 만다. 이와 같이 "경청"은 "상대방 중심의 경청"으로 참고 기다려주는 많은 인내심을 필요로 한다. 이는 하루아침에 되는 것보다는 꾸준한 경청의 훈련을 통해서만이 가능하다.

8) 경청을 위한 준비요소

(1) 존중의 자세

▼ 그림 5-7 경청을 위한 존중 자세의 예

자료: 선행연구에 의한 저자 재구성

사람들은 저마다 자신만의 한계를 가지고 있다. 한계가 있는 자신들의 모습이 있는 그대로 받아들여지고 존중받기를 원한다. 따라서 구성원의 한계를 있는 그대로 수용하고 존중해 준다면 마음을 열고 신뢰감을 줄 것이다. [그림 5-7]은 경청을 위한 존중 자세의 예이다. 아무리 훌륭해 보이는 사람이라도 저마다 부족함과 어려움이 있다. 그럼에도 불구하고 그들 나름대로 최선을 다하고 있음을 믿어주는 것, 이것이 존중이다. 존중받지 못하면 거부감을 느끼고, 존중받으면 자기방어가 해체되어 더 빨리 변한다. 따라서 경청을 위한 준비요소로 존중의 자세는 경청의 기본요소라 할 수 있다.

자료: 선행연구에 의한 저자 재구성

(2) 사람에게 집중하기

예술경영리더십코칭을 하기 전에 마음을 가다듬고 진행과 관련이 없는 다른 문제들은 머리에서 떨쳐내어 온전히 구성원(상대)에게 집중할 준비를 하여야 한다. 예술경영리더십코칭에 방해가 될 만한 방해요소, 즉 소음, 다른 사람들과의 대화, 핸드폰 벨 소리, 이메일과 문자 메시지, 실내 온도 등을 미리 점검하여야 한다. 또한 예술경영리더는 본인의 마음속에 대화(The Inner Dialogue: 머릿속에서 끊임없이 생겨나는 잡담)를 제어한 후에 경청에 임하여야 한다. [그림 5-8]은 경청할 때 사람에게 집중하기 위한 방법의 예이다.

▼ 그림 5-8 경청할 때 사람에게 집중하는 방법의 예

사람에게 집중

집중하여
경청 하며
사람을 면밀히
관찰하고
직관을 이용하여
살펴라

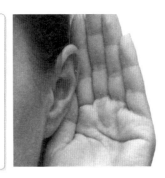

사진자료: https://m.blog.naver.com/atm7878/220702595585

사람이 이야기를 주도(100%)하도록하고
말하는 내용을 끝날 때 까지 온전히 집중하라.
사람이 민감하게 보이는 감정을 포착하고
사람과 똑같은 감정과 정서를 느낀다는 것을 보일 수 있어야 한다.

사람들이 변화에 저항감을 갖는 이유는

잘 몰라서,
싫어서,
그리고
"당신을 싫어해서" 이다

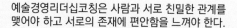

예술경영리더십코칭은 사람과 서로 친밀한 관계를
맺어야 하고 서로의 존재에 편안함을 느껴야 한다.

사람들은 자신과
가장 비슷한 사람을 좋아한다.

신체적 측면	대화할 때의 자세, 말의 속도, 말투, 목소리 크기,음색
정신적 측면	사용하는 어휘(시각, 청각, 감각적으로 선호도 파악)
감정적 측면	분위기나 감정 상태

자료: 선행연구에 의한 저자 재구성

9) 잘하는 경청법

(1) 상대방 중심의 경청

  "상대방 중심 경청"이란 자기중심적 듣기에서 한 단계 발전하여 대화할 때 오로지 상대를 대화의 중심에 두고 온전히 상대방에게만 집중하는 것이다. 이는 경청과 관찰 및 직관을 통해 상대의 신체적 언어를 감지하여 사실(Fact), 상대방의 감정(Feel), 상대방이 말하고자 하는 의도(Focus) 등을 알아차려서 상대에 맞추어 반응하고 상호교감을 하면서 경청을 하는 것이다. 이처럼 한층 더 발전된 상대방 중심의 경청을 하기 위해서는 아래와 같이 상대에 대한 배려와 집중력이 필요하다.

① 신체적 태도 및 반응

- 몸을 온전히 상대방을 향하게 한다(의자에 등을 대지 말고 의자 앞쪽으로 앉는다).
- 이야기하는 동안 상대의 얼굴과 눈을 바라보면서 집중한다.
- 상대방과 같은 자세와 태도, 동작에 맞추어 공감을 만들어 낸다(사람은 무의식적으로 자기와 비슷한 사람에게 편안함을 느끼고 좋아한다).
- 상대방의 호흡이나 동작, 음조를 맞추어 준다.
- 상대방의 말에 적절한 반응을 보여준다.
- 상대방의 말을 요약하고 반복함으로써 적절한 반응을 한다.
- 상대방이 의식 속으로 들어가, 상대방이 말하고자 하는 그림을 읽어 숨겨진 메시지를 읽는다.

② 상대방의 말을 평가하거나 판단하지 말라.

③ 상대방의 말에 온전히 집중하라.

④ 확인하기

- ~라는 말씀인가요?
- 좀 더 자세히 말씀해주시겠습니까?

⑤ 되묻기

- 그래요, 당신은~라고 생각하고 있군요.
- ~때문에 화가 나셨군요.
- 당신의 이야기는~이군요, 제가 올바로 이해하고 있나요?

⑥ 요약하기

- 상대방의 핵심 주장을 요약하라.
- 당신의 요약이 정확한지 수시로 물어보라.

(2) 경청을 잘 하기 위한 "FAMILY" 법칙

경청은 비즈니스 세계를 선도하는 우리 시대의 구루(guru) 피터 드러커, 스티븐 코비, 톰 피터스 등이 공통되게 강조하는 핵심 중 하나이다. 언어의 마술사 래리 킹이나 오프라 윈프리도 역시 첫 번째로 꼽는 것이 경청이다. 경청은 자기를 비우고, 상대방의 진심을 발견하는 과정 즉, 공감이기 때문이다. 그러나 경청은 가장 놓치기 쉬운 핵심역량이다. 따라서 듣는 습관을 알면 설득과 협상에서 반은 이긴다는 말도 있듯이 <표 5−1>의 경청 잘 하는 FAMILY법칙을 응용하여 예술경영리더십코칭의 학습과 훈련을 통해 문화예술경영 현장에서 유용하게 활용될 것으로 기대된다.

▎표 5-1 경청의 FAMILY 법칙

F (Friendly)	먼저 상대방에 대해 우호적인(Friendly) 감정을 갖는 것이다. 상대방에 대한 선입견이나 방어적인 태도를 버리고 공감을 표시하면서 상대방의 말을 들어야 한다. 상대방의 감정을 이입시켜 나의 표정에 담는다. 밝은 내용일 때는 밝게, 슬프거나 속상하면 거기에 맞게 표정을 짓는다. 그래야만 상대의 마음도 편안해지고 말의 깊이를 더해갈 수 있다. 누구나 상대의 표정을 관찰하며 이야기보따리를 얼마나 풀지 결정하고 있다.

A (Attention)	경청할 때는 상대방에게 온전히 집중(Attention)하는 것이다. 일대일 대면이라면 상대방의 눈을 마주 보면서 상체를 약간 숙이는 것은 상대방의 말에 관심이 있다는 것을 표현하는 방법이다. 의자 등받이에 기댄 채 상대방의 말을 들으면 권위적이고 거만하게 보인다. 하던 일을 잠시 멈추고 상대를 향해 자세를 잡는 것, 메모하며 듣는 것이 중요한 이유는 바로 이 집중력이 상대에게 전달되기 때문이다.
M (ME too)	상대방의 이야기에 맞장구(ME too)를 쳐주는 것이다. 즉 리액션(Re-action)을 보내주는 것으로 고개를 너무 빠르게 끄덕이면 가볍거나 형식적으로 느껴질 수 있으므로 머리 전체를 천천히 움직이며 끄덕여야 진중한 느낌을 전달하게 된다. 물론 "네 그렇죠", "맞아요" 하는 말로 표현 할 수 있다. 자신의 말에 동의해주는 것만큼 말하는 사람을 신나게 하는 것은 없기 때문이다.
I (Interest)	상대방의 말에 흥미(Interest)를 갖고 이를 상대방에게 전달되게 하는 것이다. 즉 관심과 흥미를 나타내는 방법으로 말과 행동으로 보여주는 것이다. 듣는 도중 상대방이 구사한 문장 중 중요한 단어를 복창하고, 이야기의 중요한 주제에 대해 질문을 하는 것도 매우 효과적이다. 이렇게 하면 상대방은 자기의 이야기에 충분히 공감하고 있다는 것을 느낄 수 있어 더욱 더 이야기의 보따리를 풀어 놓게 된다.
L (Look)	경청할 때 상대방을 온전히 응시(Look)하는 것이다. 보통 대화를 하고 나서 가장 기분이 나쁘다고 느끼는 것은 상대방이 "나를 쳐다보지도 않더라"이다. 이와 같이 시선을 바라봐 주는 것은 경청에서 가장 기본이고 중요한 요소이다. 이때 상대의 눈만 쳐다 볼 것(상대가 당황할 수도 있어 주의를 요함)이 아니라 상대방의 표정이나 신체언어, 즉 보디 랭귀지(Body Language, 다음 페이지 참조)를 읽어내야 한다. 이를 통해 몸이 표현하는 상대방의 감정과 의도를 파악할 수 있다.
Y (You are centered)	상대방으로 하여금 "말하는 내가 중심"이라는 느낌을 갖게 하는 것이다. 자기중심 듣기가 아닌 상대방을 중심에 두고 상대방을 진정성으로 존중하면서 진지하게 경청을 한다면 그 느낌은 상대방에게 온전히 전달이 되어 의미 있는 대화로 이어질 수 있을 것이다. 따라서 경청은 단지 듣기 위한 매너가 아니다. 상대방에 대한 존중과 나눔의 시작이다. "탁월한 코칭 리더"도 결국 "상대방 중심의 공감경청"을 하는 태도에서부터 출발한다고 해도 과언이 아닐 것이다.

자료: 이종선(2011), 따뜻한 카리스마, 갤리온, pp.213-215.

10) 상대방 마음을 읽는 "Body Language"

신체 언어, 몸짓 언어 또는 보디랭귀지(body language)는 비언어적 의사소통의 한 종류로, 몸짓으로 의사소통을 하는 것을 말한다. 주로 서로 언어가 달라 말이 안 통할 때 사용한다.

보디랭귀지는 능동적 경청으로 청취자가 말하는 내용을 명확하게 이해하는 화자 피드백을 제공하는 다양한 청취 전략을 통합하는 기술이다. 예술경영리더십코칭에는 일반적으로 사용되지만 개인적이고 전문적인 의사소통이 도움 된다. 적극적인 경청을 하려면 자신의 신체 언어를 사용하여 말하는 사람에게 주의를 기울여야 한다. <표 5-2>는 보디랭귀지로 상대방 마음을 읽는 다양한 방법의 예이다.

▌표 5-2 상대 마음을 읽는 Body Language의 예

"눈은 마음의 창" 눈이 전하는 신호	• 동공이 확대: 기분이 좋아지거나 호기심 자극, 흥분하게 만드는 무엇을 보면(중국의 보석상들은 이를 감추기 위해 선글라스를 끼고 거래) • 동공이 축소: 기분이 나쁘거나, 부정적일 때 • 눈을 깜빡이는 횟수 증가, 눈을 문지르거나 시선 피하기 – 거짓말을 하고 있다는 신호 – 안경너머로 상대방을 쳐다보는 것은 부정적 생각의 표현이다. – 안경다리를 입에 무는 동작은 시간을 끌거나 결정을 미루기 위한 행동의 표시이다. → 시선은 눈과 코 사이의 삼각형 부분에 고정시키는 것이 무난함
대화를 할 때의 거리 자리위치와 자세	• 거리(어느 정도 거리를 유지해야 하는가?) – 친밀한 거리: 15~46cm – 사적인 거리: 47cm~1.2m – 사회적 거리: 1.2m~3.6m • 자리 위치(어디에 앉을 것인가?) – 정면 위치: 적대적이고 사무적인 분위기 조성 – 옆 자리/대각선 위치: 편안하고 친밀한 분위기 조성 → 오른쪽에 앉은 사람에게 더 편안함을 느낌(자신의 생각을 전하고자 할 때는 왼쪽 얼굴을 보여주는 것이 더 효과적) • 자세(상대방 앞으로 몸을 기울이면)

	– 관심이 많으니 계속 더 많은 이야기를 해달라는 표시 – 상대방이 중요한 사람이라고 느끼게 함.
거짓말을 하고 있을 때 나타나는 Body Language	• 입 가리기 • 코 만지기 • 눈 문지르기 & 시선 회피 • 귀 만지기 & 귀 빨개지기 • 목 긁기(상대를 불신하는 표시) • 입에 손가락 물기

손과 팔의
움직임이 전하는
신호
	• 팔짱을 끼면
	  – 자신을 드러낼 생각도 없고 받아들일 생각도 없다(부정적인 표시)
	  – 팔짱이나 팔로 자신의 몸을 가리는 것은 방어적 태도의 표시
	• 손 바닥을 보이는 것은 숨기는 것이 없다는 뜻이다: 손 등을 계속 보이
	  는 것은 경계를 하고 있다는 표시이다.
	• 양손바닥을 맞대고 비비는 것: 긍정적인 결과를 기대하고 있다는 표시
	• 양손을 깍지 끼는 것: 감정을 자제하거나 불안한 상태
	• 양손 끝을 마주 세우는 것: 자신감과 확신에 찬 태도
	• 뒷짐지기: 우월감과 자신감의 표시
	• 손으로 턱을 괴거나 만지면: "당신이 한 말에 대해 신중하게 생각하고
	  있다"는 표시

다리 움직임이
주는 신호
	• 발을 흔드는 것: 현재 벌어지고 있는 상황에서 벗어나고 싶다는 표시
	• 다리를 교차: 대답하지 않겠다는 뜻
	• 다리를 벌리고 있는 자세
	  – 자신감의 표시
	  – 여자는 업무 중에 다리 벌리는 남자에게 위협을 느끼니 조심하라는 표시

고개 움직임이 주는 신호	• 고개를 끄덕 거림: 협력과 동의의 표시 • 고개 젓기: "아니오"라는 부정 표시 • 양손을 뒷통수에: 대단한 자신감의 표현이나 반감을 줄 수 있음

기타 Body
Language
	• 말의 속도와 크기: 자신보다 빠르거나 크면 압박감을 느낌
	• 담배 연기 방향: 위로(자신감, 우월감, 긍정적), 아래로(부정적, 의심, 비밀)
	• 여자의 구애(求愛) 신호: 머리카락 넘기기, 촉촉하게 젖은 입술, 자기 몸
	  만지기, 손목 보여주기, 반지 뺏다 끼우기 반복, 핸드백을 남자 가까이
	  에 둠, 다리 꼬기, 눈꺼풀 내리기, 힘없이 손목 들어올리기 등.

자료: Allan · Barbara Pease (2006), The Definitive Book of Body Language: The Hidden
      Meaning Behind People's Gestures and Expressions, Random House LLC 내용에서
      저자 재구성

11) 의도를 파악하는 경청기술

상대방의 이야기를 들으면서 상대방이 진정으로 원하는 것과 의도하는 것이 무엇인지를 파악하면서 경청하는 것이다. 보통 자신의 진짜 의도나 욕구를 표현하는 데 익숙하지 않은 사람들은 겉으로 표현하는 것과 실제로 의도하는 것이 다른 경우가 많다.

사람들이 갖고 있는 이러한 깊은 의도는 어떤 일을 추진하게 하는 원동력의 에너지가 될 뿐만 아니라 그것을 이루기 위해 어려움과 두려움을 극복할 힘과 인내력을 만들어 준다. 따라서 리더는 상대와 대화 중에 직관적으로 진정한 의도를 명확하게 파악하기 위해 깊이 있는 경청을 하여야 한다. 이와 같이 직관적 경청을 통해 진정한 의도를 알아낼 수 있다면, 리더는 상대의 의도를 이룰 수 있는 대안을 함께 찾아나갈 수 있을 것이다.

예술경영리더십코칭에서 "의도(Focus)경청"하기란 직관력과 통찰력을 갖고 상대의 장점이나 잠재된 탁월성을 발견하여 격려하고 지지해 주는 것을 의미한다. <표 5-3>은 경청·관찰·직관을 비교한 예이다.

▌표 5-3 경청·관찰·직관의 비교

경청	• 상대가 정말로 무슨 말을 하고 있는지 이해하기 위해 귀를 기울이고, 상대에게 정말로 중요한 것은 무엇인지 파악하는 행위 • 경청을 통해 근본적인 사고 패턴, 습관, 중요사건, 능력, 감/약점, 신념, 가치관 등을 파악할 수 있으며, 이러한 패턴 파악을 통해 더 나은 결과를 끌어낼 수 있는 준비가 됨. • 직원의 강렬한 감정과 반응을 파악하기 위해 경청하며 관찰하라 • 듣고 있는 것과 보고 있는 것이 일치하지 않는다면 계속해서 질문하라
관찰	• 감각적으로 외부세상을 인지(시각, 청각, 후각)하고, 사고를 통해 그 정보를 여과하는 것. • 좋은 코치는 손짓, 목소리 톤, 단어 선택, 바디 랭귀지, 빈정거림, 듣는 태도 등을 관찰. • 고정관념, 판단, 신념, 가치관등이 관찰을 방해 → 가능한 객관성을 유지하려고 노력

직관	• 살아오면서 쌓아온 정보, 지식, 경험들이 한데 어우러져 순간적인 자극에 의해 하나의 사고로 불쑥 튀어나오는 것 → "아주 짧은 시간에 굉장히 정확한 판단하는 능력" • 일상적인 사고 과정을 벗어나 논리를 초월한 작용으로 문제에서 해결책으로 바로 넘어갈 수 있게 해준다. → 직관을 확신해도 너무 믿어서는 안 되고 언제든지 버릴 수도 있어야 한다.

자료: 선행연구에 의한 저자 재구성

TIP

경청하라. 관찰력과 직관을 이용하라. !

결정적 대화 프로세스: (경청 + 관찰 + 직관 + 호기심 + 중요한 질문) + 반복

→ 구성원에 대한 "새로운 통찰"

이러한 대표적인 사례로는 카 세일즈의 신화로 "정상에서 만납시다"저자인 지그 지글러(Ziz Ziglar)의 사례로 지그 지글러는 처음 카 세일즈 회사에 입사하여 1년 동안 차를 한 대도 팔지 못하여 의기소침해 있었다. 바로 그때 직속 상사가 지그 지글러에게 "지글러 군, 자네는 대단한 능력을 갖고 있어. 챔피언 감이라구"라는 말을 해 준다. 이때부터 지글러는 진짜로 챔피언이 되어가기 시작 했고 결국 챔피언이 되었다. 이 직속상사는 지글러가 현재 차를 한 대도 못 팔고 있지만 그 안에 잠재되어 있는 "잠재 능력과 탁월성(Sleeping Giant: 잠자는 거인)"을 발견하였고 그 점을 칭찬과 인정, 그리고 격려와 지지를 보내 주었던 것이다.

그 직속상사는 직관과 통찰력을 가지고 지글러를 관찰하고, 지글러의 말을 경청하였기 때문에 지글러의 장점과 탁월성을 발견할 수가 있었던 것이다.

다음은 우리나라 최초의 프리머리거인 박지성의 사례이다. 박 지성은 축구선수로는 너무 왜소한 체격이었을 뿐만 아니라 심지어 평발이라는 최대의 약점을 갖고 있었다. 고등학교, 대학교는 물론 실업 때까지도 단 한 번도 선택을 받아본 적이 없던 선수였다. 그러나 축구선수의 꿈을 포기하지 않았고 이 모든 악조건을 오직 정신력("깡다구")로 버티며 성실성을 인정받아 2002년 월드컵에 국가

대표선수로 발탁이 된다.

하루는 부상을 당하여 병실에 있을 때 히딩크(Guus Hiddink, 2002한일월드컵 한국 국가대표 축구감독) 감독이 통역사를 대동하여 찾아와 박지성 선수(2002한일월드컵 국가대표 축구선수, 한국 축구를 빛낸 자랑스러웠던 스트라이커 중 한 사람)에게 "지성군 자네의 정신력은 세계 최고야"라는 말을 해 준다. 그동안 남들이 알아주지는 않았지만 박지성 선수를 버티게 해 주었던 자신의 탁월

사진출처: http://www.munhwa.com/news/view.html?no=201106111119779322MWOS

성을 히딩크 감독이 최고의 찬사로 인정을 해 주었던 것이다. 이 말을 들은 박지성 선수는 "히딩크 감독의 칭찬과 인정이 너무 황홀했습니다. 2002년 월드컵은 몸이 칭찬으로 구름 위에 떠 있는 것과 같았고 미친 듯이 뛸 수 있었습니다"라고 고백을 한다. 이와 같이 히딩크 감독도 직관과 통찰력을 가지고 경청과 관찰을 했기 때문에 박지성 선수의 장점과 탁월성을 발견할 수 있었던 것이다.

리더에게 코칭을 받아 변화와 성장을 이룬 구성원은 반드시 해당 조직에서 코칭 리더(코치)가 되어야 한다. 예술경영리더십코칭으로 구성원 중 단 한 명이라도 지그 지글러나 박지성 선수처럼 인생이 변하는 계기를 만들어 주는 평생 잊지 못할 사람이 된다고 하면 보람은 물론 진정한 코치가 되는 것이다. 이 모든 것을 가능하게 해 주는 것은 직관과 통찰력을 가지고 상대방의 의도나 잠재능력을 발견하는 데서부터 시작한다. 이러한 직관과 관찰력은 소통의 주요원칙이며 [그림 5-9]와 같이 소통의 원칙을 설명할 수 있다.

TIP

"리더님 때문에 제 인생이 변했습니다. 진심으로 감사를 드립니다."

라는 고백을 예술경영현장에서 구성원에게 듣는 리더가 진정한 예술경영리더십코칭을 하는 것이다.

疏 通

- 막히지 아니하고 잘 통함
- 뜻이 서로 통하여 오해가 없음

소통의 원칙

1. 나와 상대방 사이의
   공통점을 찾아라!

2. 진심으로 관심을
   보여라!

3. 마음을 활짝 열고
   자신감으로 맞이하라!

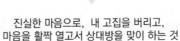

공감을 준비하자

상대방을 인정하자

말하기를 절제하자

겸손하게 이해하자

온 몸으로 응답하자

진실한 마음으로, 내 고집을 버리고,
마음을 활짝 열고서 상대방을 맞이 하는 것

자료: 선행연구에 의한 저자 재구성

예술경영리더십코칭
역량 강화: 인정과 지지

1) 예술경영리더십코칭 역량의 인정과 지지

(1) 인정의 가치

직장인들에게 "직장 생활 중 가장 듣기 싫은 소리 1위"에 대한 인터넷 설문 조사가 있었다. 가장 듣기 싫은 소리 1위로 뽑힌 것은 무엇이었을까?. 그것은 바로 "그것을 일이라고 하는 거야"라는 것이었다. 즉, 인정을 받지 못하고 무시를 당했을 때이다.

그러면 가장 듣고 싶은 소리는 무엇이었을까? . 1위는 "수고 했어, 역시 자네가 최고야"라는 말이었고 2위는 "이번 일은 다 자네 덕분에 잘 끝났어"였다. 즉 인정을 받았을 때이다. 이 설문조사의 결과는 결국 인정을 받았느냐와 인정을 못 받았느냐의 차이(差異)가 결과의 기준이 되었던 것이다.

어느 연구기관의 종업원만족도 조사 결과 분석에 따르면, 종업원들의 불만원인을 다음의 8가지 요인으로 설명하고 있다.

1. 자기의 제안을 진정으로 받아들이지 않는다.
2. 자기의 괴로운 처지를 이해해 주지 않는다.
3. 자기를 지지해 주지 않는다.
4. 자기를 격려해 주지 않는다.
5. 여러 사람들 앞에서 자기를 비난한다.
6. 자기에게 의견을 물어보지 않는다.

7. 편파적이다.

8. 자기에게 일의 진척사항을 알려주지 않는다.

이 또한 모두 종업원들의 중요성에 대해 인정해 주지 않기 때문에 나온 결과들이다. 제안을 진정으로 받아들이지 않는다는 것은 "네 말은 들을 가치가 없다"는 것이고 괴로운 처지를 이해해 주지 않는다는 것은 "너는 있으나마나 한 존재다"라고 말하는 것과 같다. 이와 같이 인정을 받지 못한 종업원은 의기소침하여 성과창출도 미흡할 뿐만 아니라 인간의 가장 기본적인 욕구인 인정을 받지 못함으로써 지옥 같은 직장생활을 할 수밖에 없다. 그만큼 조직의 성과창출 및 근무 분위기가 결국 인간의 가장 기본적인 욕구인 "인정받고자 하는 마음"이 뿌리에 자리잡고 있는 것이다.

또한 이 결과는 단지 직장 생활에만 한정되어 있는 것이 아니다. 테레사 수녀는 "세상에는 빵에 굶주린 사람보다 사랑과 인정에 굶주린 사람이 더 많다"라고 하였다. 어린 시절의 안아주기, 쓰다듬어 주기와 같은 신체적 스트로크의 욕구는 성인이 됨에 따라 칭찬이나 인정 같은 정신적인 스트로크 욕구로 옮겨간다. 스트로크(Stroke)란 인간 인정의 기본 단위(a unit of recognition)로서 피부 접촉, 표정, 감정, 태도, 언어, 기타 여러 형태의 행동을 통해서 상대방에게 표현되는 반응이다. 이와 같이 자기 존재를 인정받고 싶어 하는 욕구는 하루 세 끼의 식사처럼 인간에게 있어서 필수 불가결한 것이다. 이와 같이 사람들은 누구나 기본적으로 인정을 받고자 하는 욕망을 가지고 있는 것이다.

(2) 구성원의 진정한 존재가치 인정하기

예술경영리더십코칭은 구성원들의 진정성을 가지고 존재 자체를 존중해주며, 그들의 타고난 성향과 다양성을 인정 해주고 수용해 주는 것부터 시작해야 한다. 예술경영리더십코칭을 "인간을 가장 인간답게 다루는 기술"이라고 하는 이유도 바로 인간의 가장 기본적 욕구인 인정받고자 하는 것을 충족시켜주기 때문이다.

노자(老子, 道家의 시조, 사상가)가 말하는 리더십 핵심은 "리더는 물처럼 자신을 낮추고 모든 공을 구성원에게 돌려야 한다. 리더가 공을 누리면 신하들은 떠

나게 되어있다"라고 함축할 수 있다. 즉 리더는 성과가 났을 때 그 공을 구성원들이 자기의 공이라고 느낄 수 있도록 그들을 인정해줘야 한다는 것이다. 당연히 인정을 받은 구성원들은 더욱더 신이 나서 지속적인 성과 창출의 주역이 될 수 있다는 것을 의미한다. 아울러 리더의 인정을 받은 구성원들은 서로서로 인정해 주고 격려해줌으로써 "신바람 일터"로 전환되는 순환의 출발점이 되는 것이다. 예술경영리더십코칭에서 조직에서 리더와 구성원은 솔선수범하는 인정과 지지는 아무리 강조하여도 지나침이 없다고 할 것이다.

2) 진정성 표출하기

예술경영 현장에서 가장 먼저 하여야 할 일은 "상대방이 중요하고 충분히 존중받아야 하는 존재라는 것을 마음에 새기는 일이다" 그렇게 하고 나면 굳이 노력하지 않더라도 상대방이 당신에게 친근감을 갖게 되고 친밀한 관계로 발전이 된다. 이때 중요한 것은 내 마음의 진정성(眞情性, One's true heart, sincerity, 거짓이 없고 참되며 애틋한 정이나 마음을 가지고 있음)이다. 사람은 상대방의 이와 같은 진정성을 동물적 감각으로 느낀다고 한다.

TIP

진정성과 관련된 모 기업의 영업 임원과의 예술경영리더십코칭 사례

임원: 구성원 한 명에게 칭찬과 격려를 자주 하는데도 별로 성과가 없네요.

코치: 그 구성원을 칭찬할 때 진정성은 몇 %의 마음으로 하셨나요?

임원: 솔직히 그 구성원이 평소에도 마음에 별로 들지 않았고 안 좋은 선입관에도 불구하고 실적 때문에 꾹 참고 마음에 없는 격려나 칭찬을 했던 것 같습니다. 진정성의 정도는 약 40% 정도였던 것 같습니다.

코치: 진정성은 99%라 해도 결국 제로입니다. 그 구성원의 잠재력 까지 인정 해 주고 100%의 진정성으로 한 번 다시 시도해 보시기를 제안 드립니다. 어떠세요?

임원: 네 많은 것을 느끼게 되네요. 제 마음을 바꾸어 100%의 진정성을 가지고 다시 한 번 해 보겠습니다.

이 임원은 이후 예술경영리더십코칭 때 제가 그 구성원의 존재 그 자체를 존중하면서 정말 잘 되었으면 좋겠다는 마음만을 100% 가지고 대화를 하기 시작하였는데 구성원이 활기차게 변하기 시작하더라구요. 제가 잔소리하기 전에 알아서 스스로 열심히 하기 시작했고 저에게도 찾아와서 영업의 방법 등에 대해서 적극적으로 배우려고 하더니 결국 수주도 큰 거 한 건을 하였습니다." 축하의 자리에서 그 구성원은 팀원들 앞에서 "저의 이야기에 귀를 기울여 주신 이사님께 진심으로 감사드립니다. 오늘의 이 결과는 저를 인정해 주시고 믿어주신 이사님 덕분입니다"라는 말을 하는 겁니다. 단지 100%의 진정성을 가지고 그 구성원을 인정해 주었을 뿐인데 … 정말 효과가 대단 하더군요. 앞으로 저의 리더십의 방향을 확고하게 바꾸는 계기가 된 것 같습니다. 그리고 무엇보다 그 구성원과 대화할 때 그 전에는 안 좋은 선입관 때문에 불편하였는데 지금은 제 마음 자체가 너무 평안하고 행복하다는 것을 느꼈습니다"라는 고백을 하였다.

> **TIP**
> 예술경영현장에서 각 리더들이 구성원에게
> 백 마디의 잔소리에도 전혀 변함이 없는가?
> 그렇다면, 구성원들이 "정말 잘 되었으면 좋겠다"라는
> 진정성 100%의 마음을 가지고 존재를 인정해 주어라!
> 그러면 놀랄 만한 변화가 시작될 것이다.

딕 칠드리(Doc Childre)와 브루스 크라이어(Bruce Cryer)(2000)는 "성과를 내는 힘(From chaos to coherence: The Power to Change Performance)에서 코칭 원칙의 핵심을 다음과 같이 기술한다.

"조직에서 다른 사람들에게 관심을 보일 때에는 진정성이 기반이 되어야 한다. 진정성이 없는 행동은 공허할 뿐이다. 진정성이 있는 관심은 사람들로부터 자발적인 열정과 봉사정신을 이끌어내는 데 필수적 이다. 기계적이고 마음에 없는 관심은 저항감을 불러 일으켜 조직융화를 저해 시킨다. 동료나 가족, 고객이나 구성원들은 억지스러운 예의와 마음이 담긴 진정성의 관심을 본능적으로 구분할 줄 안다"

3) "내 새끼"와 "우리 애"에 담긴 진심

TV에서 "진짜 사나이 여군 특집2"이 방영(2015, MBC)되었다. 소대장이 화생방 훈련을 받고 온 교육생들에게 "내 새끼들 욕먹고 내려온 게 싫은 거야" 또한 퇴소할 때는 "누군가가 욕하고 뭐라고 해도 나는 너희들을 믿는다. 왜냐하면, 내 새끼들이니까"라고 한다. 또한 "내 손에 있으면 아픈 인원들을 통제해주고 치료를 해 줄 텐데"라며 애틋한 마음을 드러냈다.

그의 이런 마지막 말에 여군 훈련병들도 눈물을 참지 못했다.

소대장의 '내 새끼' 그 한 마디는 직장인의 애환을 담아내며 화제 속에 종영한 드라마 '미생(2014, tvN)'을 떠올리게 했다. 미운 오리 새끼 같았던 장그래(임시완 분)에게 남긴 오 과장(이성민 분)의 진심 어린 한 마디 '우리 애'는 장그래의 마음을 녹이고 다독였다. 장그래를 다그치면서도 자신의 팀원이자 후배로서 그를 성장시키고 싶었던 오 과장의 진심이 담긴 한 마디였다.

'진짜 사나이'와 '미생'은 전혀 다른 이야기지만 한 가지 진실을 깨닫게 한다. '내 새끼', '우리 애', 진심의 한 마디가 모든 고통을 잊게 만들고 리더를 진심으로 따르는 결정적인 역할을 하는 것이다.

> **TIP**
> 무기고를 통틀어 가장 강력한 설득의 무기는 "진정성(眞情性)"이다.
>
> -지그 지글러-

4) 상대방 관심사항의 존중

사람은 누구나 자신이 중요하다는 생각에만 집중하고, 자기에게 중요한 것만을 주목한다. 똑같은 현상을 보더라도 그 사람이 처한 상황이나 관심사에 따라 달라지는 것이다. 즉 인간의 잠재의식은 자기 자신에게 중요한 것들에만 신경을 쓰고 집중하는 것이다.

그러므로 당신이 다른 사람을 움직이는 일은 간단하다. 당신은 그저 상대방(상대방의 관심사)에 진정으로 관심을 가지기만 하면 된다. 관심 가져주는 것 자체가 "당신의 중요성을 인정합니다"라는 의사 표현이 상대방에게 전달이 되는 최고의 찬사가 되는 것이다. 회의할 때도 마찬가지이다. 참석한 사람들 개개인의 존재를 인정해 주고 각각의 관심사에 관심을 표현해 주어라.

하지만 예술경영 현장에서는 정부 행정인과 타 집단 간격 뚜렷하여 상대방의 관심 사항 존중에 문화행정 의사결정에 반영되어야 하는 당위적 요인은 현실과 확연하게 차이가 나고 있음을 확인할 수 있다. 예술경영웹진(제461호)에 따르면, 해당 지표에서 그래프가 가진 부피의 크기는 당위적으로 이 지표가 중요하게 반영되어야 한다고 인식하는 것을 의미한다. 현실에 비해 일반고객의 기대가 의사결정에 중요하게 반영되어야 한다고 나타나며, 특히 기획인과 예술인이 일반고객의 기대가 가장 중요영향 요인이 되어야 한다고 인식하고 있다. 지원기관 행정인의 경우 조금 다른 양상을 보이는데, 일반고객의 기대보다 전문가 집단의 기대가 좀 더 중요하게 반영되어야 한다고 인식하고 있다. 이 부분은 공공극장과 예술단체는 직접 제작 혹은 창작하는 작품을 통해 관객을 만나는 성향이 강하고, 2차 지원기관은 공모 및 지원사업을 통해 예산을 재분배하는 사업적 특징으로 심사와 자문, 연구 등을 통해 전문가 집단의 의견을 많이 반영하는 경향이 반영된 결과로 분석해볼 수 있다. 현실과 가장 큰 인식의 차이를 보이는 것은 당위적으로 지원기관 행정인, 기획인, 예술인 집단은 상위조직의 요구가 가장 낮게 반영되어야 한다고 응답한 것이다. 이 부분은 의사결정 자율성의 결핍을 반증하면서, 현실과 당위 사이에서 가장 큰 인지 부조화를 보이는 지점이다. 인지 부조화가 크다는 것은 직무자가 의사결정을 할 때, 자신이 맞다고 생각하는 것과 요구받는 것 사이에서 내적 갈등이 심할 수 있다는 것이다. 하지만 정부 행정인의 경우 현실보다는 당위에서 상위조직의 요구와 부처장의 요구가 낮아져야 한다고 답하면서도, 여전히 상대적으로 가장 높게 반영되어야 한다고 인식하고 있다. 이 결과에 따르면 정부 행정인은 당위적으로 자신이 상위조직에 있다고 생각할 경우, 본인의 판단을 책무의 관점에서 하위조직에 요구하는 것을 당연한 권한으로 인식할 수 있다. 이런 인식은 행정과 문화예술의 지원과 간섭의 팔길이를 짧게 만들 수 있고, 중앙 혹은 지방정부 행정인은 2차 지원예술기관, 공공극장, 국공립예술단체, 지역문화재단 등에 행정의 입장에서 무엇인가를 요구하는 것을 당연하게 여길 수 있다. 미시간대 중앙연구소는 강압에 의해서 성과가 다소 올라갈지는 모른다. 그러나 최고의 성과를 얻을 수 있는 것은 구성원들의 내부로부터 자기표현과 자기 결정 그리고 자기의 가치관이 자극받은 동기일 것이다. 라고 말하고 있다. 따라서 인간은 하나의 인격체로서 대우받고, 어느 정도 자유가 부여되며 자기가 결정을 내릴 수 있도록 허용되었을 때 자기 일에 최선을 다한다는 것을 인식하고 예술경영리더십코칭에서 상대방의 관심 사항을 존중하기 위해 다양한 연구와 방법을 통해 문화예술경영 현장에서 긍정적 결과로 제시되어 성과로 나타날 있을 것이다.

03 예술경영리더십코칭 역량 강화: 칭찬

1) 칭찬의 기적

당신은 기적을 믿는가? 모든 시대를 통틀어 칭찬은 기적을 일으키는 힘으로 간주되어 왔다. 기독교 통합파의 공동 창시자인 찰스 필모어(Charles Fillmore, 목사)는 "칭찬과 감사의 말은 에너지를 확대시키고 해방시킨다. 칭찬은 약한 육체에 건강을 주고, 두려운 마음에 평온과 신뢰를 주고, 상처 난 신경에 휴식과 힘을 준다"라고 말하고 있다.

"칭찬' 한 마디가 많은 사람들의 인생을 바꾼 사례는 너무나 많다. 우리나라 최초의 프리미어리거 박지성 선수는 운동선수로는 치명적인 평발에 작은 키, 왜소한 체격 등의 신체적 약점(handicap) 때문에 오로지 "성실함"과 "정신력(깡다구)"으로 버티며 선수 생활을 하고 있던 중 히딩크 감독으로부터 받은 "지성군 자네의 정신력(깡다구)은 세계 최고야!"라는 칭찬 한 마디는 그의 인생을 한 단계 업그레이드시켰다. 그 인연으로 은퇴할 때도 히딩크와 멋진 세리머니를 재현하였다.

'정상에서 만납시다'의 저자이며 세계 최고의 세일즈맨이었던 "지그 지글러(Zig Ziglor, 작가)"도 영업 실적이 전혀 없었던 시절에 직속상사로부터 받은 "자넨 대단한 사람이야! 챔피언 감이라구!"라는 칭찬 한 마디로 그의 인생은 송두리째 바뀐 계기가 되었다.

맹인 가수 "스티브 원더(Stevie Wonder, 가수)"도 어렸을 때 "너의 청력은 남보다 특별하단다!"라는 칭찬 한 마디로 좋은 가수가 될 수 있었다고 훗날 고백하였다.

세계적으로 인정을 받는 음악 가족인 '정명훈 트리오'의 어머니는 자녀들에게 음악을 가르치는 선생님 등을 찾아가 자녀들이 좌절하거나 위축되어 있을 때마다 "너는 음악 하나는 잘 하지 않니"라는 칭찬을 해 달라고 부탁을 하였다고 한다.

피겨의 여왕 김연아도 다양한 잣대로 평가하면 과연 지금의 그녀가 있을 수 있었을까? 좋아하고 잘하는 그것 하나를 발견하여 칭찬과 훈련이 있었기 때문에 가능하였으리라.

이같이 진정성이 담긴 칭찬 한마디는 사람들의 인생을 바꾸는 엄청난 위력을 발휘한다.

이제부터는 예술경영리더로서 그동안 함께 지내왔던 구성원들에 대해 그동안의 선입견을 모두 버리고 평소와 다른 눈으로 잠재된 역량까지도 관찰하여 "칭찬 요소"를 찾아보자. 그리고 "구성원 한 명 한 명에게 "그래도 자네는 이것은 잘 하지 않나?"라는 멋진 칭찬을 해 보면 어떨까?

"내게 소중한 사람에게 칭찬 10가지 전달하기(아래 양식, 사례 참조)"를 이미 실행해 본 리더들이 한결같이 "효과가 대단합니다"라는 말한다. 이제 어느 순간 당신도 하게 될 것이다.

2) 칭찬 10가지의 힘의 사례

지금 나에게 가장 소중한(가까운) 사람은 누구인가? 내가 지금 생각하고 있는 사람에 대해 한번 곰곰이 생각해 보자. 어떤 성격이고 평소의 어떤 행동 특징이 있는지, 그리고 그 사람의 인간 됨됨이는 어떤지, 그 중에는 누가 보아도 그 사람을 칭찬할 만한 점들이 있을 것이다. 그 사람의 다양한 측면을 찾아서 칭찬해 보자. 예를 들어 가치관, 취미, 생활 태도, 능력, 외모, 대인관계, 패션 감각, 경제생활, 신앙생활, 특기 등 그래서 지금부터는 그 사람의 좋은 점들만을 생각해 보도록 하자.

지금 나에게 가장 소중한 사람은 어떤 칭찬할 만한 점이 있는가? 일단 10가지 정도를 찾아보자. 사람들은 그동안 칭찬을 해 보거나 받아 본 것에 대해 익숙하지 않다. 특히, 한 사람에 대해 칭찬 10가지를 찾아낸다고 하는 것은 그렇게 쉬운 일이 아니다. 그래서 칭찬 10가지를 찾아내기 위해서 칭찬할 그 사람에 대해 면밀히 관찰을 하여야 한다. 이 과정에서 그 사람에 대한 새로운 면을 발견할 수 있고, 잠재력까지도 찾아낼 수 있는 안목이 생기게 된다.

또한 칭찬을 받는 사람도 그동안 남에게 10가지의 칭찬을 집중적으로 받아 본 경험이 없어 처음에는 약간 어색하고 당황하기도 한다. 칭찬을 받아 본 사람들의 공통적인 소감은 "저에게 이렇게 칭찬할 것이 많나요"였다.

다음은 실제 "내게 소중한 사람에게 칭찬 10가지 전달하기"로 나타난 긍정적 효과이다.

(1) 칭찬 10가지 전달 사례

사례 1.

중견 기관 CEO는 가족(부인과 자녀), 핵심 리더 10명, 그리고 중요 고객 을 대상으로 다음과 같이 "소중한 사람 10가지(이상) 칭찬하기"를 실시하였고 효과가 너무 좋아 전 구성원과 중요 고객들을 대상으로 확대 실시하고 있다. 다음 소개할 내용은 '소중한 사람 칭찬하기(부인, 자녀, 구성원)'에 대한 일부이다.

1. 소중한 사람 칭찬하기(부인)

20년 동안 같이 살면서 남편 OO이 발견한 아내 OO의 수많은 장점들 중에
그 중에서도 탁월한 장점을 아래와 같이 정리하여 칭찬합니다.

  1. 너무 예쁘고 귀여운 미모와 성격
  2. 세심한 내조와 아들 OO를 지혜롭게 잘 케어한다.
  3. 음식을 정말 맛있게 잘한다.
  4. 똑똑하고 판단력이 빠르다.
  5. 살림을 알뜰하고 합리적으로 잘한다.
  6. 주위 사람들에게 진심으로 잘 하려고 노력한다.

7. 애교가 정말 만점이다.

8. 신앙생활도 아주 열심히 잘한다.

9. 사물에 대한 통찰력이 있고, 식물들 관리도 너무 잘한다.

10. 부지런하고, 예쁜 마음을 가지고 있다.

11. 남을 잘 배려한다.

12. 사고의 유연성이 아주 많다.

13. 남을 이해하려는 마음이 많다.

14. 모든 일 처리를 똑부러지게 잘한다.

15. 책임감이 강하고, 약속을 칼 같이 잘 지킨다.

16. 이해심이 많다.

17. 순수한 영혼과 마음을 가지고 있어 너무 좋다.

2. 소중한 사람 칭찬하기(자녀)

아빠로써 우리 사랑하는 아들, 딸의 수많은 장점 중에서도 돋보이는 장점을 아래와 같이 정리하여 칭찬한다.

1. 귀엽고, 착하고, 잘생겼다.

2. 생각이 아주 깊고 남에 대한 배려가 많다.

3. 똑똑하고 명석하다.

4. 학교생활에 성실하며, 열심히 공부한다.

5. 책임감이 아주 강하다.

6. 교우관계가 아주 좋고, 친구들에게 인기가 많다.

7. 유머가 많고, 정의감의 많다.

8. 따뜻한 마음을 가졌다.

9. 흔들리지 않는 진중함이 있다.

10. 아주 성실하고 꾸준하다.

11.부모님의 말씀을 아주 잘 듣고 합리적이고 이성적인 사고를 한다.

3. 소중한 사람 칭찬하기(구성원)

나 00는 지금까지 10년 동안 00이사와 같이 일을 하면서 많은 장점들을 발견했는데, 그 중에서도 특별히 뛰어난 장점들을 아래와 같이 정리하여 칭찬합니다.

 1. 좋은 품성을 가지고 있다.

 2. 순수한 영혼이 있다.

 3. 맡은 일에 책임감이 아주 강하다.

 4. 부드러운 리더십이 있다.

 5. 사고의 유연성이 있다.

 6. 동료들을 챙기는 자상함이 있다.

 7. 약속을 잘 지킨다.

 8. 성실함과 노력

 9. 회사에 대한 헌신과 애사심이 있다.

10. 스마트하고 재치가 있다.

11. 이해심이 많다.

12. 경청의 리더십이 있다.

(2) "칭찬 봉투"

특히 아래와 같이 외부 고객에게 칭찬 내용을 전달할 때는 봉투에 넣어 전달을 하였다. 이름하여 "칭찬 봉투"이다. 어떤 고객은 돈 봉투인줄 알고 "이러시면 안 됩니다"라고 반응하는 고객도 있었지만 "칭찬 봉투"를 받은 고객과의 이후 소통과 관계는 한층 성숙되어 그 효과가 만점이라고 고백하면서 이 CEO는 "칭찬 봉투" 전달을 계속 확대 실시하고 있다.

그동안의 고객과의 만남에서 이 "칭찬 봉투"는 신선한 자극이 된다. 물론 근거 있는 칭찬을 진솔하게 전달하는 것이 핵심이며, 누구나 사람은 인정을 받고 그것을 고백 받았다는 것에서의 효과는 굳이 설명하지 않더라도 상상이 갈 것이다.

사례 2.

모 대기업 계열사의 CEO는 CFO(Chief Finance Officer, 재무담당 최고책임자)출신으로 입사 동기 CTO(Chief Technology Officer, 최고 기술책임자)와의 최종 경쟁에서 CEO로 선출되었다. CEO로 선출이 된 후 두 사람의 관계는 어색하게 되었고 그러한 분위기는 조직 전반에 영향을 주어 구성원들이 두 사람의 눈치를 보게 되는 일이 비일비재 하게 발생하였다. 이는 결국 조직 활성화의 저해 요인으로 작용하고 있었다. CEO는 입사동기 때부터 사이가 각별하였는데 어느 순간 미묘한 관계가 되었음을 상기하고 그 동기생에게 "소중한 사람에게 10가지 칭찬하기"를 작성하여 동기생 책상 위에 살며시 놓았다. 후에 동기생인 CTO는 책상 위에 놓인 진정성이 가득 담긴 동기생의 칭찬을 보고 마음 문을 활짝 열어 사이 좋았던 옛날의 동기생 모습으로 돌아갔다. 이후 구성원들도 두 분 모습이 너무 좋아 눈치 보는 일이 없어 일에만 매진할 수 있었으며, 조직분위기는 예전보다 훨씬 좋아졌다.

(3) 공공기관의 칭찬합시다

사례 3.

칭찬은 문화예술 현장에서도 활용되고 있다. 한국문화예술교육진흥원 홈페이지(https://www.arte.or.kr) 고객센터 '칭찬합시다' 코너를 운영하여 [그림 5-10]과 같이 칭찬과 관련된 사례를 기관 발전을 위해 활용할 계획이다.

▼ 그림 5-10 문화예술교육진흥원에서 '칭찬합시다' 운영사례

자료: https://www.arte.or.kr/customer/compliment/index.do(2021)

3) 칭찬의 요령

진심 어린 칭찬은 작지만 더 없이 강한 감동을 전한다. 누구나 칭찬을 받으면 고마움과 약간의 쑥스러운 감정을 갖게 마련이다. 그렇게까지 칭찬을 받을 일도 아닌 것 같은데, "내가 그런 칭찬을 받을 만한 일을 했나"싶어 어깨가 으쓱해지는 게 보통이다. 그러나 진심으로 칭찬할 마음이 없다면 차라리 입을 다무는 게 낫다. 마음이 담기지 않은 칭찬은 그 강도가 세면 셀수록 역효과만 커지게 마련이다. 따라서 칭찬에도 적절한 요령을 익히고 하는 것이 바람직하다 하겠다.

(1) 예술경영리더십 칭찬 5단계

칭찬에는 [그림 5-11]과 같이 5단계로 나눌 수 있다. 1단계 아부(阿附, Flattery)는 상대방의 마음에 들기 위해 비위를 맞추기 위해 알랑거리는 것으로서

▼ 그림 5-11 예술경영리더십코칭 칭찬의 5단계

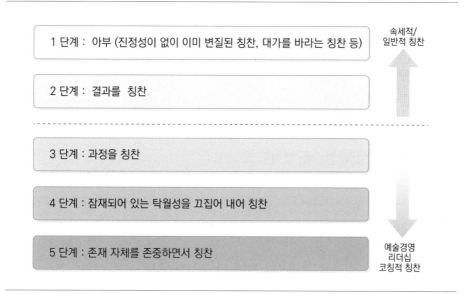

자료: 선행연구에 의한 저자 재구성

지양해야 할 칭찬이다.

2단계는 "결과를 칭찬"하는 것으로 가장 많이 하는 칭찬의 유형이다. 기왕에 마음을 담아 진정으로 기쁘고 축하하는 마음으로 하면 효과가 크다.

3단계는 "과정을 칭찬"하는 것으로 평소 리더의 관찰력과 배려심이 묻어 나오는 것으로 효과가 높다고 할 수 있다.

4단계는 "잠재되어 있는 탁월성을 끄집어내어 칭찬"하는 것으로 탁월한 코칭 리더의 주요한 역할이며 그 효과는 평생에 걸쳐 작용하여 인생이 변하는 계기가 될 수도 있을 정도로 상대방에게 좋은 영향력을 끼친다.

마지막 5단계는 "존재 그 자체"를 존중하고 감사해 하며 칭찬하는 것이다. 소중하고 가까운 사람들에게 반드시 자주 해야 할 칭찬이며, "탁월한 코칭 리더"가 되기 위해 정진(精進, 정성을 다하여 노력해 나아감)해야 할 중요한 덕목이다.

(2) 예술경영리더십코칭의 칭찬 방법 6가지

① 상대의 존재를 있는 그대로 인정해 준다.

칭찬 중 최고의 칭찬은 있는 그대로의 모습을 존중해 주는 것이다. 이러면 남의 말을 중간에 자르거나, 대화를 자신이 의도한 방향으로 유도하지 않는다. 대화 중 상대를 존중해 주는 방식 가운데 하나는 따뜻한 감성을 얹어 상대의 말을 되풀이해 주는 것이다.

> "오늘 합창단 연습을 다녀와서 행복했어"
>
> "오! 합창 연습을 했어?"

이 짧은 대답에 부러워하는 느낌을 풍기면 상대는 자기 존재가 존중받았다는 생각을 갖게 되고 더 깊은 이야기를 하게 된다.

② 상투적 칭찬보다 상대가 생각지 못한 칭찬을 한다

이미 많은 사람들에게 수없이 듣고 있는 칭찬은 별 감흥을 주지 못한다. 한

무명 사진작가가 유명한 모델들 중 누드를 절대 찍지 않는 모델을 설득해 촬영을 하게 되었다. 그는 자신의 성공 비결을 "그 모델의 두드러진 장점을 칭찬하기보다 부족해 보이는 부분을 매력이라 칭찬해 주면 대부분 기꺼이 촬영에 응합니다"

③ 직접 칭찬보다는 간접 칭찬이 더 효과적이다.

칭찬은 직접적으로 표현하는 직접 칭찬보다는 다음과 같은 간접 칭찬이 더 효과적이다. 간접 칭찬하는 방법으로 첫째, 그 사람보다 그의 자녀나 아끼는 대상을 칭찬한다.

둘째, "다른 사람들이 다들 당신이 진실하다고 해"처럼 다른 사람들의 의견을 빗대어 칭찬한다. 세 번째는 들릴 듯 말듯 해 주는 칭찬, 네 번째는 내가 한 칭찬을 다른 제3자가 그에게 전달해 주는 방법이다. 이 칭찬이야 말로 최고 효과를 낸다.

"목소리가 좋다는 애기를 많이 들으시죠?"라고 하는 간접화법도 효과적이다 (대화의 기술, 이동연 저 발췌).

④ 드러내놓고 자주 칭찬하라!

비판은 일 대 일이 좋으나, 칭찬은 가급적 공개적이고 구체적이어야 한다. 지친 직장인들에게 진정 단물 같은 것이 바로 칭찬이다. 또한 직장 생활하는 동안 서로에게 긍정적인 스트로크(Stroke: "어루만지다", "쓰다듬다" 듣기 좋은 말을 하여 자존심을 만족시키다") 등의 인간관계에서 호의와 관심을 주고받는 언어와 행동이 이에 해당된다. 이와 같이 자기 존재를 인정받고 싶어하는 욕구는 하루 세 끼의 식사처럼 인간에게 있어서 필수 불가결한 것이다. 스트로크의 가장 효과적인 것은 "칭찬'이다. 이와 더불어 아침의 기분 좋은 인사 한 마디, 작은 업무 성과에 대한 인정의 한 마디, 격려의 어깨 두드림, 편안함과 힘을 주는 밝은 미소, 바로 이런 것부터 시작해 보자.

⑤ 마음을 담아 칭찬하라!

칭찬하려거든 상대의 눈을 바라보면서 명쾌한 목소리로 진심을 담아 칭찬해야 한다. 기어들어가는 목소리로 힘없이 하는 칭찬은 상대에게 "별 칭찬할 마음이 없구나"하는 인상을 심어줄 뿐이다. 또한 경청을 하고 나서 그 다음 단계인 칭찬으로 이어가기 위해서는 갈등 해결이 선결되어야 한다. 갈등 요소를 파악하고서도 무시한 채 칭찬만 늘어놓는다면 진정성을 의심받게 된다.

⑥ 자신을 수시로 칭찬하라!

마지막으로 또 하나 중요한 한 가지는 자신에게도 수시로 긍정적인 스트로크(Stroke: "어루만지다", "쓰다듬다", "듣기 좋은 말을 하여 자존심을 만족시키다")를 보내 주어라. "난 해낼 수 있어!", "멋진 하루가 될 거야!" 풍부한 스트로크로 무장한 오늘은 보다 당당한 자신의 이미지를 만들어 적극적이고 자신감에 넘친 나를 만나게 될 것이다.

스스로 자존감을 높이는 방법으로 "성공 일지"를 작성하는 것도 좋은 방법이다. 즉 자신이 과거에 성공했던 일들을 글로 또는 이미지로 기록하는 것이다. 스프링노트나 컴퓨터 문서에 그냥 목록을 나열하는 것도 좋고 가죽으로 된 일기장에 정성을 들여 글을 쓰는 것도 좋다. 매일 또는 매주 자신이 성공한 일들을 기억해서 글로 적어 놓으면 나중에 성공 일지로 정리를 할 수 있다. 이 방법은 자신의 자존감을 높여주고 자신감을 키워 준다. 또한 나중에 자신감을 북돋을 필요가 있을 때는 성공 일지를 꺼내어 다시 읽어 본다.

TIP

사위지기자사(士爲知己者死)

"사람은 자기를 칭찬(인정)해주는 사람을 위하여 목숨도 바칠 수 있다"

－〈사기〉 자객열전(刺客列傳) －

04 예술경영리더십코칭 역량 강화: 배려

우리는 상사와 구성원 사이, 부부 사이, 부모와 자녀 사이, 친구와 이웃 사이에서 예외 없이 나타나는 것 중에 하나가 "왜 내 마음 같지 않지?", "왜 저 사람은 나와 생각이 다르지?", "저 사람의 행동은 무조건 마음에 안 들어"라는 생각을 하는 것이다. 심지어는 그 사람이 나에게 어떤 해를 끼치지 않고 가만히 있는 데도 불구하고 마음에도 안 들고 괜히 그냥 싫은 경우도 경험해 봤을 것이다. 왜 그럴까?

강아지 한 마리가 반갑다는 표시로 꼬리를 세워서 흔들면서 고양이에게 다가 갔다. 이후 고양이는 어떤 행동을 보였을까?

자료: Google.com에서 저자 재구성

고양이는 반갑다고 다가오는 강아지에게 위 사진처럼 바로 공격을 한다. 왜 그랬을까? 꼬리를 세운다는 것은 강아지에게는 반갑다는 표시지만 고양이에게는 싸우자는 표시였던 것이다.

우리도 많은 사람들과 관계를 하거나 소통을 할 때 상대방의 생각이 나와 다르다는 이유로 그의 의견을 끝까지 들어보지도 않고 무시하거나 오히려 상대의 생각을 나의 생각으로 변화시키기 위해 많은 갈등을 하게 된다.

1) 인정과 배려리더십

사람은 생김새가 모두 다르듯, 각자의 생각과 행동유형도 다르게 태어난다. 우리가 이 세상에 나온 것이 본인의 의지가 아닌 것처럼 생각과 행동성향도 본인의 의지와 관계없이 태어난 것이다. 따라서 누구나 나와 다를 수 있다고 인정하는 것이 남을 "배려"하는 예술경영리더가 되는 출발점이 되는 것이다. 이같이 서로의 다름을 인정하려면 어떻게 해야 할까?

첫째, 열린 마음을 가져야 한다. 열린 마음을 가지면 이해의 폭이 넓어진다. 타인을 이해하고 수용할 때 자신도 함께 발전할 수 있다는 사실을 깨달아야 한다.

둘째, 상대방과의 차이가 나의 시야를 넓혀준다는 마음을 가져야 한다. 대인관계에서 위험한 것 중의 하나가 "끼리끼리" 문화이다. 생각이 같은 사람들만 지내는 것은 편안함을 주기도 하지만 동시에 관계의 폭과 시야를 좁히는 요인이 되기도 한다.

따라서 예술경영리더십코칭은 의식적으로라도 나와 다른 사람들과의 생각을 인정하고 배려함으로 관계의 폭과 시야를 넓혀야 한다. 즉 나와 다른 생각을 가진 사람들도 나의 또 다른 변화와 성장을 주는 스승과 같다는 생각으로 대하는 것이 필요하다.

2) 성격과 행동유형의 이해

상대방과의 차이를 인정하기 위해, 그리고 효과적으로 대응하기 위해 테스트를 해볼 수 있는 좋은 방법이 바로 성격유형 진단이다. 성격유형 검사에는 대표적으로 DISC, MBTI, 에니어그램* 등이 있다. 이러한 진단과 해석을 통해 리더는 다른 사람들의 행동을 이해할 수 있으며 자신에 맞는 갈등관리와 배려의 리더십을 발휘할 수 있는 기본정보를 얻을 수 있다. 이렇게 리더 본인과 상대방의 성격 유형을 이해하고 나면, 그 차이를 진심으로 인정하고 더욱 흥미롭게 받아들일 수 있다. 각 성격 유형마다 장단점이 있어 리더는 본인과 상대방의 장점을 잘 활용해 주면서 단점을 보완해 줄 수 있는 리더십을 발휘하여야 한다. 예술경영리더십코칭에서는 시간적인 면이나, 리더십 활용에서 DISC가 좀 더 효과적이기 때문에 DISC 진단 결과를 다루고 있다.

3) 행동유형(DISC)검사와 활용

행동유형(DISC)검사(검사양식은 사전 진단 참조)는 환경에 대한 인식과 그 속에서 개인의 기질에 대한 인식을 바탕으로 인간 행동유형을 4가지로 구분한 진단이다. 이 4가지 유형은 조합을 통해 다시 15가지 유형으로 분석하여 접근하여 접근할 수 있다.

DISC를 검사하는 방법에는 설문지를 통한 방법과 오링 테스트에 의한 방법이 있다. 설문지에 의한 검사 결과는 자기가 처한 환경과 상황에 따라 약간의 차이가 있을 수 있다. 오링 테스트(O−ring Test)는 타고난 기질을 그대로 반영한다. 따라서 오링 테스트와 설문지 진단(양식 참조) 결과와의 차이가 있을 때 그

---

* DISC: DISC(D:주도형 I: 사교형 S:안정형 C: 신중형) 평가는 성격과 행동유형에 따라 4가지 유형으로 분류한 미국의 심리학자 윌리엄 몰튼 마스턴의 이론(1928. Emotions of Normal People)에 기반을 둔 심리검사이다. 각 첫 글자를 따서 DISC 평가 또는 DISC 검사라는 이름이 붙었다.

MBTI: 마이어스−브릭스 유형 지표(Myers−Briggs−Type Indicator, MBTI)는 작가 캐서린 쿡 브릭스(Katharine C. Briggs)와 그의 딸 이자벨 브릭스 마이어스(Isabel B. Myers)가 카를 융의 분석심리학을 근거로 개발한 성격 유형 선호 지표이다. 목적과 대상에 따라 포함 가능한 검사이다.

에니어그램(Enneagram): 사람을 9가지 성격으로 분류하는 성격 유형 지표이자 인간 이해의 틀이다. 희랍어에서 9를 뜻하는 ennear와 점, 선, 도형을 뜻하는 grammos의 합성어로, 원래 '9개의 점이 있는 도형'이라는 의미이다. 대한민국에서는 2001년에 윤운성 교수에 의해 표준화를 거친 한국형 에니어그램 성격 유형 검사(KEPTI)가 정식으로 출판되었다.

자료: 위키백과 내용에서 저자 재구성.

차이는 원래 타고난 기질을 발휘할 수 없는 상황으로 많은 스트레스를 받고 있다고 판단할 수 있다.

DISC 검사(오링 테스트)

O-ring 테스트는 엄지와 검지를 동그랗게 모아 붙인 것을 타인이 벌려서 근력이 강한 데와 약한 데를 판단하는 동양적인 에너지 검사로 정식 명칭은 바이디지털 오링 테스트(Bi-Digital O-ring Test)라 한다. DISC 검사에서는 피검사자가 아래와 같이 네 군데에 왼쪽 손을 대고 검사자는 피 검사자의 오른손을 오링 해서 떨어지는 강도를 가지고 타고 난 본래적 기질을 파악한다.

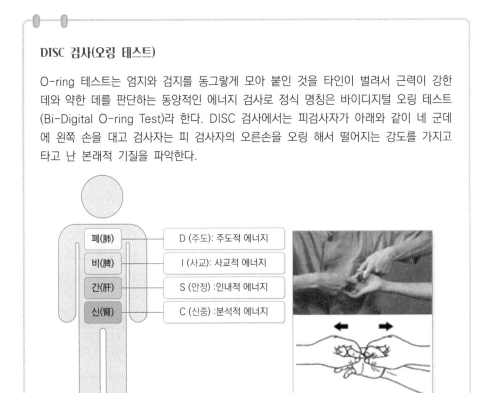

자료: 홍광수(2010), 관계, 아시아코칭센터, p.235.

(1) DISC 성향별 특징이해

DISC 행동유형 검사란 심리학을 근거로 사람의 행동과 성격을 관찰하고, 결과를 분석하여 4가지 유형으로 나눈 것이다. 자신의 강점과 행동 유형을 발견하고 이를 활용해 나와 다른 사람의 행동을 이해하며 대인관계를 유지하는 방법에 대해 알 수 있다. [그림 5-12]와 같이 DISC의 성향별 특징을 4가지 유형으로

▼ 그림 5-12 DISC의 유형별 특징과 행동전략

상황과 사람에 따라 나를 카멜레온처럼 바꾸는 최고의 대응전략!

* '틀림'이 아닌 '다름'을 인정하는 순간 인간관계의 폭이 확장된다.

D 유형의 대응 방법
 – 일에 대한 핵심만 말하라. (앞뒤 사정 말안해도 금방 알아버리는 멀티플레이어)
 – D 유형이 화를 낼때는 빨리 그 자리를 피해라. (화장실 가서 호흡할 것)

I 유형의 대응 방법
 – 일보다는 재미있는 놀이에 대해 이야기를 시작하라.
 – I 유형의 갈등요소는 인정받지 못했을 때 일어난다. 칭찬하고 인사 반갑게 맞아주고
  그의 작은 행함을 인정해줘라.

S 유형의 대응 방법
 – 무슨 일이나 상황에서도 나와 함께라면 안전하다는 것을 알려줘라. (천천히 신뢰형성)
 – 이들의 갈등요소는 압박당할 때이다. 업무전달 방식은 구체적으로, 업무의 양은 한번에 한가지씩.

C 유형의 대응 방법
 – 이들과 대화할 때는 말보다 침묵을 사용하라.
 – C 유형에게는 작은 실수도 하지 말 것. 감정을 배제시키고 육하원칙에 따라 논리적으로
  말하는 것이 중요하다.

자료: 차은영 코칭스타일 연구소, http://paidionsquare.com의 자료에서 저자 재구성

구분하여 설명할 수 있다.

(2) DISC 성향별 대응법

　예술경영리더십코칭에서 "배려"의 리더십을 발휘하기 위해서는 먼저 DISC 각 성향별 특징을 학습하고 구성원들의 성향을 조사하여 각 성향별 특징을 파악한 후 대응하는 방법을 숙지하여 이에 적절한 리더십을 발휘하도록 권면을 하고 실천을 한 후 그 결과에 대해서도 피드백을 한다. DISC형 특징 및 대응방법은 김영희 외(2021) DISC: 누구도 피할 수 없는 없는 행동의 4가지 특성(학이시습)을 참고하면 좋다. 여기서는 이해를 돕기 위해 DISC형 특징 및 대응방법을 각 <표 5-4>, <표 5-5>, <표 5-6>, <표 5-7>과 같이 정리해서 옮겨보았다.

① D(주도)형 특징 및 대응 방법

▌표 5-4 D형 성향 특징, 대응방법의 예

구분	특징 및 대응 방법
장점	지도력, 결과 성취, 주도적, 자신감, 결단력, 강함, 빠름. 자아가 강함. 직관력, 모험적, 과업 지향적, 의사 결정 능력, 활동적 ,솔직, 영향력, 집중력, 낙관적, 생산적, 성공 지향적, 추진력, 단호한, 열정적
단점	공격적, 고압적, 권위적, 거만함, 권력 지향적, 보복하는, 변덕적, 적대적인, 폭력적인, 참지 못함. 고집 센, 타인 배려 부족, 무모함, 화를 잘 내는 성격, 급한, 불안한, 경솔한, 충동적인, 기회주의적인
인정감	주도권을 갖고 있을 때, 스케줄이 복잡할수록 생기가 돋음.
필요환경	도전적인 일, 진보적인 일, 큰 그림, 권한을 부여, 선택의 폭 제공,
리더의 조건 배려	• 통제가 아닌 적절한 권한과 자유를 보장 • 어느 정도 압력 주기. 직접적인 대화, 의리, 카리스마 • 목표와 그에 따른 보상을 명확하게 제시.
싫어하는 것	우유부단, 무시당함, 무리한 강압
의사결정	핵심사항에 근거. 빠른 의사결정
커뮤니케이션 대응 전략	• 핵심을 직선적으로 말함. 간략하고 명확하게 말함 • 일방적인 지시보다는 선택의 여지와 도전거리를 제공
재충전	스트레스 해소를 위한 육체적 활동, 운동
칭찬과 격려	업적, 성취, 안목 칭찬, 이 일(책임)을 맡아서 하세요.
주도형으로 성공하기	• 너무 많이 벌려 골치 아픈 경우가 많다. 관용의 에너지를 길러라, 자신의 감정을 잘 조절하라. 긴 호흡과 단전 호흡을 하라. • 일의 속도를 한 박자 늦추라. 머리를 항상 상쾌하게 유지하라. 일을 "결론이 뭐야"라고 다그치지 않는다. 경청의 기술을 배운다. • 화가 날수록 조용히, 한 걸음 뒤로 물러나 생각한다.

자료: 김영희 외(2021), DISC, 학이시습 내용에 저자 재구성

② I(사교)형의 특징과 대응 방법

┃표 5-5 I형 성향 특징, 대응방법의 예

구분	특징 및 대응 방법
장점	낙천적, 열정적, 격려하는, 풍부한 상상력, 말솜씨가 좋다, 호의적인 인상, 폭넓은 인간관계, 감동을 주는, 활동적인, 낙천적인, 설득력, 자발적인, 사랑이 많은, 사교적인, 매력적인, 예술적인, 감성적인, 무대 체질, 분위기 메이커, 감정과 직감이 뛰어남.
단점	말이 많은, 치밀하지 못한, 산만, 시간 조절 능력 취약, 변덕스러운, 남의 말에 끼어드는, 수다스러운, 거절하지 못하는, 즉흥적인, 뒷정리가 안 되는, 의지가 약한, 과장이 심한, 쾌락적인
인정감	유연성과 다양성이 풍부할 때, 사회적인 인정과 주목
필요환경	활기찬 분위기. 표현할 기회 제공 단순하고 쉬운 업무 제시.
리더의 조건 배려	• 칭찬과 격려를 많이 해 줌, 창의성, 개방성 • 가까운 사이가 되어 관심과 친밀한 관계를 유지함. • 사교적인 환경과 신나는 분위기 제공.
싫어하는 것	소외, 배척 당함, 지나친 형(격)식, 깔끔, 정돈, 침묵, 반응 없는
의사결정	즉흥적, 감정적
커뮤니케이션 대응 전략	상대의 다양함을 경청해 주고 지지해 줌. 생각을 표현할 기회를 줌. 새로움과 이벤트 제공, 상상력을 자극하여 자연스럽게 일과 연결.
재충전	수다 등 사교 활동,
칭찬과 격려	외모, 감각, 상상력, 아이디어, 표현이 멋지네요.
사교형으로 성공하기	• 세부적인 사안에 관심을 가져라. • 때에 따라서는 차라리 침묵을 택하라. • 영광은 보스에게 돌려라. • 단전을 두드려 신중함을 높여라. 메모하는 습관을 키워라. • 시간을 관리하라. • 뒷정리를 깔끔하게 하라.

자료: Ibid

③ S(안정)형의 특징과 대응 방법

▌표 5-6 S형 성향 특징, 대응방법의 예

구분	특징 및 대응 방법
장점	배려, 겸손한, 협조적인, 경청하는, 정직, 일관적, 수용적, 온화한, 남의 말을 잘 들어주는, 안정적, 친절, 양심적인, 인내심이 강한, 실제적인, 진지한, 믿을 만한, 성실한, 사려 깊은, 차분한, 꾸준함, 순수함
단점	행동이 느린, 변화를 싫어하는, 변화에 더딘, 수동적, 두려워하는, 완고한, 겁이 많은, 갈등을 회피, 야망이 없는, 추진력이 결여된, 타협적, 압박을 두려워 함, 미루기를 잘함, 게으름, 표현하지 않는
인정감	안정적 분위기, 현재 상태의 유지, 대인관계의 신뢰성이 확보될 때
필요환경	• 갈등 제거, 안정되고 일관된 분위기 제공, 압박하지 말라. • 비판하지 말라. 일체감과 연대감 유지. 일정한 업무 패턴 유지
리더의 조건 배려	• 느긋하게 대해 줌, 작고 지속적인 배려, 친밀한 관계 유지. • 구체적인 업무 지시, 수단과 절차를 명확하게 지시, 성실하게 배려.
싫어하는 것	안정에서 벗어 남, 변화, 갈등, 압박감, 밀어부침, 갑작스러움, 놀라움
의사결정	관계를 반영한 의사결정, 차례차례 결정과 처리
커뮤니케이션 대응 전략	• 충분히 들어 줌. 이익, 실리를 언급, 가족에 관심을 보여줌. • 친근하고 비위협적인 태도로 천천히 부드럽게 말함. • 음식 제공. 짧더라도 잦은 접촉
재충전	개인적 휴식시간, 자기만의 취미 활동
칭찬과 격려	인정합니다. 안정감, 성실함, 배려, "믿음직합니다"
안정형으로 성공하기	• 환경의 변화를 주지 말고 부드러운 인상을 끝까지 유지하라. • 압박하지 말라. 갈등 구조를 만들지 말라. • 사안을 단순하고 알기 쉽게 말하라. • 신뢰 관계를 서서히 쌓아라. 무엇이든지 주라. • 핵심 단어를 찾아 진짜 의도를 말하라. • 먼저 행동하고 먼저 찾아가라.

자료: Ibid

④ C(신중)형의 특징과 대응 방법

┃표 5-7 C형 성향 특징, 대응방법의 예

구분	특징 및 대응 방법
장점	완벽성, 정확한, 성실한, 논리적인, 질적 가치를 중시하는, 보수적, 분석적, 원칙적인, 객관적인, 세부적인, 충성스러운, 예민한, 완벽함, 이지적, 자존감이 높은, 창의성이 강한, 신중한, 과묵한, 도덕적.
단점	• 분이 풀릴 때까지 치근대는, 융통성이 없는, 비사교적인 • 비판적인, 아량이 없는, 수동적인, 자기 비하적인, 의심이 많은 • 비관적인, 이기적인, 부끄러워하는, 침울한, 잘 따지는, 계산적 • 복수하는, 상처를 쉽게 받는, 절망하는, 음흉스러움.
인정감	미리 준비할 시간이 충분할 때(많은 고민과 시간이 필요), 정돈, 원칙
필요환경	• 충분한 시간과 자원 제공, 정확성과 계획, • 충분한 정보와 정보에 대한 접근성
리더의 조건 배려	• 원칙 준수, 정보 제공, 지속적인 지지와 후원, 불안하지 않게 해 줌. • 언제든 물어볼 수 있는 편안함 제공. 투명성과 도덕성
싫어하는 것	준비가 덜 됨, 비논리/체계적, 정리 안 됨, 감정적 다툼, 불공정
의사결정	많은 자료를 심사숙고 후 결정, 정확성과 논리에 근거, 단독 결정
커뮤니케이션 대응 전략	• 신뢰 유지, 약속 철저, 숫자 활용, 정보와 자료 제공, 오버는 금물 • 감정적인 표현을 피하고 사실에 근거하여 말함. 피드백 실시 • 집요한 질문을 환영, 구체적인 합의 필요
재충전	독서 등 간섭 받지 않는 개인 시간확보, 복잡한 사고를 즐김
칭찬과 격려	탁월함, 정확성, 원칙적인, 유능함, 믿을 수 있는 사람.
신중형으로 성공하기	• 완벽하게 일을 처리하는 강점을 최대한 살려라. • 일의 우선순위에 따라 핵심 사안만 중시하라. • 혼자 하지 말고 업무를 나누어라. 자료 전체 내용을 암기하라. • 득실을 미리 계산 하지 말라. • 우울한 얼굴빛을 감추고 밝은 얼굴을 비추어라. • 긍정적인 언어를 사용하라.

자료: Ibid

4) 심리유형(MBTI) 진단

예술경영리더십코칭 시에 사용하는 유용한 또 하나의 도구로 사람의 섬세한 심리적인 측면을 이해하고 대응할 수 있도록 도와주는 MBTI 심리 유형 분석이 있다.

MBTI(Myers Briggs Type Indicater)는 칼 구스타프 융(G. G. Jung)의 심리유형론을 근거로 하여 캐선린 쿡 브릭스(katharine Cook Briggs)와 그의 딸 이사벨 브릭스 마이어(Isabel Briggs Myers) 그리고 손자인 피터 마이어(Peter myers)에 이르기까지 무려 3대에 걸친 70여 년 동안 연구 개발하여 완성한 성격유형 검사이다.

MBTI는 인식과 판단에 대한 융의 "심리적 기능 이론", 그리고 인식과 판단의 향방을 결정짓는 융의 "태도 이론"을 바탕으로 하여 만들어졌다. 또한 개인이 쉽게 응답할 수 있는 자기 보고(Self Report)문항을 통해 인식하고 판단할 때 각자 선호하는 경향을 알아내고, 이러한 선호 경향들이 하나 또는 여러 개가 합쳐져서 인간의 행동에 어떠한 영향을 미치는가를 파악하여 실생활에 응용할 수 있도록 특별히 만들어진 심리검사이다.

(1) MBTI 16가지 성격 유형 분류와 특징

MBTI의 4가지 선호 경향은 위의 제시한 바와 같이 인간은 자신이 좋아하는 기능이나 태도를 자주 사용하려는 경향에서 에너지 방향, 인식 기능, 판단기능, 생활양식으로 분류한 것이다. 김정택 외(2007)에 따르면, 선호 경향에는 양극이 존재하며, 첫 번째는 에너지 방향으로 외향성과 내향성(Extroversion – Introversion: EI)이 있으며, 두 번째는 인식 기능으로 감각형과 직관형(Sensing – iNtuition: SN)이 있다. 세 번째는 판단기능으로서 사고형과 감정형(Thinking – Feeling: TF)이 있으며, 네 번째는 생활양식으로서 판단형과 인식형(Judging – Perceiving: JP)으로 구분한다.

MBTI 선호 경향 분류와 결정은 <그림 5－13>과 같다.

▼ 그림 5-13 MBTI 선호 경향과 결정의 예

MBTI 네 가지 선호경향		
외향 E ◄	에너지 방향	► 내향 I
감각 S ◄	인식기능 정보수집	► 직관 N
사고 T ◄	판단기능 결정/선택	► 감정 F
판단 J ◄	외부 생활양식	► 인식 P

당신의 에너지는 어디로 향하고 있는가?	
외향형(E)Extroversion	내향형(I) Introversion
활동, 내뱉는 말 등 외부세계로	활동, 내뱉는 말 등 내부세계로
▼	▼
폭넓은 대인관계를 유지하며 사교적이고 열정적이며 활동적이다.	깊이 있는 대인관계 유지 조용하고 신중하다.
자기 외부에 주의 집중 외부활동 활발, 적극성 정열적, 활동적 말로 직접 표현 경험한 다음에 이해 쉽게 알려짐	자기 내부에 주의 집중 내부활동과 집중력 조용하고 신중함 글로 간접 표현 이해한 다음에 경험 서서히 알려짐

어떻게 정보를 처리하는가?	
감각형(S) Sensing	직관형(N) iNtuition
알려진 사실, 친숙한 단어들의 형태로	가능성, 잠재력, 직관의 형태로
▼	▼
오감에 의존하여 실제 경험을 중시 지금 현재에 초점, 정확하고 철저한 일 처리	육감, 영감에 의존하여 미래지향적 가능성과 의미 추구, 비약적/신속한 일 처리
지금 현재에 초점 실제의 경험 정확하고 철저한 일 처리 사실적 사건 묘사 나무를 보려는 경향 가꾸고 추수함	미래 가능성에 초점 아이디어, 직관 신속하고 비전적인 일 처리 비유적, 암시적 묘사 숲을 보려는 경향 씨 뿌림

어떻게 결정을 내리는가?	
사고형(T) Thinking	감정형(F) Feeling
논리와 객관성에 기초해서	개인적 가치에 기초해서
▼	▼
진실과 사실에 주된 관심 논리적이고 분석적이며 객관적으로 판단	사람과 관계에 주된 관심 상황적이며 정상을 참작한 설명
진실, 사실에 주된 관심 원리와 원칙 논거, 분석적 맞다, 틀리다 규범이나 기준 중시 지적 논평	사람, 관계에 주된 관심 의미와 영향 상황적, 포괄적 좋다, 나쁘다 나에게 주는 의미 중시 우호적 협조

삶을 어떻게 꾸려나가는가?	
판단형(J) Judging	인식형(P) Perceiving
현 위치를 파악하면서, 체계적으로	살아가면서, 융통성 있게
▼	▼
분명한 목적과 방향 기한 엄수, 사전에 철저하게 계획, 체계적	변화 가능한 목적과 방향 상황에 따라 자율적이고 융통성
정리 정돈, 계획 의지적 추진 신속한 결론 통제와 조정 분명한 목적의식과 방향감각 뚜렷한 기준과 자기의식	상황에 맞추는 개방성 이해로 수용 유유자적한 과정 융통과 적응 목적과 방향의 유연성 개방성, 포용력

자료: 선행연구에 의한 저자 재구성

이상의 MBTI 4가지 선호경향의 8가지 지표인 외향(E)−내향(I), 감각(S)−직관(N), 사고(T)−감정(F), 판단(J)−인식(P)가 서로 조합되면 4개의 알파벳으로 이루어진 총 16가지의 MBTI 성격유형으로 분류된다.

https://www.16personalities.com*에서 약 12분 정도 질문에 대답하면서 무료로 성격 유형검사를 해 볼 수 있다. 나는 어떤 유형일까? 궁금한 사람들은 해 보면 도움이 될 것 같다.

┃표 5-8 MBTI 16가지 성격유형분류, 특징의 예**

ISTJ 세상의 소금형	**ISFJ** 임금 뒤편의 권력형	**INFJ** 예언자형	**INTJ** 과학자형
한번 시작한 일은 끝까지 해내는 사람들	성실하고 온화하며 협조를 잘하는 사람들	사람과 관련된 뛰어난 통찰력을 가지고 있는 사람들	전체적인 부분을 조합하여 비전을 제시하는 사람들
ISTP 백과사전형	**ISFP** 성인군자형	**INFP** 잔다르크형	**INTP** 아이디어 뱅크형
논리적이고 뛰어난 상황 적응력을 가지고 있는 사람들	따뜻한 감성을 가지고 있는 겸손한 사람들	이상적인 세상을 만들어 가는 사람들	비평적인 관점을 가지고 있는 뛰어난 전략가들
ESTP 수완좋은 활동가형	**ESFP** 사교적인 유형	**ENFP** 스파크형	**ENTP** 발명가형
친구, 운동, 음식 등 다양한 활동을 선호하는 사람들	분위기를 고조시키는 우호적 사람들	열정적으로 새로운 관계를 만드는 사람들	풍부한 상상력을 가지고 새로운 것에 도전하는 사람들
ESTJ 백과사전형	**ESFJ** 친선도모형	**ENFJ** 언변능숙형	**ENTJ** 지도자형
사무적, 실용적, 현실적으로 일을 많이 하는 사람들	친절과 현실감을 바탕으로 타인에게 봉사하는 사람들	타인의 성장을 도모하고 협동하는 사람들	비전을 가지고 사람들을 활력적으로 이끌어가는 사람들

자료: 16가지 성격유형(어세스타 MBTI결과보고서)

---

* 간이 성격유형 검사라고 하고 체계적으로 검사하기 위해서는 유료로 진행되고 시간도 더 많이 소요된다. 무료 성격유형검사 | 16Personalities
** 각각의 알파벳이 뜻하는 지표

　　E　외향,　T　내향:　에너지의 방향
　　S　직관,　N　직관:　사람이나 사물을 인식하는 방향
　　T　사고,　F　감정:　판단의 근거
　　J　판단,　P　인식　선호하는 삶의 패턴

5) 에니어그램

우리가 타고난 성향을 파악하는 방법으로 행동 유형(DISC), 심리 유형(MBTI) 외에 에니어그램(Enneagram)의 방법도 있다. 에니어그램은 9개의 점을 가진 별 모양처럼 형성된 하나의 원으로 나타난다. 에니어(Ennea)는 숫자 "9"를 뜻하는 그리스어이며, 그램(gram)은 "그림"을 뜻하는 말이다. 즉, 에니어그램은 "9개의 점이 있는 그림"이라는 뜻이다. 이같이 에니어그램은 인간의 9가지 기존 유형에 대한 연구이다. 이는 우리의 특정 행동패턴에 대해 알 수 있으며 개인이 성장해 나아가야 할 방향을 구체적으로 제시해 준다. 아울러 다른 사람들을 더 깊이 이해함으로써 가족, 친구, 동료와의 관계를 개선하는 데도 중요한 도구가 된다. 에니어그램의 기원에 대해 정확히 알려진 바는 없으나, 일반적으로 중동의 수도자들 사이에서 구전되어 내려온 것으로 알려져 있다. 이후 에니어그램은 1920년대에 러시아의 신비주의 스승인 구르지예프(G.I.Gurdjjeff)에 의해 유럽에 소개되었고, 1960년대에 이르러 미국으로 전파되어 지금의 에니어그램으로 발전되었다.

(1) 에니어그램의 9가지 유형

1. 1유형(개혁하는 사람)
   현실적이고 양심적이며 원칙을 고수한다. 자신이 세운 높은 이상에 도달하기 위해 분투하며 살아간다.
2. 2유형(도와주는 사람)
   따뜻하고 다른 사람들을 잘 양육하며, 다른 사람들에게 마음을 쓰고 그들의 필요를 민감하게 알아차린다.
3. 3유형(성취하는 사람)
   활동적이고 낙천적이며, 자기 확신이 강하고 목표 지향적이다.
4. 4유형(낭만적인 사람)
   정서적으로 섬세하고 따뜻하며, 지각력이 있다.
5. 5유형(관찰하는 사람)

지적인 욕구가 강하고 내향적이며, 호기심이 많고 분석적이며 통찰력이 있다.

6. 6유형(충성하는 사람)

    책임감이 강하고 신뢰할 만하며, 가족이나 친구, 소속된 모임이나 조직에 충실하다. 내성적이고 소심한 성격에서부터 거침없이 말하고 당당히 맞서는 성격에 이르기까지 다양한 범위에 걸쳐 있다.

7. 7유형(모험적인 사람)

    에너지가 넘치고 생동감이 있으며 낙천적이고, 세상에 기여하기를 원한다.

8. 8유형(도전 하는 사람)

    직선적이고 독립적이며 자신감이 강하고, 다른 사람들을 보호해 준다.

9. 9유형(평화적인 사람)

    수용적이고 온화하며 다른 사람들을 지지해 준다. 자신을 둘러싼 사람들뿐만 아니라 세상과도 연결되기를 원한다.

(2) 에니어그램의 3가지의 중심

자신의 유형을 찾는 핵심 열쇠는 자신의 "중심"이 무엇인가이며, 각각의 중심은 가슴(Heart), 머리(Head), 장(Gut)이라는 우리 몸을 이루는 세 가지 중심과 일치한다.

▌표 5-9 에니어그램의 3가지 중심

가슴형 -2,3,4형 -감정 중심 -이미지	• 도와주는 사람(2유형)은 사람들을 돌보는 데 관심이 있으며, 사랑의 이미지를 보여주고 싶어 한다. • 성취하는 사람(3유형)은 사회적으로 합의된 규범에 비추어 바람직하게 보이는 것을 좋아한다. • 낭만적인 사람(4유형)은 자신을 표현하고 싶어 하고, 독창적으로 보이고 싶은 강력한 욕구를 가지고 있다.
머리형 -5,6,7형 -사고 중심 -두려움	• 관찰하는 사람(5유형)은 자신이 지닌 자원들에 의지하며, 어떤 것에 대해 잘 알고 있다고 생각할 때 안정감을 느낀다. • 충성하는 사람(6유형)은 권위 있는 인물에게 인정받거나 권위에 반항함으로써 두려움을 벗고 안정감을 느끼고자 한다. • 모험적인 사람(7유형)은 활동적이고 낙천적이며, 두려움을 포함하여 즐겁지 않은 감정들을 회피하려고 한다.
장형 -8,9,1형 -본능 중심 -분노	• 도전하는 사람(8유형)은 자신의 강한 이미지를 드러내며, 분노를 표현하는 데 있어 주저함이 없다. • 평화적인 사람(9유형)은 동의를 잘하고 순응하며, 종종 자신의 분노를 잘 알아차리지 못한다. • 개혁하는 사람(1유형)은 분노를 성경적인 결함으로 보고 이를 드러내는 것을 참는다. 행위의 규범을 철저히 따른다.

자료: 레니바론·엘리자베스와 길러, 에니어그램코칭(역)(2012), 나와 만나는 에니어그램, 마음살림

05 예술경영리더십코칭 역량 강화: 질문기술

1) 예술경영리더십코칭 질문

예술경영리더십코칭에서 가장 중요한 스킬은 "질문"이라고 할 수 있다. 코치는 질문하는 사람이며 예술경영리더십코칭은 질문을 통해 해답을 찾는 과정이라고 해도 과언이 아니다. 질문은 상대방에게 구체적이고 새로운 방향과 좋은 대안을 찾도록 만든다.

질문은 생각을 자극하고 확대하는 결정적인 역할을 한다. 그리고 질문에 대한 답을 찾아내는 동안 그것을 실행할 힘을 만들어 준다.

리더가 흔히 하는 착각 중의 하나가 "내가 그렇게 알아듣도록 이야기를 했으니 잘하겠지"라는 생각이다. 예를 들어 "고객(상대)에게 친절하게 대해야 하는 이유와 교육을 할 만큼 했으니 그대로 하겠지"라고 생각한다.

과연 리더가 의도한 대로 현장에서 잘 이루어지고 있을까? 오히려 "왜 이런 문제가 자주 발생하는 거야? 그렇게 교육하였는데 안 되는 이유가 도대체 뭐야?"라고 흥분하여 구성원들을 질책하고 있는 자신의 모습을 발견하는 리더도 있을 것이다.

이와 같이 올바른 정보를 제공하는 것만으로는 절대 사람의 행동을 바꾸지 못한다. 사람을 변화시키는 핵심은 정보 그 자체가 아니라 그 정보가 자신에게 어떤 의미가 있는지를 연결해주는 일이며, 이 정보를 자신의 행동에 적용시키도록 만들어 주는 것이다. 질문은 그런 점에서 정보나 교훈을 자신의 삶 속에 연결되도록 하는 좋은 방법이다. 또한 사람은 누구나 남이 시키는 대로 하기보다는 스스로 생각하기를 좋아하며 자신의 생각과 말에 가장 강력하게 설득된다.

질문은 생각을 자극하고 스스로 답을 찾도록 촉구한다. 그런 면에서 질문은 사람을 변화시키고 성장시킬 수 있는 아주 좋은 스킬이다. 이미 16세기에 갈릴레오는 "우리에게 다른 사람을 무언가를 가르치는 것은 불가능하다. 다만 그 사람이 스스로 찾을 수 있도록 도울 수 있을 뿐이다"라고 설파하였다.

우리가 교육(敎育)으로 알고 있는 영어 단어 "Education의" 어원은 라틴어 "educere'가 어원으로 그 의미는 영어로 "drawing out", "bring up"으로 "끄집어 내다", "이끌어 내다"이다.

따라서 예술경영리더십코칭의 메커니즘(Mechanism)은 코칭의 철학인 "인간은 스스로 문제를 해결할 능력이 있다"를 믿고 이것을 끌어내는 도구로 '질문'을 활용하고 있는 것이며, 이와 같이 질문을 통해 자신의 생각에 의미를 부여하고 스스로 해결책을 찾도록 했을 때가 가장 인간다운 것이며 실질적으로도 가장 높은 예술경영리더십으로 성과를 올릴 수 있다.

TIP

질문의 힘(무함마드 유누스, 노벨 평화상 수상자)

코치는 내가 가지고 있음에도 지금껏 한 번도 사용하지 않았던 나의 "능력 버튼"을 보도록 해줍니다. 물론 그는 나의 버튼이 무엇인지 모릅니다.

단지 코칭 질문들을 천천히, 효율적으로 던질 뿐입니다.

나는 그 질문을 따라가며 내 능력의 어두운 부분도 발견하게 됩니다.

여러분께 확실히 말씀드릴 수 있는 것은,

제가 코칭을 경험하면서 감정이 완전히 달라지는 것을 체험했다는 점입니다.

그동안 내게 문제가 되는 것들 중 한쪽만 빛을 비추었다면,

코치는 내가 다른 편에 서서 새로운 빛으로 볼 수 있도록 해주었습니다.

덕분에 나는 그 문제가 해결됨을 경험했습니다.

코치는 답이나 충고를 주는 사람이 아닙니다.

그들은 "무엇을 해야 한다"고 지시하지 않습니다.

하지만 내가 습관적으로 해왔던 방법에서 나를 빼내줍니다.

코치는 나의 능력을 끄집어내줄 뿐만 아니라, 나의 능력을 스스로 발견할 수 있게 해줍니다.

즉. 코치는 "나만의 탁월성"을 발견하도록 해 줍니다.

일이나 인생에서 원하는 바를 달성할 수 있도록

헌신적으로 지지하는 누군가가 있다고 생각해 보라

누군가가 당신 인생의 우선순위와 비전을 이해하고

거기에 몰입하도록 돕는다면 어떨지 생각해 보라.

산 정상에서 깃발을 흔들며 어서 올라오라고

격려하는 누군가를 생각해 보라.

실패를 통해 배움을 얻도록 도와주고

목표를 이루었을 때

축하해 주는 누군가를 생각해 보라.

기쁠 때나 슬플 때나 당신을 위해

그 자리에 있어 주는 누군가를 생각해 보라.

바로 그 "누구"가

관심과 진정성으로 당신의 마음을 움직이는

여러분의 "코치"이다

자료: 정진우(2021), 바라보면 가슴 뛰는 것들, 아이아코칭센터.

2) 예술경영리더십코칭 질문의 힘

도르시 리즈(Dorothy Leeds)는 질문의 7가지 힘에서 삶과 직장에서 성공적인 의사소통의 비밀을 다음의 7가지로 제시하고 있다.

첫째, 질문을 하면 답이 나온다.

둘째, 질문을 하면 생각을 자극하게 된다.

셋째, 질문을 하면 정보를 얻는다.

넷째, 질문을 하면 통제가 된다.

다섯째, 질문은 상대방의 마음을 열게 한다.

여섯째, 질문은 귀를 기울이게 한다.

일곱째, 질문에 답을 하다 보면 스스로 설득이 된다.

토니 스톨츠푸스(Tony Stoltzfus, 2020)는 코칭 퀘스천에서 "상대 스스로 무엇을 좋아하는지, 언제 행복해하는지, 어떤 변화를 추구하는지 등 자신보다 자신을 잘 아는 사람은 없다. 그래서 만약 고객이 변화고자 하는 정확한 목적을 갖고 있다면, 질문은 상대에게서 모든 정보를 끄집어 낼 수 있게 한다"라고 질문의 중요성을 제시하고 있다.

예술경영리더십코칭의 궁극적인 목표는 리더의 변화와 성장을 가져오는 것이다. 하지만 정작 어떤 변화를 가져올지에 대해서는 모르거나, 알더라도 불분명한 경우가 많다. 여기서부터 예술경영리더십코칭의 필요성이 시작되며, 질문은 처음부터 끝나는 마지막까지 동행을 한다. 리더들은 질문을 통해 스스로의 변화에 필요한 답을 하나씩 하나씩 찾아 나아가면서 커다란 자극을 받으며, 아울러 한 단계 한 단계 실행하는 과정에서도 변화와 성장을 실감한다.

이와 같이 예술경영리더십코칭에서 질문이 중요한 이유는 다른 무엇보다 리더의 변화와 성장을 위해 리더 스스로 깨닫고 행동에 나서게 한다는 데 있다.

3) 예술경영리더십코칭 질문의 대상

예술경영리더십코칭 질문은 상대에게만 하는 것이 아니고 자기 자신에게도 스스로 질문을 할 수 있다. 스스로에게 하는 좋은 예술경영리더십코칭 질문은 스스로의 미래의 목표와 계획을 세울 수 있고 그것을 성취할 수 있는 지혜를 얻을 수 있다. 게다가 자기 자신을 점검할 수 있는 기회를 주어 더욱더 풍성한 삶을 살 수 있도록 이끌어 준다. 잘못된 질문은 삶을 후회와 절망으로 바꿀 수 있고 좋은 질문은 당신을 위대한 길로 인도할 수 있다.

(1) 스스로 질문하기

모든 시작이자 끝은 바로 나 자신이다. 그러므로 행복과 성공을 향해 자신에게 질문하는 것은 무엇보다 중요하다. 나를 찾고 올곧게 나를 세우기 위해 어떤 질문을 할 것인가? 예문은 다음과 같다.

- 나는 누구인가?
- 내가 가장 하고 싶은 것은 무엇인가?
- 나는 지금 최선을 다하고 있는가?
- 나는 무엇을 잘하고 무엇을 못 하는가?
- 지금 내가 하는 일의 미래 전망은 어떠한가?
- 내가 타고난 재능은 무엇인가?
- 내 성격에서 강점은 무엇인가?
- 나는 무얼 하려고 이 세상에 왔는가?
- 나에게 가장 중요한 것은 무엇인가?
- 내가 본받고 멘토로 삼을 만한 인물은 누구인가?
- 나는 내가 속한 조직과 사회에 무엇을 공헌하고 있는가?
- 나는 다른 사람들에게 어떤 인물로 기억되기를 원하는가?
- 어떠한 여건에서든 내가 결코 양보할 수 없는 가치관은 무엇인가?

자료: 최효진·황소영·유용미(2006), 삶을 움직이는 힘 코칭 핵심 70, 서울: 새로운 사람들의 내용에서 저자 재구성.

(2) 상대에 질문하기

상대에게 어떤 질문을 하느냐에 따라 용기를 얻을 수 있고 절망할 수도 있다. 다른 사람을 설득할 때나, 다른 사람과 좋은 인간관계를 맺기 위한 수단으로 질문은 유용하다. 질문으로 더 많은 고객을 만들 수 있고 질문으로 구성원에게 동기부여를 할 수 있다. 이처럼 질문은 당신과 관계가 있는 사람들이 행복한 성공을 할 수 있도록 돕는 매개체이다.

질문은 다른 사람의 인생을 바꾼다. 상대방은 당신의 질문에 답하는 과정에서 새로운 사실을 깨닫기도 하고, 힘을 얻기도 할 것이며, 자신이 가야 할 길을 발견하기도 한다.

2008년 베이징 올림픽, 쿠바와 결승전 9회 말 1사 만루의 상황, 안타 하나면 역전이 되는 절체절명(絕體絕命)의 순간이 있었다. 이때 감독을 맡았던 김경문 감독(2008베이징올림픽 국가대표 야구감독)은 정대현 선수가 부상 중이라 윤석민 투수를 교체 투수로 염두에 두고 있었다. 그러나 포수인 진갑용 선수에게 "지금 누가 던졌으면 좋겠나?"라고 질문을 하였다. 진갑용 선수는 "오늘 대현이 공이 좋습니다"라고 대답하였다. 결국 정대현 투수가 마운드에 올라 병살타를 유도하며 대미를 장식하고 대망의 금메달을 딸 수 있었다. 이와 같이 질문 하나가 결과를 바꿀 수가 있는 것이다.

세계적 기업인 GE의 잭 웰치(john Frances Welch jr) 회장은 본인의 코치였던 피터 드러커(Peter Ferdinand Drucker) 교수에게 "어떻게 하면 GE를 성장시킬 수 있을까요?"라고 자문을 구했다. 이에 피터 드러커 교수는 "지금 사업을 새로 시작한다면 지금 하고 있는 사업을 다 할 것인가?"라고 질문을 하였다. 이에 잭 웰치 회장은 큰 깨달음을 얻어 방만한 사업구조를 "1~2등이 아닌 사업은 매각하거나 철수"를 하는 사업구조를 단행하여 지금의 GE의 비즈니스 구조(Business Structure)의 기틀을 만들 수 있었다.

조선 개국의 공신은 뭐니 뭐니 해도 삼봉 정도전(1342~1398)이다. 정도전은 이성계 장군을 찾아가 "이 정도의 군대라면 무슨 일인들 성공하지 못하겠습니까?"라는 질문을 하면서 이성계 장군을 주군으로 부르기 시작한다. "무슨 일"이 무엇인지는 이심전심이었을 것이다. 둘의 만남은 정도전의 혁명이념과 이성계의 혁명무력의 만남이자 결합이었다. 이와 같이 이성계는 정도전의 질문에 크게 고무됐고, 그로부터 9년 후 신진사대부들과 함께 조선을 개국하게 된다. 질문 하나가 얼마나 역동적인지를 역사로 알 수 있는 대목이다.

> **TIP**
>
> **"부자가 되려면 부자에게 점심을 사라" (혼다 켄)**
>
> 선생님께서는 어릴 때 어떤 생각을 하셨습니까?
>
> 어떤 책이 도움이 됐습니까?
>
> 어떤 사람을 만나셨습니까?
>
> 인생의 목표는 무엇이었습니까?
>
> ↓
>
> 질문을 통하여 답을 얻고 얻은 답을 그대로
>
> 실천하여 부자가 되었다.

자료: 혼다 켄 (本田 健), 홍찬선 역(2004), 부자가 되려면 부자에게 점심을 사라, 더난출판사

4) 예술경영리더십코칭 질문의 필요기술

(1) 질문을 위한 워밍업

흔히 말을 많이 하는 사람이 대화를 이끌어간다고 생각하기 쉽지만 사실은 질문하는 사람이 대화의 방향을 주도한다. 내가 당신의 말에 귀 기울이고 있음을 보여주는 최고의 방법은 상대가 한 말과 연결된 질문을 하는 것이다. 언제, 누가, 어디서, 무엇을 했느냐 식의 질문보다는 "어떤 방법이 있을까?", "왜 그랬을까?"로 바꾸어 물어야 한다.

질문을 하다 보면 상대방에게 바로 "왜요?"라는 답을 들을 때가 많을 것이다. 갑자스럽게 질문을 받은 사람은 "저 사람이 왜 이런 걸 묻지?"라고 불안해 할 수 있다. 이런 불안을 제거하기 위해 리더는 자신의 질문 의도를 서두에 밝히는 것이 좋다.

예를 들어 콘서트 티켓을 들고 있는 지인에게 "그 티켓 어디서 구입했나?"라고 묻기보다는 "그 티켓 나도 구입하고 싶은데 어디서 구입했어?"라고 먼저 의도를 밝히는 것이다.

운동에만 워밍업이 필요한 것이 아니다. 질문에도 충분한 워밍업이 필요하다.

(2) 질문의 기술

① 첫 질문이 성패를 가른다,

• 긴장도가 낮은 질문으로 시작하라!
• 처음부터 무겁고 긴장도가 높은 질문부터 시작하면 상대방을 위축하게 하고 대답도 매우 한정적이 된다. 따라서 긴장도가 낮으면서 편안한 질문부터 시작한다.

"오늘 컨디션 어때?"

"점심 잘 먹었어?"

② 질문으로 예술경영리더십을 키워라!(지시형 리더십에서 질문형 리더십으로)

"이 정도 밖에 안 돼? 정신들 차려."

"이걸 실적이라고 가져 온 거야? 이러니 미래가 암울하지."

이런 질책성 지적은 구성원들을 더욱 더 위축시키고 방어적이 되어 조직의 성과를 올리기는커녕 성과가 더 저하되는 악순환의 고리가 된다.

"이번 프로젝트는 어떤가요?"

"목표 도달의 전략은 무엇입니까?" 제가 도와줄 것은 무엇입니까?"

이러한 개방형 질문으로 리더십을 바꾸고 나서 다시 고 수익을 내어 성장한 사례가 많다.

이를 간파한 피터 드러커(Peter Drucker)도 "질문의 힘이 조직의 힘을 변화시킨다"며 모든 조직의 학습조직화를 주장했다.

③ 상대를 대화의 주인공으로 만들어라!

"당신이라면 어떻게 하겠습니까?"

"당신을 도울 수 있는 어떤 것 입니까?"

이와 같이 좋은 질문은 상대를 대화의 주인공으로 만든다. 상대를 존중하면서 충분히 말하도록 하라. 도중에 참견하고 싶은 마음이 굴뚝같아도 참고 들어라. 상대가 말을 마치면 그때 말해도 전혀 늦지 않다.

"내가", "나는 말이야", "내 생각은"으로 시작하는 어법은 나의 신념이나 내 생각을 확실하게 보여줄 때는 필요하지만 상대의 마음을 움직일 때는 별 효과가 없다.

내 생각만 강요하려는 욕심을 버리고 대화의 주도권을 상대에게 넘겨주는 것이 세련된 대화 기술이다. 구성원은 자신을 배려하는 예술경영리더의 마음 씀씀이에 감동하여 대화의 분위기를 생산적으로 만들어 갈 것이다.

TIP

일방적 지시나 통제는 창의성을 죽이고 자존심을 꺾지만

질문은 생각을 자극하고 자존감을 높여준다.

(3) 지시(指示) 대 질문(質問)

예술경영리더들은 질문의 형식을 취하고 있으나 실질적으로는 지시를 하는 경우가 많다. 아래는 질문 형식을 취하고 있으나 실제 지시형인 사례 다음과 같다.

지시

- 이번 프로젝트 책임자는 B과장이겠지?
- 오늘 미팅에서 우리의 경청 태도는 미흡했다.
- 오늘 미팅에서는 질문보다 주장이 많았습니다.
- 다음 미팅을 위해 C를 준비하세요.
- 오늘은 D를 잘했습니다.
- E 자료는 F에서 구입할 수 있습니다.
- 오늘 학습한 것 중 중요한 것은 G가 아닐까요? 오늘 점심은 곰탕으로 합시다.
- 내일까지 이거 끝내.
- 이거 이렇게 해.
- 이번 체육행사 등산은 북한산으로 하는 게 어때?
- 이번 일의 실패 원인은 A잖아.

질문

- 이번 프로젝트 적임자는 누구라고 생각해??
- 오늘 미팅에서 우리의 경청 태도는 어땠나요?
- 오늘 미팅에서는 질문의 질과 양은 어땠습니까?
- 다음 미팅을 위해 무엇을 준비해야 할까요?
- 오늘 잘한 것은 무엇입니까?
- E 자료는 어디에서 구할 수 있죠?
- 오늘 학습한 것 중 무엇이 중요하다고 생각하나요?
- 오늘 점심은 무엇으로 할까?
- 이거 언제까지 마칠 수 있을까?
- 이거 어떻게 하는 것이 좋을까?
- 이번 체육행사 등산은 어디가 좋을까?
- 이번 일은 왜 실패했을까?

(4) 소크라테스 대화법

이동연(2011) 대화의 기술에서 대화의 한 방법으로 질문을 도입한 사람은 소크라테스(Socrates, 철학가)였다. 산파술(産婆術)이라고 불리는 소크라테스의 질문법은 그에게 반대하는 사람까지도 결국 그의 견해를 수용하게 만들라고 하였다. 소크라테스는 상대에게 질문할 때 결코 자기 의견을 강요하지 않는다. 대신 상대가 한 말을 그대로 반복하면서 조금씩 상대의 동의를 이끌어 낸다. 다음은 산파술 대화의 예문이다.

산파술 대화 (예문)

수도사와 갓 직장생활을 하는 신입사원과 성당에서 나눈 대화이다.

수 도 사: 직장생활을 왜 하십니까?
신입사원: 돈을 벌려고 합니다.
수 도 사: 돈을 번 다음에는요?
신입사원: 예쁜 여자와 결혼해야지요.
수 도 사: 그 다음에는요?
신입사원: 아기도 낳고 집도 사고…
수 도 사: 그 다음에는 요?
신입사원: 사장도 되어야죠.
수 도 사: 그 다음에는요?
신입사원: 뭐 나이 먹고 늙겠죠
수 도 사: 그 다음에는요?
신입사원: 글쎄요…
수 도 사: 이보게, 젊은이! 그 다음에는 영생일세

자료: 이동연(2011), 3분 안에 Yes를 이끌어 내는 대화의 기술, 평단, p.92

젊은이는 큰 충격을 받았다. 자신의 삶의 궁극적인 목적을 깨달았기 때문이다. 수도사의 말을 마음에 새긴 젊은이는 후에 사장까지 지내고 돈도 많이 번 다음 성당을 지었다.

그리고는 성당의 머릿돌에 "그리고 그 다음에는 영생일세"라는 글을 새겼다.

수도사 질문(産婆術)이 결국 젊은이의 삶의 목적을 스스로 깨닫게 했던 것이다.

5) 예술경영리더십코칭 질문의 유형

(1) 열린 질문과 닫힌 질문

"열린 질문"은 질문을 받은 사람이 "예" 또는 "아니오" 같이 단답형으로 끝나는 것이 아니라, 자신의 의견을 자유롭게 말하도록 하는 질문이다. 자신의 잠재의식에까지 도달하게 하는 질문으로, 생각을 심화하고 확장할 수 있도록 돕는 질문이다. 사람은 이와 같은 열린 질문을 통해 자신의 가능성을 발견하고 확대할 수 있게 된다.

이와 반대로 "닫힌 질문"은 "예" 또는 "아니오"처럼 단답형으로 답을 하게 되는 질문으로, 잠재의식을 깨우지 못하고 피상적인 수준에 머무르고 만다. 또한 닫힌 질문은 그 자체만으로도 질문을 받은 사람이 질책을 당하고 있다는 느낌을 갖게 한다. 했느냐, 안 했느냐 같은 질문은 그 속에 왜 그것을 하지 안 했느냐는 질책이 포함되어 있다는 인상을 주기 때문이다. 이러한 닫힌 질문을 상대방으로 하여금 방어하는 태도를 취하게 함으로써 더 이상 대화의 진척을 기대하기 어렵게 만든다. 닫힌 질문과 열린 질문의 예문은 다음과 같다.

닫힌 질문

- 그 직업에 계속 종사할 계획입니까?

- 그 직업에 만족하십니까?

- 직업을 바꿀 때라고 생각하지는 않으십니까?

- 이것을 개선해야 하나요?

- 이 무대 시스템이 필요하신가요?

↓

열린 질문

- 그 직업을 유지하겠다는 의지가 얼마나 강합니까?

- 현재 직업에 대한 만족도가 얼마나 되는지 말씀해 주세요?

- 미래의 진로 계획에 대해 어떻게 생각하고 있습니까?

- 어떤 점을 개선해야 할까요?

- 기존의 무대 시스템을 사용하시면서 불편했던 점은 무엇이었나요?

자료: 선행연구에 의한 저자 재구성

(2) 힘 싣는 질문

"힘을 실어주는 질문이란 예술경영리더가 상대의 능력과 잠재력을 신뢰한다는 사실을 보여줌으로써 상대의 자존감을 높여주는 질문이다. 상대의 강점과 열정, 스스로의 모습에서 좋아하는 점, 남들로부터 인정받는 점, 행복하게 만드는 것, 성취와 성공의 원동력에 관심 있음을 보여주는 질문을 한다면, 상대로부터 최선의 모습을 이끌어 낼 수 있다. 이 과정은 실로 상대에게 큰 힘을 실어주게 된다. 상대에게 힘을 실어주는 강력한 질문은 깊은 통찰력을 낳고 권한위임의 효과를 극대화한다. 힘을 실어주는 질문의 예문은 다음과 같다.

자료: 선행연구에 의한 저자 재구성

(3) 참여를 이끄는 질문

"구성원들은 종종 예술경영리더에게 중요한 결정을 내릴 수 있도록 도움을 달라고 요청한다. 하지만 대부분 그들은 이미 무슨 일을 해야 할지 알고 있다. 그들은 단지 한 발 나아가기 위한 확신과 자신감이 부족할 뿐이다. 자신감은 성장의 필수 요소이다. 구성원에게 자신감을 가지고 예술경영리더십코칭에 적극적 참여하도록 예술경영리더가 질문하는 것은 성공적인 성과 도출을 위해 매우 중요한 일이다.

참여를 이끌어내는 질문의 예문은 다음과 같다.

참여를 이끌어 내는 질문

- 이러한 전략을 세우는 데 얼마나 관여했습니까?
- 이 도전을 성공시키는 것이 왜 중요합니까?
- 이 계획이 얼마나 당신의 "자식(분신)"처럼 여겨집니까?
- 이것은 어째서 추구할 가치가 있는 목표입니까?
- 이러한 해결책을 도출하는 과정에서 어떻게 창의력을 발휘했습니까?
- 이 목표를 실현시키는 일은 어떤 식으로 당신이 원하는 결과로 이어집니까?
- 1부터 10까지의 점수를 매긴다면, 각각의 목표에 몇 점을 주겠습니까?
- 목표를 실현했다고 상상해 보세요. 당신은 어떤 방식으로 성취감을 느낄 것 같습니까?
- 이 목표를 추구하는 과정에서 당신의 팀을 어떻게 참여시켰습니까?
- 이 목표를 실현하는 데 얼마나 헌신적입니까?
- 이 목표를 달성하기 위해 당신은 어떤 희생을 기꺼이 치르겠습니까?
- 1부터 10까지 점수를 매긴다면 이 목표를 실현하는데 무슨 일이라도 기꺼이 하겠다는 당신의 결심은 몇 점이나 될까요?
- 긴장을 풀고, 천천히 깊은 숨을 쉬고, 눈을 감아 보세요. 모든 감각을 사용해서 꿈을 이룬 상황을 그려 보세요. 무엇이 보이고 어떤 느낌이 듭니까?
- 이 프로젝트를 완료하기 위한 단계와 기한이 어떻게 정해진다면 기꺼이 맡겠습니까?
- 이러한 해결책을 도출하는 과정에서 어떻게 창의력을 발휘했습니까?
- 우연히 알라딘 캠프를 발견했는데, 램프의 요정이 세 가지 소원을 들어준다고 합니다. 어떤 소원을 빌겠습니까?

자료: 선행연구에 의한 저자 재구성

(4) 강력한 질문 6W1H법

강력한 질문은 자아를 발견하게 하고 변화를 촉진하는 의식을 깨운다. 강력한 질문은 상대(구성원)에게 궁금증과 용기를 유발하게 한다. 상대가 곤란하고 직접적인 질문에도 답할 수 있다고 믿어야 한다. 강력한 질문을 던지는 기술은 그 질문이 상대를 어디로 안내할지 아는 것(Where), 옳은 목적을 갖는 것(Why), 옳은 질문을 하는 것(What과 Which), 옳은 방식으로 묻는 것(How), 옳은 사람에 대해 묻는 것(Who), 그리고 옳은 시기에 대해 묻는 것(When)으로 부터 나온다. 강력한 질문(6W1H)의 예문은 다음과 같다.

6W 1H 질문 공식

1. (Where): "우리는 어디로 가고 있는가?"

2. (Why): 우리는 왜 질문을 해야 하는가?"

3. (What): 우리는 어떤 종류의 질문을 해야 하는가?"

4. (Which): 우리는 어떤 질문을 해야 하는가?"

5. (How): 우리는 어떻게 질문을 해야 하는가?"

6. (Who): 우리는 누구에게 질문 해야 하는가?"

7. (When): 우리는 언제 질문해야 하는가?"

자료: 선행연구에 의한 저자 재구성

탁월한 예술경영리더십코칭의 경우, 강력한 질문을 만들어 내는 과정은 자연스럽고 신속하게 이루어진다. 이들은 이미 머릿속으로 수차례 질문을 연습했기 때문이다. 이와 같이 "6W 1H" 공식을 염두에 두고 연습한다면, 주저하지 않고 강력한 질문을 본능적으로 던지는 방법을 터득하게 될 것이다. [그림 5-14]는 강력한 질문의 효과적인 방법 예이다.

▼ 그림 5-14 강력한 질문의 효과의 예

강력한 질문은 명료하고 단순하다!

복잡한 질문
곧 개최될 회의에 참석할 사람들의 수와, 직급과 교육수준, 소속회사의 업종, 회사에 대한 언론의 관심 정도, 연사의 수준을 고려할 때 당신은 충분한 노력을 기울이고 있다고 생각합니까? 빠뜨린 것은 없나요? 상황을 개선시키려면 어떤 일을 시도해볼 수 있을까요?

명쾌하고 단순한 질문
어떻게 하면 회의를 좀 더 성공적으로 개최할 수 있을까요?

강력한 질문은 인생을 변화시킬 잠재력이 있다!

자료: 선행연구에 의한 저자 재구성

강력한 질문에는 인생을 변화시킬 잠재력이 있다. 이러한 질문은 혁신적인 해결책과 자아 발견을 이끌어 내고, 스스로에 대한 신뢰감을 가지게 하며, 사고방식을 바꾸어 놓고, 행동하도록 유도한다.

강력한 질문은 해답을 찾기 위해 심사숙고하게 만든다. 그 숙고의 과정은 일회적인 예술경영리더십코칭 시간에 국한하지 않고 지속된다. 사람들은 대개 스스로 생각하는 것보다 더 많은 능력을 지니고 있다. 따라서 강력한 질문은 사람의 내면에 있는 명석함에 가까이 다가가 해결책을 찾아내도록 유도할 수 있다. 강력한 질문은 구조적 긴장(Structural Tension)을 유도하여 사용 가능한 자원에 대해 수용적 자세를 취한다. 그리고 창조적인 해결책을 생각하여 긴장을 해결하기 위해 적극적으로 행동하게 만든다. 이때 해결책은 자신의 깊은 내면으로부터 만들게 된다.

강력한 질문 다음에는 상대의 침묵과 숙고가 따른다. 예술경영리더십코칭에서 상대의 침묵하는 순간을 용인하고 존중하여야 한다. 강력한 질문의 답변은 즉시 나올 필요가 없다. 상대에게 답을 고민의 시간이 정말 필요하다면 다음 예술경영리더십코칭 때 답변을 들을 수 있다. 강력한 질문의 6가지 예문은 다음과 같다.

예문 1. 모든 리더가 계속해서 물어야 하는 세 가지 중요한 질문

1. 무슨 일이 일어나고 있는 것 같은가?

2. 우리가 직면할 가능성은 무엇인가?

3. 이것에 대해 나(우리)는 무엇을 하여야 하는가?

자료: 스튜어트 웨스, 이순영(2007), 미래예측을 위한 전략적 사고, 현대미디어.

예문 2. 당신의 운명을 결정짓는 세 가지 질문

1. 어디에 관심을 둘 것인가?

2. 그것은 내게 무엇을 의미 하는가?

3. 원하는 결과를 얻기 위해 무엇을 할 것인가?

자료: Anthony Robbins(1993), Awaken the Giant Within: How to Take Immediate Control of Your Mental, Emotional, Physical & Financial Destiny!, Free Press.

예문 3. 진정한 변화를 원하는 다섯 가지 질문

1. 당신이 달라지길 원한다면 왜 달라지기를 원합니까?

2. 얼마나 달라질 준비가 되어 있습니까?

3. 실제로 달라졌다고 가정할 때 당신에게 어떤 긍정적인 변화가 따를까요?

4. 그 결과가 당신에게 얼마나 중요합니까?

5. 그러면, 다음 단계는 (이제부터) 무엇을 해야 할까요?

-스티브 잡스

자료: 피터 드러커, 프랜시스 헤셀바인, 조안 스나이더 컬, 유정식(역) (2017), 최고의 질문: 세계최고
    리더들의 인생을 바꾼, 다산북스

예문 4. 고객만족을 통한 마케팅 선물을 받기 위한 세 가지 질문

1. 오늘 저 고객이 나를 통해서 만족했을까?

2. 저 고객이 다음에 다시 올까?

3. 저 고객이 다음에 올 때 다른 사람까지 데리고 올까?

자료: 김성오(2013), 육일 약국 갑시다, 21세기북스.

예문 5. 기적 질문(The day after miracle: 기적 다음날)

- 지금 100억이 생긴다면 무엇을 하고 싶으세요?

- 다 사용하고 나서 또 100억이 생긴다면 어디에 사용하시겠어요?

- 절대 실패하지 않는다면 무엇을 해 보고 싶으시나요?

- "간 밤에 기적이 일어나 문제가 완전히 사라져 버렸다고 가정합니다. 내일 아침에 어떤 일들이 벌어지고 있는 것을 보면 여러분이 기적이 일어났다는 것을 알 수 있을까요?

- 사람들은 간밤에 기적이 일어났다는 것을 무엇을 보고 알 수 있을까요?

자료: 선행연구에 의한 저자 재구성.

예문 6. 시간 진동/흔들기 질문(Time Quake)

이번 프로젝트가 끝난 6개월 후에 가상 회의(Imaginary Meeting)를 할 예정이다. 6개월 사이에 상황이 상당히 개선되었다. 가상회의 목적은 다음과 같은 사항을 발견하는 것이다.

- 무엇이 개선되었나요?

- 상황이 나아졌다는 것을 어떻게 알 수 있을까요?

- 가장 자랑스러운 것은 무엇입니까?

- Progress Seale(진행 척도)상 어디에 있나요?

- 관련된 사람들에게 어떤 차이를 만들었는가?

자료: 선행연구에 의한 저자 재구성.

(5) 좋은 질문

좋은 질문은 자아를 발견하게 하고 변화를 촉진하는 의식을 깨운다. 좋은 질문을 하면 상대(구성원)에게 궁금증과 용기를 유발하게 한다. 그리고 예술경영리더십 방향과 상황을 분석하여 목표를 위해 적합한 방안을 도출할 수 있다. 좋은 질문의 구성과 예문은 다음과 같다.

좋은 질문

• 상황과 문제를 생각하게 하는 질문

　- 예상되는 장애는 어떤 것이 있을까요?

　- 이 일이 실패할 경우 어떤 파급효과가 있을까요?

　- 우리의 목표를 달성하기 위해 무엇을 해야 할까요?

• 기존지식이나 패러다임에 의문을 갖게 하는 질문

　- 이것의 진정한 가치는 무엇입니까?

　- 이 전략이 우리 회사에 어떤 도움을 주었나요?

　- 계속 이렇게 간다면 우리의 미래는 어떻게 될까요?

• 새로운 관점을 가지게 하는 질문

　- 다른 사람들은 어떻게 생각할까요. (당신이 그 입장이라면?)

　- 당신이 진정으로 원하는 것은 무엇입니까?

　- 누구를 존경하나요? 존경하는 이유는?
　 그 존경하는 분이 이 문제를 푼다면 어떻게 했을까요?

• 문제의 해결책으로 이끄는 질문

　- 그것의 핵심 원인은 무엇입니까?

　- 그 외에는 무슨 방법이 있겠습니까?

　- 그 문제의 이해관계자로는 누가 있을까요?

자료: 선행연구에 의한 저자 재구성

6) 예술경영리더십코칭의 목표실행을 이끄는 질문

(1) T-GROW 질문 모델

T-GROW 대화 모델이란 질문, 경청, 피드백을 통해 신뢰(Trust)를 형성하고 GROW순서로 대화하는 것으로서 목표 설정(Goal), 현실 파악(Reality), 대안 창출(Option), 실행 의지(Will)의 영문 첫 글자를 딴 프로세스 모델 명칭이다.

예술경영리더십코칭에서 T-GROW 질문 모델의 예문은 [그림 5-15]와 같다.

▼ 그림 5-15 T-GROW 질문 모델

자료: 정진우(2008), 코칭리더십, 아시아코칭센터, pp.114-116에서 저자 재구성.

7) 예술경영리더십코칭의 피해야 할 질문

"질문이 상황에 어울리지 않거나 타이밍이 좋지 않다면 대화에 방해가 되고, 상대방의 정신을 분산시키며, 대화가 매끄럽게 이어지지 못하게 된다. 비판적인 질문과 충고를 위한 질문, 대화의 흐름을 끊는 닫힌 질문 그리고 상대를 혼란스럽게 만드는 복잡한 질문이 그것이다. 그 밖에 예술경영리더가 흔히 저지르는 잘못된 질문의 유형들이다. 예술경영리더십에서 상황에 부적절하고 피해야 할 9가지 예문은 다음과 같다.

예문 1. 비판적 질문

1. 상대방을 어떻게 그렇게 무례하게 대하실 수 있습니까?

   → 상대방의 기분을 고려한다면 어떤 식으로 말씀하시겠습니까?

2. 계획을 지키겠다고 동의하셨으면서 왜 지키지 않는 겁니까?

   → 어떻게 하면 계획을 지킬 수 있었겠습니까?

3. 당신이 그 관계를 망쳐버릴 수도 있다는 걸 모르십니까?

   → 그 관계를 지속하려면 어떻게 해야 할까요?

4. 정신이 있습니까? 딸에게 왜 그런 말씀을 하셨습니까?

   → 딸에게 어떻게 말씀하셨더라면 더 좋은 결과를 얻을 수 있었을까요?

5. 동시에 너무 많은 일을 진행하고 있다고 생각하지 않습니까?

   → 더 중요한 일에 집중하려면 어떻게 해야 할까요?

6. 어떻게 그런 사기에 넘어갈 수 있습니까?

   → 그런 사기를 당하지 않으려면 무엇을 알고 있어야 할까요?

자료: 선행연구에 의한 저자 재구성

예문 2. 충고를 위한 질문

1. 필요한 자료를 모으기 위해 상사와 면담을 진행해볼 수는 없었습니까?

   → 어떻게 하면 쓸모 있는 자료를 모을 수 있을까요?

2. 아내와 화해하기 위해 목걸이와 편지를 선물해보는 게 어떻습니까?

   → 아내와 화해하고 싶다면 어떻게 하시겠습니까?

3. 한 주에 세 번, 한 시간씩 정기적으로 운동을 하시는 게 어떻습니까?

   → 건강을 유지하기 위해 어떻게 하시겠습니까?

4. 일을 미루지 않았더라면 이 프로젝트를 완수하셨을까요?

   → 이 프로젝트를 예정대로 끝내려면 어떻게 일을 진행해야 할까요?

5. 나쁜 습관을 버릴 수 있도록 상사에게 도움을 청해 보시는 게 어떻습니까?

   → 좋은 습관을 들이는 데 도움이 될 만한 사람이 누가 있을까요?

6. 성급하게 결정을 내리기 전에 팀원들과 상의할 수 없었습니까?

   → 이 결정에 대해 누구와 상의하시겠습니까?

7. 남들을 비난하는 행동을 그만둔다면 더 좋지 않을까요?

   → 이 문제가 완전히 당신의 문제라면 어떻게 하시겠습니까?

8. 나쁜 생각만 계속하면 기분이 계속 우울하지 않을까요?

   → 어떤 생각을 하면 기분이 더 좋아지고 스트레스가 줄어들까요?

예문 3. "왜"를 묻는 질문

- 상대방을 심문하거나, 의도를 묻거나, 의심스러워하는 질문은 방어적이 될 수 있다.
- "왜 아무것도 아닌 일에 그렇게 화를 내셨죠?"

  → "당신을 화나게 만드는 이유(상황)는 무엇이었습니까?"

"왜 감정의 통제력을 잃어 버리셨습니까?"

  → 감정의 통제력을 잃어버렸다고 하신 그 순간에 무슨 일이 벌어졌다고 생각하십니까?"

예문 4. 산만한 질문

상대방(구성원)이 말하고 있는 도중에 다음 할 질문을 미리 생각하기 시작하면 경청에 방해된다. 그 결과 예술경영리더는 다음 질문으로 이어질 질문의 핵심을 놓치게 된다. 이렇게 핵심을 놓친 질문은 산만한 질문으로 이어지고 당연히 예술경영리더십은 겉도는 결과를 초래하게 된다. 따라서 상대방의 말이 끝날 때까지 경청하라. 다음 질문을 미리 생각해 둘 필요는 없다. 생각할 시간은 많다. 상대방이 이야기를 마친 후, 짧은 틈을 이용하여 다음 질문을 생각하라. 상대방의 이야기를 경청하는 중에 다음 질문할 핵심 질문이 자연스럽고 명확하게 나온다.

예문 5. 방해가 되는 질문

예술경영리더는 질문이 한참 이야기 중인 상대방을 방해하지는 않는가? 그런 경우 상대방 생각의 흐름을 끊게 되고, 상대방은 자기의 이야기가 예술경영리더에게 중요하지 않다는 느낌을 받을 수 있다. 따라서 상대의 말이 완전히 끝났는지 아니면 예술경영리더의 반응이나 다음 질문을 기다리느라 잠시 말을 멈추었는지를 확인하기 위해 5~10초를 기다리는 것이 좋다.

예문 6. 전달력이 부족한 질문

질문할 때의 목소리는 상대방이 질문을 어떻게 이해하는가에 영향을 미친다. 지나치게 크고 빠르며 높은 목소리는 예술경영리더가 화가 났다고 보일 수 있다. 반면 지나치게 부드럽고 낮은 목소리는 에너지가 부족하고 우울하며 의욕이 없는 것처럼 보이게 한다. 따라서 예술경영리더는 본인의 목소리가 어떻게 들리는지 남들로부터 피드백을 받아 보고 목소리를 적절하게 조정하는 것이 필요하다.

예문 7. 두서없는 질문

예술경영리더가 질문을 에둘러 표현하거나 빙빙 돌려서 하면 상대방은 당황한다. 따라서 솔직하고 명쾌하며 흐름을 고려한 적절한 질문을 하여야 한다. 예술경영리더는 질문하기 전, 미리 생각을 정리하고 마음 자세를 정돈한 후 진행한다. 예술경영리더가 충격적인 사고나 배우자와의 말다툼같이 속상한 일을 겪었다 하더라도 질문하기 전에 충분히 머릿속을 정리할 시간을 가져야 한다. 그리고 쉬지 않고 대화를 이어가는 것보다는(50분 경과후) 차를 마시는 짧은 휴식시간을 갖는 것도 좋다. 휴식시간 동안 생각을 정리하고 가다듬는 기회를 가질 수 있다.

예문 8. 쉴 새 없이 퍼붓는 질문

예술경영리더가 질문하는 속도 역시 대화의 분위기에 영향을 미친다. 너무 많은 질문을 너무 빠르게 쏟아내면, 상대가 질문을 정확하게 이해하거나 답변을 생각해 볼 충분한 시간을 빼앗게 된다. 한 가지 질문을 하고 적어도 약 10초간 쉬었다가 다음 말을 잇는 것도 좋은 방법이다. 그렇게 하면 상대가 예술경영리더의 질문 속도나 방식에 편안함을 느끼는지 피드백을 받을 기회도 생긴다.

예문 9. 지연된 질문

질문의 시점에 대해서도 고려할 필요가 있다. 예를 들어 상대가 이야기를 너무 길게 하도록 내버려 두고 중간에 어떤 질문과 피드백하지 않는다면, 상대는 혼란스러워하며 불필요한 이야기를 늘어놓게 되고 질문 의도가 아닌 삼천포로 빠질 수 있다. 이때는 원래 질문초점에 답변할 수 있도록 돌려놓아야 한다. 다른 질문을 위해 이야기를 끊어도 될지 허락을 구하려면, "자신을 매우 잘 표현하는군요. 괜찮다면 시간을 좀 더 활용하기 위해 아까 말한 내용으로 돌아가서 제가 몇 가지 질문을 드려도 될까요?"라고 질문을 하라.

06 예술경영리더십코칭 역량 강화: 피드백

1) 예술경영리더십코칭의 피드백

예술경영리더가 갖추어야 할 역량은 성공적인 커뮤니케이션 순서와 같다. 즉 "경청" – "지지/칭찬" – "질문" – "피드백" – "자기 이야기"의 순이다. 경청, 칭찬, 질문이 엄밀히 말하면 상대방의 이야기 중 긍정적인 요소를 침묵으로 또는 몸짓과 언어로 표시하는 것이라면, 피드백은 상대의 의견에 내 의견을 조화시키는 것이다.

따라서 대화를 할 때나 코칭도 "피드백"을 통해 완료되는 것이다. 우리가 처음도 중요하지만 결국 성과는 마무리를 통해 나오게 되므로 예술경영리더십 전반에 걸쳐 "피드백"은 매우 중요한 역량이라고 할 수 있다. 특히, 예술경영리더십으로 성장과 변화가 일어나기 위해서는 반드시 자각(自覺,Self Awareness, 현실을 판단하여 자기의 입장이나 능력 따위를 스스로 깨달음)의 과정을 거쳐야 하는데 피드백은 자각의 중요한 역할을 한다.

20세기 초반에 생겨난 "피드백"이라는 단어는 마이크의 출현과 함께 방송계에서 시작되었다. "피드"라고 불리는 마이크에 입력된 신호가 시스템을 통해 되돌아오는 경우 날카롭고 불쾌한 소리가 나게 되는데, 이 소리를 "피드백"이라 불렸다. 수십 년이 지나자 "피드백"이라는 용어는 정보, 상황, 관계 등에 대한 반응을 지칭하는 말로 차용되었다.

비즈니스 딕셔너리(Business Dictionary.com)의 정의에 따르면 "피드백이란 특정 개인 혹은 집단의 과거 행동에 대하여 주어진 정보이며, 이를 바탕으로 개인 혹은 집단은 바람직한 결과를 얻기 위해 현재와 미래의 행동을 조절하는 반응

시스템이다"라고 한다.

예술경영리더십에서 피드백은 대화에서의 피드백과 평소 본인에 대한 다양한 피드백, 그리고 예술경영리더십코칭에서 주제를 선정하여 목표를 세우고 실천한 후 하는 피드백 등으로 나눌 수 있다.

(1) 대화 중 피드백

"아하"

"그래?"

"내가 말했지, 그 사람 이상하다고!"

미국의 코메디언 크리스 록(Chris Rock)은 이 3가지 문장만 알면 세상 어느 누구와도 잘 지낼 수 있다고 말했다. "아하!"는 상대의 말을 짧게 동의하는 감탄사, "그래?"는 상대의 말이 대단한 가치를 지녔다는 신호이고, "내가 말했지 그 사람 이상하다고!"는 상대의 불평에 일단 동조해 주는 말이다.

세 번째 "내가 말했지, 그 사람 이상하다고!"라는 말은 조심해서 사용해야 한다. 주변에서 남을 험담하기를 좋아하는 사람들의 주요한 특징은 그 사람보다 내가 낫다는 것을 인정받고 싶은 욕구, 그러한 상황에서 본인은 더 잘할 수 있다는 것을 칭찬받고 싶은 사람들이다.

예술경영리더 앞에서 남의 험담을 하는 구성원의 속마음은 자신이 얼마나 열심히 일하고 있는지를 알아주고 인정해 달라는 신호이다. 이때 일단 충분히 알아주고 공감을 해주는 것이 좋다.

예를 들어 리더 앞에서 후배 직원을 험담하는 구성원에게

"내가 말했지. 그 후배 이상하다고!"(일단 공감)

"자기 일만으로도 벅찰 텐데 후배까지 키우느라 고생이 많구만"

일단 감정을 동조해준 후 스스로 문제를 바라보고 해결방안을 찾도록 피드백

질문을 한다.

> "자네가 리더니까 골치 아픈 후배를 훈련하는 과정을 통해 한 단계 역량을 키우는 기회가 되지 않을까? 그런 의미에서 그 후배가 제대로 일하는 방법은 어떤 것이 있을까?"

> "자네가 그 후배에게 좋은 영향을 주는 방법에는 어떤 것이 있을까?"

> "어떤 방법이 그 후배에게 효과가 있을까?"

> "자네를 통해 그 후배가 성장하고 달라진다면 그 결과는 자네에게 어떤 의미가 있겠나?"

피드백에는 이와 같이 순서와 타이밍이 중요하다. 즉 상대방 감정과의 동조해 주는 피드백과 스스로 해결방안을 찾는 피드백 질문은 순서와 타이밍을 잘 지켜야 효과가 있다. 또 리더는 평소 대화 중에 본인의 피드백 습관에 대해 점검해 보아야 한다. 상대가 말문을 열었을 때 계속 털어놓도록 절절한 피드백을 해주어야 한다. 그러나 말문을 닫게 하고 오히려 스트레스를 쌓이게 하는 피드백이 있다. 그것은 "메아리가 전혀 없는 리더이다." 대화 중에 무표정한 얼굴로 반응이 없거나 나아가서는 상대방 말을 무시해 버리는 유형이다. 이러한 유형은 오늘부터 대화 중에 "아하!", "그래?"를 바로 실천해 보자. 아마 대화 중에 놀라운 장면들을 직접 목격하게 되고 예술경영리더십코칭의 놀라운 기적 같은 일들이 일어나는 것을 체험하게 될 것이다.

(2) 예술경영리더의 피드백

피드백은 상대방의 변화와 성과를 향상할 수 있다는 면에서 무조건 긍정적이다. 반면 "비판(批判, Criticism)"이야말로 부정적이다. 누군가를 "비판"하는 것은 상대방의 일이나 행동의 장·단점에 대하여 평가가 들어간 의견, 책망, 불만 등이 있다는 것을 암시한다. 사람들은 비판을 받을 때 그것이 건설적이 아니라 부정적인 공격이라고 느끼면 본인에게 도움이 된다고 생각하지 않게 되어 일단 방어 자세를 취하게 된다. 그래서 "건설적 비판" 역시 피하려고 하는 것이다. 누군가를 얕보고 판단하는 것은 상대를 고무시키고 향상시킬 수 없기 때문이다.

한편 예술경영리더가 대화에서 구성원이 목표대로 "가고 있다"거나 "가지 못하고 있다"는 피드백은 무척 유용하다. 사람들은 자신을 객관적으로 보지 못하는 경향이 있으며 문제 상황에 깊이 빠져 있거나 지나치게 몰입해 있거나 스트레스를 받는다거나 불안에 빠져 있으면 자신 앞에 있는 해결책, 자원 혹은 기회를 보지 못한다.

이때 예술경영리더십에서 구성원의 "거울"로 작용하여 구성원이 지금 어디에 서 있는지, 잘하고 있는지, 무엇을 더 잘할 수 있는지를 보여줄 수 있다. 이와 같이 예술경영리더는 구성원이 자신의 바로 앞에 있는 것을 발견할 수 있도록 안내할 수 있다. 사람들은 자신을 관찰하기 쉽지 않으므로 예술경영리더를 비롯한 다른 사람들의 피드백은 매우 값진 것이다.

TIP
피드백은 챔피언들의 아침 식사이다

- 켄 블랜차드(Ken Blanchard) -

2) 구성원에게 값진 피드백 제공법

케빈 아이켄베리(Kevin Eikenberry)는 "코칭과 피드백(Coaching and Feedback)"이라는 온라인 기사에서 "성공적인 피드백의 핵심은 의도에 있다"라고 역설한 바 있다. 명확하고 순수한 의도를 가지고 상대에게 있어 최고가 무엇인지를 염두에 두고 피드백과 코칭을 한다면 성공적인 피드백이 될 수 있다.

하지만 앙심을 품고 보복을 하기 위해, 상대를 "내 의도대로 고치기 위해", 혹은 분노와 짜증을 가지고 하는 피드백은 성공하기 어렵다. 즉 예술경영리더십 코칭과 피드백은 내가 아닌, 상대방의 성공을 중심에 두고 진행해야 한다. 자신이 받는 피드백이 자신의 발전과 성장을 바라는 마음에서 나오는 값진 것이라 느낄 때, 구성원은 더욱 마음을 열고 개방적으로 피드백을 받고 적용하게 되는 선순환이 된다.

예술경영리더는 구성원이 도움이 될 만한 피드백을 명료하게 표현하여 제공할 책임이 있다. 동시에 피드백 자체에 감정적으로 사로잡히지 말아야 한다. 그뿐만 아니라 나의 피드백이 반드시 옳아야 한다는 생각 또한 버려야 한다. 왜냐하면 피드백을 제공할 때에 내가 관찰하고 인지한 바가 틀렸을 수도 있기 때문이다. 이런 경우 예술경영리더는 이에 대한 책임이 있다. 예술경영리더가 제공한 피드백이 틀렸거나, 상대가 받아들였을 경우 다음과 같이 사과하여야 한다. "미안하네, 좋은 의도로 도움 주고자 했는데 마음을 상하게 했다면 사과하네"

피드백은 질문의 형태 또는 서술한 다음 질문하는 형태로 제공될 수 있다. 다음 예문 중 어떤 것이 의도를 가장 잘 전달했는지 살펴보자.

1. 당신은 늑장을 부리고 있는 것 같습니다. 빨리 결정을 내리고 그 결정에 따라 행동해야 한다고 생각하지 않나요?
2. 당신을 늑장을 부리도록 하는 무언가가 있다고 보나요? 결정을 내리기 위해 무엇을 하겠습니까?
3. 제가 보기에는 당연히 결정을 내리고 싶은데 머뭇거리는 것 같군요. 이에 관해 더 말씀해 보시겠습니까?

예문 1은 너무 노골적이고 지시적이므로 좋은 피드백이 아니다. 예문 2와 3은 비교적 잘 표현되었다고 할 수 있다.

또 다른 예문을 보자.

1. 이 일에 관해 필요 이상으로 걱정을 하는 것 같습니다. 이 일에 다른 중요한 일에 집중하지 못하도록 하는 것은 아닌가요?
2. 이 일에 관해 걱정하도록 하는 무언가가 있나요? 더 중요한 일에 집중하려면 어떤 행동을 할 수 있을까요?
3. 제가 보기에는 당신은 이 일 때문에 걱정하고 있지만 다른 중요한 일에

집중하고 싶어 하는 것 같습니다. 이에 관해 더 말씀해 보시겠습니까?

예문 1은 가치 평가가 들어있으며 또한 노골적인 표현이므로 좋은 피드백이 아니다. 예문 2와 3이 나은 피드백방법이라 할 수 있다.

피드백을 주고 이에 따른 질문을 하는 것은 구성원 스스로 해결책이나 답을 찾을 수 있도록 한다. 피드백을 제공한 후 구성원이 이를 숙고할 수 있도록 한다. 그리고 반드시 제안해야 한다면, 먼저 동의를 구하되 최소한으로 한다.

많은 제안을 하는 것보다 구성원이 스스로 해결책을 찾도록 하는 것이 더욱 힘을 실어주게 된다. 제안 방법으로 구성원이 처한 상황과 해결 할 문제와 유사한 사례(Case)와 이야기(Story)를 들려주어 스스로 깨닫게 하는 것도 매우 효과적인 방법이다.

(1) 구성원에게 피드백 제공 시점

구성원이 피드백을 요구하고 필요로 한 경우에 피드백을 제공하면 된다. 피드백을 제공할 때에는 솔직하고 직접적이고 정중하게 하는 것이 무엇보다 중요하다. 때로는 구성원이 예술경영리더가 아닌 다른 사람에게 피드백을 받아야 할 경우도 있다. 모 기업의 본부장은 자신이 리더로서 잘하고 있는지를 알고 싶어 했다. 예술경영리더는 본부장의 소속의 팀장에게 본부장에 대한 구성원의 피드백을 받아오도록 했고, 그 내용을 본부장에게 피드백 해주었다.

피드백이 필요한 구성원이 피드백을 요청하지 않은 때에 예술경영리더는 피드백을 제공할 가장 적절한 방법과 시간을 찾아야 한다. 구성원이 기분이 안 좋거나 예민하거나 피드백을 받아들일 준비가 되어있지 않기 때문에 피드백하기에는 적절하지 않다.

탁월한 예술경영리더는 서술 후 질문의 형태로 피드백하는 적절한 순간이 언제인지 알고 있어야 한다. 이런 방식은 사람들에게 어떻게 하면 더 잘할 수 있을지 깨닫게 하고, 자존심에 상하지 않아 자신의 발전에 동기부여가 될 수 있다.

(2) 구성원에게 피드백 반응

피드백은 양방향 소통이다. 구성원이 예술경영리더에게 피드백을 요구하는 것처럼 예술경영리더 또한 구성원에게 피드백을 구할 수 있다. 구성원에게 받은 피드백을 소중히 여기고, 이를 깨달음과 더욱더 나은 성취와 더 나은 예술경영리더가 되기 위한 기회로 삼는 것이 좋다. 구성원의 피드백을 진심으로 고마워하고 용기와 관심을 두고 의견을 나눈 것에 대하여 감사를 표하라. 그러면 향후 계속하여 값진 피드백을 받을 수 있을 것이다. 피드백을 받은 후 그에 상응하는 사항을 수정하도록 하고 피드백을 활용하여 더 나은 예술경영리더가 될 수 있도록 노력이 필요하다.

TIP

피드백의 패턴을 찾아라!

만약 한 사람이 당신에게 당신이 말이라고 하면

그 사람은 미친 겁니다.

만약 세 사람이 당신에게 당신이 말이라고 한다면

음모가 진행되고 있는 것이지요

하지만 열 사람이 당신에게 당신이 말이라고 한다면

그때는 안장을 사야 할 때입니다.

3) 스스로 피드백하는 강력한 질문

"1에서 10까지 점수를 매긴다면 당신은 지난 한 주(1개월, 분기, 1년) 동안의 나(우리)의 일(관계, 팀워크, 서비스 등)의 질에 대해 몇 점 주시겠습니까?" 간단하지 않은가? 하지만 믿을 수 없을 정도로 강력한 피드백 질문이다.

> **TIP**
>
> **1에서 10까지 점수를 매긴다면**
>
> 당신은 조금 전에 한 회의를 어떻게 평가하시겠습니까?
>
> 당신은 나를 상사로서 어떻게 평가합니까?
>
> 이 프로젝트를 어떻게 평가하나요?
>
> 이 책은요?
>
> 우리의 성 생활은?
>
> 이 요리는? ………
>
> 대답이 10점보다 낮을 경우에는 바로 후속 질문을 한다.
>
> 그것을 10점 만들려면 어떻게 해야 할까요?

이 질문에서 얻는 대답들은 구성원이 목표를 달성하는 데 필요한 행동과제를 결정하는 데 귀중한 정보를 제공한다. 불만족하다는 것을 아는 것만으로는 충분치 않다. 불만족을 해결하기 위한 구체적인 방법을 찾아내어 실천하는 것이 중요하다. 예술경영리더는 구성원에게도 그들의 구성원, 고객, 가족에게도 이 질문을 하도록 가르쳐라.

4) 예술경영리더십의 좋은 피드백

① 좋은 피드백은 구체적이다!,

"알았어", "고마워'등의 추상적인 피드백 대신 "무엇 무엇을 알았다", "어떤 것이 고맙다" 등의 구체적인 피드백을 하라.

② 적극적으로 피드백을 하라!

사람들은 잘못을 지적하는 피드백에 대해 두려워하거나 회피한다. 그러나 진실은 진실이다. 진실을 알고 나면 그것을 개선하는 핵심을 파악할 수 있다. 우리의 삶, 일, 관계 등 모든 것은 피드백 없이는 절대 개선할 수가 없다.

③ 적절한 시점에 피드백을 하라!

분노한 상태에 있는 상대에게나 분노한 상태로 피드백을 하는 것은 상대의 감정에 기름을 붓는 행위에 불과하다.

④ 패턴을 찾아라!

사람들로부터 받은 피드백은 어떤 것들인가? 두드러진 패턴이 하나라도 있는가? 패턴을 목록으로 작성하고 각 항목 옆에 개선하는 데 필요한 행동과제를 적어라. 구성원들에게도 똑같은 방법을 추천하고 그들이 피드백을 토대로 성공할 수 있도록 도와주어라.

⑤ 좋은 피드백은 대화의 방향을 잡아 준다.

예술경영리더십코칭 주제와 방향을 벗어나면 단호하게 주제와 벗어나고 있다고 피드백하라!

⑥ 스스로 해결할 수 있는 후속 질문을 하라.

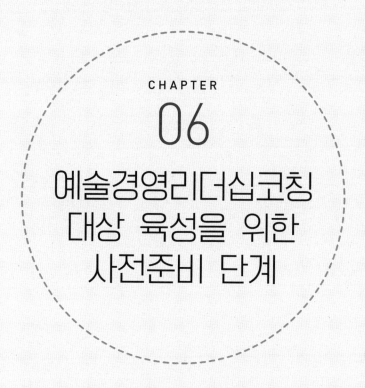

CHAPTER

06

예술경영리더십코칭 대상 육성을 위한 사전준비 단계

01 예술경영리더십코칭을 위한 대상 선정

01 예술경영리더십코칭을 위한 대상 선정

1) 예술경영리더십코칭 대상 선정

예술경영리더는 먼저 본인 스스로의 "셀프 코칭"을 통해 성장과 변화를 하는 것이 중요하다. 그러나 예술경영리더십코칭은 궁극적인 존재가치는 구성원들을 예술경영리더십개념에서 코칭하여 자발적이며 창의적인 인재로 육성하여 예술경영리더가 되는 것이다. 이번에는 예술경영리더십코칭 대상을 위한 프로세스와 방법을 어떻게 적용하는지 살펴본다.

(1) 예술경영리더십 비전 설정

문화산업 현장의 조직에서 예술경영리더는 이루고자 하는 비전에 대하여 명확히 설정할 필요가 있다. 따라서 예술경영리더는 항상 무슨 일을 할 때 "Why- What -How"질문법을 활용하여 스스로 질문을 하고 답을 하면서 출발하는 것은 좋은 결과를 얻기 위해 필수적인 접근방법이다. 예를 들어 살아생전에 우리나라 모 그룹의 회장은 생전에 결재를 하러 온 임직원에게 걸쭉한 경상도 사투리로 다음 네 가지 질문만을 다음과 같이 하였다고 한다.

왜 하는 긴데?

무엇을 할 끼데?

어떻게 할 끼데?

내가 도와 줄 께 뭐꼬?

이 질문의 의미를 재정리해보면

- Why?: 왜? 해야 하지?, 이것을 통해 무엇을 얻고자 하지? 즉 왜 해야 하는지
  에 대한 본질에 접근함으로써 해야 할 이유와 의미를 부여하여 동기부여가 명
  확해짐.
- What?: 목표를 달성하기 위해서는 무엇을 하여야 하는지에 대한 명확화.
- How?: 목표 달성을 위해 실천해야 할 것에 대한 구체적인 방법을 정함으로써 목
  표를 달성하는 데 필요한 Plan-Do-See를 할 수 있는 네비게이터(Navigator)
  역할.

아래 1~4와 같이 질문하고, 예술경영리더십코칭을 통해 이루고자 하는 목표
와 의미에 대해 <표 6-1>의 양식을 활용하여 정리할 수 있다.

1. 왜 예술경영리더십코칭을 해야 하는지?
2. 예술경영리더십코칭을 통해 무엇을 얻고자 하는지?
3. 예술경영리더십코칭을 통해 목표를 달성했을 때의 가장 긍정정인 모습은?
4. 예술경영리더십코칭을 통해 달성된 긍정적인 모습은 나에게 어떤 의미가
   있는지?

▌표 6-1 예술경영리더십코칭을 통해 이루고자 하는 목표 & 의미 양식의 예

예술경영리더십코칭을 통해 이루고자 하는 목표& 의미

자료: 선행연구에 의해 저자 재구성

(2) 예술경영리더십코칭 대상의 기대효과 및 방법 설정

예술경영리더십의 전반적인 목표와 의미를 정하고 난 후, <표 6−2>와 같이 예술경영리더십코칭 대상자 각각에 대해 기대효과와 방법 및 일정/회수를 작성한다.

▌표 6-2 예술경영리더십코칭 대상의 기대효과 및 방법설정 양식의 예

대상	예술경영리더십 코칭 목표/기대 효과	예술경영리더십 코칭 방법	일정/횟수

자료: 선행연구에 의해 저자 재구성

(3) 예술경영리더십코칭 대상을 위한 정보파악

예술경영리더십코칭은 대상에 대한 사정 정보를 파악한다. 그 내용은 <표 6-5>와 같이 구성원 정보파악을 위한 양식표를 만들어 이름, 직급/직책(하는 일), 입사 연도, 경력(자/타사 경력 포함)의 기본적인 정보에서 부터 가족 사항, 취미나 스트레스 해소법, 본인이 생각하는 장/단점. 좋아하는/잘하는 음식, 가장 감명 깊게 본 영화나 책, 이번 코칭에 거는 기대, 평생 반드시 이루고 싶은 목표, 평소 생각하는 가치관, 인생 좌우명 등을 상황에 맞게 정리하여 기록한다.

또한 구성원의 행동 유형(DISC, 양식 활용) 및 심리유형(MBTI)을 파악(그림 6-2 설문지 활용)하여 타고난 성향을 기록한다. 이는 예술경영리더십코칭을 할 때 커뮤니케이션 방법에도 중요하고 업무처리 하는 데 원활한 소통을 하는 데도

▌표 6-3 예술경영리더십코칭 목표설정 및 실천계획 수립 양식의 예

이름		직업/직책/직위	
입사/연도/경력 (자/타사)			
행동 유형(DISC)		심리 유형(MBIT)	
가족사항		특이사항	
장점(탁월성, 핵심 역량 등) → 칭찬해 주고 싶은 것(5가지 이상)			
개선 및 보완해야 할 사항			
그가 나에게 거는 기대		내가 그에게 거는 기대	

자료: 선행연구에 대한 저자 재구성.

매우 중요한 정보가 된다. 이때 구성원의 장점은 구성원 스스로 생각하는 장점과 구성원 주변 상사, 동료, 구성원들의 다면 평가, 그리고 리더가 생각하는 장점을 종합하여 기록한다. 이 장점(잠재 탁월성 포함)은 예술경영리더십코칭 중에 "칭찬하기"에서 근거 있는 칭찬 자료(Source)로 <표 6−3>의 양식을 활용할 수 있다.

아울러 구성원이 개선하거나 보완하여야 할 내용도 장점을 파악하는 동일한 방법으로 조사하여 기록한다. 이를 위해 사전 진단과 사전 인터뷰를 한다.

구성원이 리더에게 거는 기대와 리더가 구성원에게 거는 기대는 서로 허심탄회하게 (예술경영리더십코칭 중에 어느 정도 마음을 열었을 때 바람직함) 소통하여 공유한 후 기록한다.

이와 같이 구성원을 예술경영리더십코칭하기 전 구성원에 대한 사전 정보를 작성하여 분석한 후, <표 6−4>와 같이 예술경영리더십코칭 목표와 기대 효과 그리고 주제와 방법을 정한다. 그러나 주제는 철저히 진행 중에 구성원이 정하는 것을 원칙으로 하되 리더가 종합적으로 판단하여 사전에 선정한 주제는 구성원의 동의하에 정한다.

▎표 6-4 예술경영리더십코칭 목표&기대효과 양식의 예

예술경영리더십코칭 목표 & 기대 효과			
주제		방법	

자료: 선행연구에 의한 저자 재구성.

다음의 <표 6−5>의 "구성원 정보파악을 위한 양식"은 예술경영리더십코칭 대상자에 제시하여 직접 작성하게 하는 방법과 리더가 질문하여 작성하는 방법 중 선택한다. 이 정보는 향후 예술경영리더십코칭 중에 좋은 대화 소스 (Coaching Communication Source)가 된다.

▮표 6-5 구성원 정보파악을 위한 양식의 예

구분	내용
• 출생/입사일 • 현재까지 살아오신 것을 간략하게 소개	
• 자신의 장점/단점은?	
• 가족 관계는?	
• 취미생활은? 자신만의 스트레스 해소법은?	
• 좋아하는/잘 하는 음식은?	
• 가장 잘 부르는 노래는? 이유는?	
• 가장 감명 깊게 본 영화/책/말씀(내용)	
• 살아오면서 가장 인상 깊었던 사람은? • 이유는? [고객/스승/선배/동료/직원] • 인생 모델로 삼고 있는 분은? 이유는?	
• 살아오면서[근무중] 가장 보람 있었을 때 • 힘들었을 때가 언제? 이유?	
• 어떤 자녀/배우자를 원하는가?	
• 예술경영리더십코칭에 기대하는 것은? • 예술경영리더십코칭을 어떻게 활용하시겠습니까?	
• 평생 반드시 이루고 싶은 목표는? • 달성 후 모습은?	
• 인생을 살아가는 데 좌우명은? 이유는?	

자료: 선행연구에 의한 저자 재구성.

2) 예술경영리더십코칭의 사전 인터뷰와 진단

(1) 예술경영리더십코칭 사전 인터뷰

구성원의 예술경영리더십코칭하기 전에 구성원에 관한 정보와 성향을 파악하기 위한 사전 진단 및 대면인터뷰를 실시한다. 사전에 실시하여 얻게 되는 구성원에 관한 다양한 정보는 예술경영리더십코칭을 실시하기 전, 방향 설정과 진행 방법을 결정하는 데 결정적인 자료가 되므로 신중하게 실시하여야 한다.

사전 인터뷰의 대상은 예술경영리더십코칭 대상자의 스폰서와 서포터즈를 대상으로 사전에 인터뷰를 실시한다. 인터뷰 방법은 시간이 충분할 경우에는 직접 만나서 하는 대면 인터뷰를 실시하는 게 바람직하나 시간과 여건(해외나 지방 출장 중이거나 시간이 허락치 않을 경우)이 안 될 경우에는 전화나 이메일 인터뷰를 하는 방법이 있다. 사전인터뷰 양식은 <표 6-6>과 같다.

(2) 사전 인터뷰 실시 목적

사전 인터뷰(표 6-6)은 예술경영리더십코칭 대상자를 가장 가까이서 경험하고 있는 상사와 동료 및 구성원들에게 강점과 장점 그리고 개선이 필요한 부문에 대한 객관적이고 다면적인 피드백을 받아 목표와 방향을 설정하는 데 목적이 있다.

인터뷰 내용의 질문 항목은 다음과 같다.

가) 예술경영리더십코칭 대상자가 조직관리 및 업무처리에 있어 당면한 도전 과제를 해결해 나가는 데 있어서 대응해가는 행동의 특성은?

나) 예술경영리더십코칭 대상자가 조직에 기여하는 강점(성향, 스킬, 전문지식, 리더십)은?

000 사전 인터뷰

인터뷰: 000 코치   인터뷰 대상/일정, 장소

구분	직급/부서/관계	이름	인터뷰 방법/일시 장소
스폰서	000/상사	000	
서포터즈	000/동료	000	
	000/구성원	000	
	000/구성원	000	

000 사전 인터뷰 결과

1. 강점 & 장점

스폰서	
서포터즈	
시사점 코칭방향	

2. 개선이 필요한 부문 & 이번 예술경영리더십코칭에서 변화할 부문

스폰서	
서포터즈	
시사점 예술경영리더십 코칭방향	

자료: 선행연구에 의한 저자 재구성.

다) 예술경영리더십코칭 대상자가 앞으로 조직에서 성과창출 및 조직관리를 잘 하는 리더가 되기 위해 개선했으면 하는 부문은 어떤 게 있을까요?

라) 이번 예술경영리더십코칭을 통해 특히 개선되었으면 하는 것은 어떤 게 있을까요?

마) 조직 내에서의 평가(Reputation) 및 예술경영리더십코칭 대상자를 위해 해주고 싶은 말은?

(3) 예술경영리더십코칭 사전 진단

예술경영리더십코칭 대상자를 상대로 사전에 진단하는 목적은 행동성향 및 심리유형을 파악하고 예술경영리더십에 대한 다면평가 등을 통해서 방향 설정은 물론 타고난 기질과 성향을 배려하는 "맞춤 예술경영리더십코칭"을 설계하여 진행함으로써 좋은 성과를 올리고자 함이다.

행동성향(DISC) 진단[2]

예술경영리더가 구성원의 성향이나 기질을 알게 되면, 그에 맞는 재능이나 역량 등도 쉽게 알 수 있다. 이러한 것들을 미리 파악한 후 예술경영리더십코칭이 시작되면 물 흐르듯이 자연스러운 분위기에서 편안하고 즐겁게 진행될 수 있다. 돌리스키(Dolinsky, 2000)는 DISC행동유형의 기본 전제는 사람은 누구나 4가지의 행동유형을 모두 가지고 있고 4가지 행동유형의 특성 중에서 월등하게 높게 표출된 특성은 자기 자신을 반영한 것이다. 따라서 예술경영리더십코칭 대상자의 성향이나 기질을 파악하는 도구로 사람의 행동유형을 네 가지로 구분하

---

2) 주형근 외(2000)는 DISC 행동유형의 핵심적인 준거기준은 속도감과 우선순위이다. 준거기준이 되는 2가지 축의 영역에 따라서 인간행동의 특성이 정해진다. Marston은 주도형(Dominance: D), 사 교형(Influence: I), 안정형(Steadiness: S), 신중형(Conscientiousness: C)의 4가지 형태 로 행동유형을 분류하였다.
하성현 외(2013)는 DISC 행동유형은 Marston의 이론을 토대로 하여 Geier박사가 미국의 Carlson Learning 사와 협력하여 표준화된 PPS(Personal Profile System)를 1973년 개발하여 활용하기 시작하였고, 1980년대 이후부터 현재까지 전 세계 50개국, 17개 언어로 번역되었다. 이현실 외(2014)는 현재까지 기업과 단체에서 활발하게 활용되고 있다고 보고되었다. 우리나라는 1992년에 도입되어 산업현장의 각 분야에서 활발하게 활용되고 있다고 한다.

여 대응하는 방법을 구체적으로 <그림 6−1>, <그림 6−2>, <그림 6−3> 과 같이 DISC(행동유형검사) 유형별 특징과 조사양식 그리고 평가양식을 예로 활용할 수 있다.

▼ 그림 6-1 예술경영리더십코칭 때 DISC 유형별 특징의 예

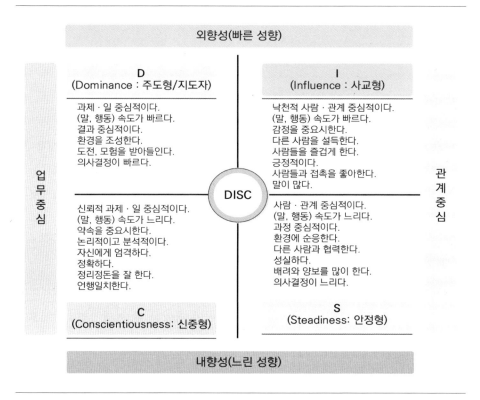

자료: 김나위(2017), DISC 행동유형과 사주명리학 일간(10天干)의 성격 비교 연구, 인문사회 21, 8(1), pp.329-331의 내용에서 저자 재구성

▼ 그림 6-2 예술경영리더십코칭 DISC행동유형평가서 양식의 예

각 문항에서 나를 가장 잘 묘사하는 순서대로 4/3/2/1점을 기입하세요.

내용	평가항목							
내 성격은	명령적이고 주도적이다		사교적이며 감정 표현 잘한다		태평스럽고 느리다		진지하고, 세심 하며, 상식적	
나는 ( )에 둘러싸인 환경을 좋아한다.	개인적, 성취적 보상 및 목표지향적		사람을 좋아하는		그림, 편지와 내 물건들		질서, 기능 조직	
내 성격스타일은 ( )한 경향이 있다	결과를 중시		사람을 중시		과정과 팀을 중시		세부사항을 중시	
다른 이에 대한 나에 태도는	시원시원하다		친절하고 씩씩하다		착실하고 자제력이 있다		차갑고 객관적이다	
다른 사람의 말을 들을 때 ( )	종종 참을성이 없다		주위가 산만하다		기꺼이 주위를 기울여 듣는다		사실에 초점을 맞추고 분석한다	
다른 사람과( )에 대해 이야기 하는 것을 좋아한다	내 업적		나 자신과 다른 사람		가족과 친구		사건, 정보. 조직	
나는 타인에게 ( )한 경험이 있다	사람들에게 지시하는		사람들에게 영향을 미치는		잘 용납하는		가치와 질로 평가하는	
축구팀에 들어가면 나의 포지션은?	최전방 공격수		공격 형 수비수		수비형 공격수		최종 수비수	
나에게 시간은?	항상 바빠하는		교제에 많은 시간을 사용하는		시간을 중시하지만 그리 부담 없는		시간의 중요성을 알고 시간 활용을 잘하는	
내가 교통 포스터를 만든다면?	난폭운전! 죽음을 부릅니다		웃는 엄마! 밝은 아빠 알고 보니 양보운전		조금씩 양보하면 좁은 길도 넓어진다		너와 내가 지킨 질서 나라안녕 국가반영	
평소 내 목소리는?	감정적, 지시적 힘있고 짧고 높은 톤		감정적, 열정적 가늘고 높은 톤		감정이 적게 개입되고 굵고 낮은 톤		냉정하고 감정을 억제하고 가늘고 낮은 톤	

내 제스처는 대부분	강하고 민첩하다	개방적이고 친절하다	경직되어있고 느리다	계산되고 신중하다
나는 (　) 스타일의 옷을 좋아한다.	정장	멋을 내는 캐쥬얼	실용적이고 편리함을 추구	검소, 소탈 깔끔형
나의 전체적인 태도는 (　)로 묘사 된다	권위적	매력적인 사교적, 외향성	수용적 또는 개방적	평가적이거나 말이 없는
내 삶의 페이스는	빠르다	열광적이다	안정되어 있다	조절 되어 있다
총 점				

각 질문 문항에 대하여 자기를 가장 잘 묘사하는 순서대로 4,3,2,1 순서로 작성한다.
각 점수를 세로로 합계하며 기록한다.

자료: 홍광수(2021) DISC연구소(blog. naver.com/hokwso), DISC조사 양식

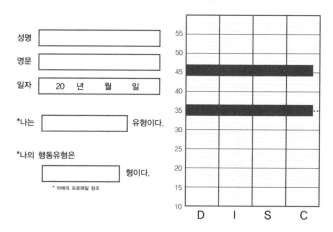

행동유형평가서 프로파일

DISC 의 40개 행동유형 프로파일

행동유형	프로파일	행동유형	프로파일	행동유형	프로파일
D	감독자형	I/D/C	지도자형	S/I/C	상담자 형
D/I	결과지향형	I/S	격려자형	S/C	관리자 형
D/I/S	관계중심적 지도자형	I/S/D	헌신자형	S/C/I	평화중재자 형
D/I/C	대법관형	I/S/C	코치형	C	논리적 사고형
D/S	성취자형	I/C	대인협상가형	C/D	설계자형
D/S/I	업무중심적 지도자형	I/C/D	업무협상가형	C/D/I	프로듀서 형
D/S/C	전문가형	I/C/S	조정자형	C/D/S	심사숙고 형
D/C	개척자형	S	팀 플레이형	C/I	평론가형
D/C/I	대중 강사형	S/D	전문적 성취자형	C/I/D	작가 형
D/C/S	마이스터 형	S/D/I	디자이너 형	C/I/S	중재자형
I	분위기 메이커형	S/D/C	수사관 형	C/S	원칙중심 형
I/D	설득자형	S/I	조언자 형	C/S/D	국난극복 형
I/D/S	정치가형	S/I/D	평화적 리더형	C/S/I	교수 형

세로로 합계를 낸 점수를 도표에 각각 점을 찍고 한 줄로 잇는다. 가장 높게 나온 점수의 형
이 주 행동유형이고 보라색 줄 위에 해당되는 형(보통 2개 또는 3개 위치)을 이어 읽으면 그
사람의 행동 유형이 된다.

자료: https://blog.naver.com/PostView.naver?blogId=rlacjf33&logNo=220654255045&
redirect=Dlog&widgetTypeCall=true&directAccess=false   비크만코칭연구소, #7
5. 행동유형모델 DISC 무료진단: 행동유형평가서 프로파일 양식에서 저자 재구성

3) 예술경영리더십코칭일지 작성

예술경영리더십코칭을 한 후 <표 6-7>과 같이 "일지" 양식의 예를 활용하여 다음과 같이 작성한다.

- 기본 내용: 예술경영리더십코칭 회차, 대상자(구성원) 이름, 일시, 장소, 소요시간 작성.
- 기본 목표: 이번 예술경영리더십코칭 세션에서 달성하고자 하는 목표(예술경영리더십코칭 세션 진행 방법 참조) 작성.
- 실천 약속 점검: 지난 예술경영리더십코칭 세션에서 대상자가 실천하고자 약속했던 사항의 진행 여부 점검 및 피드백한 내용을 작성.
- 주제와 내용: 금일 예술경영리더십코칭 때 달성할 목표·주제·내용을 정리하여 요점 위주로 작성.
- 성과: 구성원이 오늘 예술경영리더십코칭에서 스스로 유익했다고 이야기한 내용 작성.
- 다음 실천 약속: "예술경영리더십코칭은 체험을 통해 변화를 유도하는 것"으로 대상자가 다음 세션까지 스스로 실천하겠다고 약속한 내용 작성.
- 다음 일시/장소: 다음 일시와 장소 등에 대해 협의한 후 작성.

┃ 표 6-7 예술경영리더십코칭 일지 양식의 예

( )회

이름		일시/장소 소요 시간	
실천 약속점검 (이전 세션)			
예술경영리더십코칭 실시 • 목표 • 주제 • 내용 • 특이사항			
오늘의 진행 성과 • 성찰 • Reflection			
다음 세션 실천 약속 - 서로 확인			
다음 일시·장소			

자료: 선행연구에 의한 저자 재구성

4) 예술경영리더십코칭 보고서 작성

예술경영리더십코칭 세션을 다 마친 후 <표 6-8>과 같이 보고서를 작성한다. 이는 이후 구성원 육성을 위한 "예술경영리더십코칭 자료"로 다양하게 활용이 가능하며 리더가 바뀌어도 해당 구성원에 대한 DB(Data Base)가 되어 지속적인 관리를 가능케 한다. 다음의 사항을 중심으로 작성한다.

- 변화 key-Theme: 예술경영리더십코칭 대상자의 변화를 위한 핵심 주제를 선정하는 것으로 한 가지 또는 여러 가지를 주제로 할 수 있다.
- 예술경영리더십코칭 前 현상: 주제와 관련되어 실시 전의 현상에 대해 요점 위주로 작성.
- 진행/Best Practice: 대상자의 변화를 위한 Key Theme를 주제로 진행했던 예술경영리더십코칭 방법과 성과(코칭 대상자가 진술)가 있었던 것을 작성.
- 평가/소감: 예술경영리더로서 소감과 평가와 향후 대상자의 성장과 변화를 위한 제언을 기록한다.

▌표 6-8 예술경영리더십코칭 보고서 양식의 예

예술경영리더십코칭 이슈 Key-Theme	
예술경영리더십코칭 前 현상 (다면평가)	
예술경영리더십코칭 진행 - Best Practice - 성공사례	
예술경영리더십코칭 後 변화 (코칭 성과)	
예술경영리더십코칭 소감 (대상자 대상)	
⬇	
예술경영리더십 리더(코치) 제언	

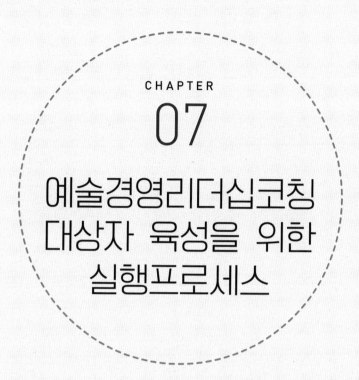

CHAPTER

07

예술경영리더십코칭 대상자 육성을 위한 실행프로세스

예술경영리더십코칭

01 예술경영리더십코칭 세션

지금까지 예술경영리더십코칭을 하기 전에 갖추어야 할 준비 단계에서 해야 할 것들에 대해 알아보았다. 이제 실제 예술경영리더십코칭을 실시하는 단계로서 통상 세션(session) 8회와 진행 후 1개월이 되면 팔로우 업(follow-up)을 1회

▼ 그림 7-1 예술경영리더십 세션 설명

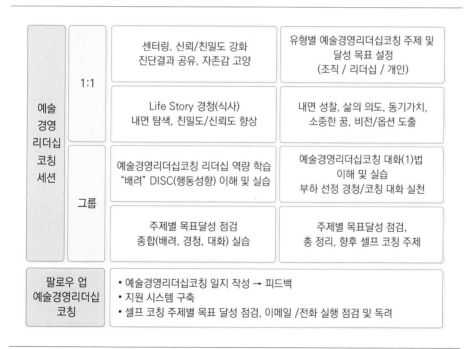

예술경영리더십코칭세션	1:1	센터링, 신뢰/친밀도 강화 진단결과 공유, 자존감 고양	유형별 예술경영리더십코칭 주제 및 달성 목표 설정 (조직 / 리더십 / 개인)
		Life Story 경청(식사) 내면 탐색, 친밀도/신뢰도 향상	내면 성찰, 삶의 의도, 동기가치, 소중한 꿈, 비전/옵션 도출
	그룹	예술경영리더십코칭 리더십 역량 학습 "배려" DISC(행동성향) 이해 및 실습	예술경영리더십코칭 대화(1)법 이해 및 실습 부하 선정 경청/코칭 대화 실천
		주제별 목표달성 점검 종합(배려, 경청, 대화) 실습	주제별 목표달성 점검, 총 정리, 향후 셀프 코칭 주제
팔로우 업 예술경영리더십 코칭		• 예술경영리더십코칭 일지 작성 → 피드백 • 지원 시스템 구축 • 셀프 코칭 주제별 목표 달성 점검, 이메일 /전화 실행 점검 및 독려	

자료: 선행연구에 의한 저자 재구성

기준으로 진행한다. 각 회 차는 1시간(실제는 1시간 전 후 유연하게 진행)으로 진행
되며 각 회 차수별 주요 주제는 <그림 7-1>과 같다. 또한 효과를 높이기 위
해 1:1 과 그룹을 혼합하여 예술경영리더십코칭의 각각의 장점을 활용하는 것이
바람직하다. 이를 감안하여 세션의 순서는 참조용이며 진행 상황에 따라 순서를
바꾸거나 다른 내용들을 추가와 수정하거나 생략할 수도 있다.

02 예술경영리더십코칭 세션별 진행 순서

　예술경영리더십코칭 세션 1시간을 진행하는 데 있어 통상 사용되는 기본 순서는 <표 7-1>과 같다. 진행을 할 때 예술경영리더십코칭 상황과 구성원의 상황에 따라 유연하게 운영을 하는 것이 바람직하다 하겠다.

▎표 7-1 예술경영리더십코칭 세션 진행 기본 프로세스

순서	내용	소요시간
1. 라포 형성 (관계 맺기)	만나자마자 바로 코칭 주제를 다루는 것보다는 대상자의 근황 심경을 미리 파악함으로써 친밀도를 형성함은 물론 예술경영리더십코칭에 몰입할 수 있는 리드 타임을 갖는다. 이때 대상자의 상황에 따라 예술경영리더는 "이슈 코칭"으로 바로 전환할 것인가를 판단한다.	3'
2. 지난 세션 예술경영리더십 코칭 체험 (실천 약속) 피드백	예술경영리더십코칭은 실천을 통한 체험의 느낌을 가지고 리더십을 발휘하는 것이 핵심이다. 따라서, 반드시 실천 약속에 대한 피드백을 나누어야 한다. 예술경영리더는 대상자가 반드시 실천할 수 있도록 의미 전달은 물론 칭찬을 포함한 다각적인 노력을 하여야 한다.	10'

순서	내용	소요시간
3. 주제 (일/개인) 목표실천사항 점검 및 피드백	2차 세션에서 구성원과 이번 예술경영리더십코칭 기간 동안 달성할 주제(일, 리더십, 개인적)별 목표를 설정하고 리더(스폰서)와 합의하게 된다. 따라서 매 세션별 목표 달성을 위한 실천 사항을 리더와 함께 점검하고 피드백을 나누는 것이 바람직하다.	10'
4. 본 세션 주제 다루기 (언제든지 "이슈 코칭" 전환 가능)	예술경영리더십코칭을 통한 기대효과(주제별 목표, 코칭 리더십 역량 습득, 내면 성찰, 이슈 코칭)가 달성이 되도록 각 세션 별로 배분하여 주제를 다룬다. 특히, 예술경영리더십코칭 리더십 역량 습득은 학습과 실천이 반드시 포함되어야 한다.	25'
5. 정리 (자기 성찰)	예술경영리더십코칭 세션에서 진행한 것에 대해 스스로 정리를 함은 물론 진행을 통해 깨달은 점이나 유익한 점에 대해 이야기를 하게 한다. 또한 실전에 적용할 것에 대해 구성원 스스로 도출하게 함으로써 예술경영리더십코칭 성과와 연결되게 유도한다.	5'
6. 다음 세션 코칭 체험 (실천 약속) 정하기	이번 세션에서 학습한 것에 대한 실천과, 다음 세션에서 진행할 것에 대한 준비를 하게 한다. "과제"라는 피동적인 용어 보다는 "실천 약속"이라는 구성원 주도적인 용어가 좋다.	5'
7. 마무리 및 인사	인사는 밝게 나누며 반드시 다음 세션 일정에 대한 상호 확인을 명확히 하고 헤어진다.	2'
		60'

자료: 선행연구에 의한 저자 재구성.

제1세션
예술경영리더십코칭 대상과
친밀도와 신뢰도 제고

제1세션은 구성원(대상자)의 첫 번째 예술경영리더십코칭이 시작된다. 첫 번째 세션의 의미와 왜 중요하고 얼마나 중요할지 부터 시작이다. 구성원과의 첫 번째 세션을 어떻게 했는지 결과가 마지막 세션까지의 진행에 결정적인 영향을 미친다. 그만큼 첫 번째 세션은 지금 진행하는 예술경영리더십코칭 결과는 물론 리더의 미래 예술경영리더십코칭 활동에도 지대한 영향을 미치기 때문에 매우 중요하다고 할 수 있다.

첫 번째 세션을 성공하기 위한 10가지 방법을 소개해 보면 다음과 같다 .

1. 구성원에게 몰입하므로 마음을 빼앗아라!
2. 구성원에 대한 위대한 잠재력을 제대로 믿어라!
3. 친밀감과 신뢰감으로 마음을 열어라!
4. 자존감을 높여 자긍심을 불러 일으켜라!
5. 예술경영리더십코칭에 대한 기본적인 이해를 공유하라!
6. 사전 진단 및 인터뷰 결과의 피드백을 선물하라!
7. 이번 예술경영리더십코칭을 통해 얻을 기대효과와 목표를 명확하게 공유하여 기대하고 준비하게 하라!
8. 예술경영리더십코칭 일정을 확실하게 세팅하라!

9. 예술경영리더십코칭 후 감사표시의 문자를 전달하라!

10. 이 모든 것을 깨트릴 발상의 전환을 하라

→ 구성원에 100% 주도권을 주어 "함께 춤을 추어라"! (이슈 예술경영리더십코칭)

1. 구성원에게 몰입하여 마음을 빼앗아라.

예술경영리더십코칭의 성과를 높이기 위해서는 그동안 구성원과 업무적으로나 사적으로 느꼈던 거와는 분위기와 내용이 사뭇 달라야 한다. 예술경영리더십코칭의 핵심적인 포인트는 예술경영리더십코칭 리더의 태도와 질문 스킬에 의거해 구성원의 마음을 열게 하고 결국, 스스로 자발적인 태도로 바뀜으로써 업무성과나 관계의 질을 향상시키는 것이다. 따라서 구성원의 마음을 열게 하고 어느 순간 구성원 스스로가 자아 도취되어 진솔한 이야기를 쏟아내도록 하는 것은 대단한 능력이자 코칭을 하는 데 있어서도 매우 중요한 출발이라 할 수 있겠다. 그러면 어떻게 해야 구성원이 평소와 달리 마음을 열고 자기의 이야기를 쏟아내게 할 수 있을까?

그 방법은 구성원에게 에게 온 마음을 다하여 "몰입"(沒入,Immerse oneself in)함으로써 구성원의 마음을 흔들어 빼앗는 것이다.

사람들은 대부분 지금까지 살아오면서 누군가가 1시간 이상을 자기에게 진심으로 몰입하여, 자기의 이야기에 푹 빠져 주는 사람을 경험을 해 보지 못 했다. 심리치료에서도 환자의 이야기를 들어주는 것으로만 가지고도 90% 이상의 치료 효과가 있다는 결과도 나와 있다. 프로이트(Sigmund Freud: 오스트리아 정신과 의사로 정신분석의 창시자)에게 진료를 받은 환자들은 한결같이 "그가 내 말을 듣는 모습이 너무 인상적이라 도저히 잊혀지지 않는다"라고 고백을 했다고 한다. 자신의 이야기에 마음을 빼앗긴 상대에게 마음이 흔들리는 것은 자신의 이야기를 들어주기를 갈구하는 현대인들에게 당연한 것이다.

따라서 예술경영리더십코칭 리더는 구성원이 이야기를 주도(100%)하도록 하고 말하는 내용을 끝날 때까지 온전히 집중해야 하며 구성원에게서 민감하게 보이는 감정을 포착하고 구성원과 똑같은 감정과 정서를 느낀다는 것을 보일 수 있어야 한다.

즉, 지금 이 순간, 이 세상에서 오직 구성원과 예술경영리더십코칭 리더 밖에 없다(우측 사진)는 느낌을 구성원과 함께 충만하게 느끼는 것이 진정 "몰입"(沒入, Immerse oneself in)된 상태이다.

자료: https://blog.daum.net/ksk3914/16637973

어떤 칭찬에도 동요하지 않은 사람도
자신의 이야기에 마음을 빼앗기고 있는 사람에게는 마음이 흔들린다.

구성원에게 몰입을 하기 위해서는 먼저 리더 스스로가 마음을 가다듬어야 한다. 즉 예술경영리더십코칭과 관련 없는 다른 사사로운 문제들을 머릿속에서 떨쳐내어 온전히 구성원에게 집중할 준비를 하여야 한다. 특히 머릿속에서 끊임없이 생겨나는 잡생각(마음속 대화: The inner dialogue)을 제어하지 못하면 구성원의 말을 들을 때 특정 내용을 흘려보낼 수 있고 편향된 생각을 가지게 될 수 있다.

또한 예술경영리더십코칭에 방해되는 요소들(소음, 좌석 배치, 이 메일과 문자 메시지, 휴대폰 벨 소리, 실내 온도 등)을 미리 없애고 구성원에게 집중한다. 구성원에게 집중하는 방법은 경청하고 구성원을 면밀히 관찰하고 직관을 활용하여 살펴봄으로써 오직 구성원에게만 몰입하는 것이다. 온전히 몰입한다면 예술경영리더십코칭에 마음이 집중하여 구성원(대상자)의 마음을 사로잡을 수 있을 것이다.

마음속 대화는 접어두고
예술경영리더십코칭에 방해되는 요소를 미리 없애라.
그리고 온전히 구성원에게 집중하라.

---

2. 구성원에 대한 위대한 잠재력을 온전히 믿어라.

　　예술경영리더십코칭의 철학이며 존재가치는 "모든 사람은 스스로 문제를 해결할 능력이 있다"라는 것을 대 전제로 한다. 그만큼 리더가 코칭에 임하는 데 있어서의 출발이자 마지막이라고도 할 만큼 중요한 가치라 할 수 있다.

　　2012년과 2013년 2년 연속해서 한국프로야구의 기라성 같은 스타들을 제치고 최우수 선수(MVP: Most Valuable Player)에 뽑힌 선수는 넥센의 4번 타자인 박병호 선수이다.

　　박병호 선수는 LG 에 7년 반을 보낼 때는 무명선수였다가 넥센에 이적되어 온지 1년 반 만에 이와 같은 결실을 올린 것이다. 이에 많은 기자들이 성공비결을 질문하였는데 박병호 선수는 다음과 같이 답을 하였다. "저는 LG 시절과 비교해 기술적으로 달라진 것은 별로 없습니다. 다만 LG 시절에는 "나는 대체 선수다"라는 피해의식이 있었고 대신 넥센에서는 "내가 주전이다"라는 자신감이 있었습니다." 즉 박병호 선수 안에 있던 잠재 역량을 주전으로 인정받고 나서 자신감을 갖게 됨으로써 끌어내어 사용하였던 것이다.

　　SBS방송국에서 사람의 잠재역량에 관한 실험을 하여 방영을 하였다. 그 내용은 실험 당일 처음 만나는 사람 6명을 모집하여 정해진 장소로 이동하라는 미션을 주었다. 목적지로 가는 과정에서 자연스럽게 적극적으로 5명을 이끌어 가는 리더가 나오고, 반면에 피동적으로 끌려만 가는 소극적인 사람도 나타나게 된다. 목적지에 도착 한 후 6명 모두에게 누가 가장 리더의 역할을 하였고 누가 가장 소극적이었나에 대한 설문조사를 실시하였다. 여기서 실험자는 각 해당자(가장 리더로 선정된 사람과 가장 피동적인 사람으로 선정된 사람)를 따로 불러 설문조사 결과를 반대로 알려 준다(설문 결과를 들은 당사자들은 그 결과에 당황하는 모습을 보인다). 그리고 또 다른 목적지를 정해 주고 다시 한 번 이동하는 미션을 준다. 이후 어떤 상황이 벌어졌을까?

　　설문조사 결과를 거꾸로 알려준 대로 행동을 하는 것을 실험에서 볼 수 있다. 즉 가장 피동적이라고 선정된 사람이 가장 리더로 선정되었다는 사실을 알고부터는 다음 목적지로 이동 중에는 실제로 가장 적극적인 리더로 행동하고 있었던 것이다. 반면에 가장 리더로 선정된 사람도 가장 피동적인 사람으로 선정

되었다는 사실을 인지하고부터는 다음 이동 중에는 실제 가장 피동적인 사람으로 행동을 하고 있었다. 즉 이 실험에서 알 수 있듯이 사람은 누구나 잠재능력을 갖고 있으나 이것을 인정과 칭찬으로 끌어내어 사용하게 할 것이냐 아니면 질책과 무시로 잠재울 것이냐 하는 것에 대한 반증이 되겠다.

일본에서 "경영의 신"이라고 불리는 "마쓰시다 전기"의 창업주인 "마쓰시다 고노스케" 회장은 평소 사람의 중요성을 강조하였고 인재 육성에 힘을 쏟아 사업의 성공을 거두는 중요한 기반을 삼았다. 평소 "마쓰시다 고노스케" 회장은 사람에 대해 "인간의 능력이란 그 누군가에게 차별받을 만큼 그렇게 얄팍하지 않다"라고 하는 철학을 가지고 있었기 때문에 "경영의 신"이 되지 않았나 생각한다.

야구의 신(野神)이라 불리는 김성근 감독도 "쓸모 없는 사람은 없다. 다만 이를 알아보지 못 하는 리더만 있을 뿐"이라고 말 하면서 선수들의 숨겨져 있는 가능성에 대한 확고한 믿음을 보여주는 탁월한 리더로서의 철학을 갖고 있다.

미국의 존경 받는 부자 1위와 영향력 있는 사람 1위로 선정 될 정도로 한때 불우 했던 삶을 멋지게 반전 시킨 "오프라 윈프리"도 어려운 시절을 이겨내면서 항상 스스로에게 마치 최면을 거는 것처럼 되 내었던 신념은 "나에겐 아직 사용하지 않은 놀라운 힘이 있어"였다. 즉 자기가 아직 사용하지 않은 놀라운 잠재능력(잠자는 거인: Sleeping Giant)을 굳건히 믿었기 때문에 오늘날의 "오프라 윈프리"가 있게 된 것이다.

미국의 프로풋볼(NFL)에서 만년 꼴찌 팀을 우승팀으로 만들면서 영화 인빈서블(Invincible)에서 소개된 "딕 버메일" 감독(세인트루이스 램스)은 "팀을 승리로 이끄는 힘의 25%는 실력이며 나머지 75%는 팀워크입니다"라고 팀워크의 중요성을 강조하였다. 그는 만년 꼴찌 팀을 맡고 나서 "어떻게 하면 기량이 뛰어난 선수들을 영입해 빠른 시일 내에 팀 성적을 높일 수 있을까'를 고민한 것이 아니라 "어떻게 하면 기존 선수

┃그림 7-2 가려진 너머를 보는 힘

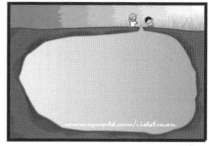

가려진 것 너머를 보는 힘.

자료: https://blog.daum.net/pochapocha/143 55220

들 안에 잠재되어 있는 재능을 끌어낼 수 있을까"를 고민하며 긴 시간 그들을 믿고 격려하며 기다려 온 결과 우승 팀이 될 수 있었다. 즉 리더가 선수들의 능력을 믿고 인정해 주자 선수들도 스스로 자신의 능력을 발휘하기 시작했고 서로가 서로의 변화를 지지하고 격려하면서 팀워크가 형성이 되었던 것이다.

예술경영리더는 이와 같이 사람들이 지닌 위대함을 기억하고 그들이 언제나 성공을 원한다는 믿음을 가져야 한다. 즉 모든 사람에게는 각자의 탁월한 재능과 강점이 있다. 예술경영리더십코칭의 역할은 구성원이 갖고 있는 그것들을 발견하고 핵심역량을 끌어내어 충분히 발휘할 수 있도록 도와주는 것이다.

예술경영리더가 이와 같은 역할을 제대로 해낸다면 구성원들은 눈부시게 빛나는 존재가 될 것이다. 아울러, 예술경영리더도 스스로의 위대한 잠재력을 굳게 믿어야 하며 이러한 믿음이 자연스럽게 구성원에게도 전달되어야 한다. <그림 7-2>는 가려진 너머를 보는 힘은 이와 같은 설명에 대한 내용을 그림으로 정리한 것이다

> "인간은 평생 자신에게 잠재된 능력 중에서 불과 5~7%밖에 사용하지 못한다.
> 그리고 그것이 자신의 모든 능력인양 믿으며 살아간다"
> - 윌리엄 제임스(하버드 대 교수)-
>
> "자신의 인생을 싼 값으로 취급하는 사람에게
> 인생은 그 이상을 지불하지 않는다.
> - 나폴레온 힐 -
>
> "인간은 성취하도록 만들어졌고 성공하도록 설계되었으며
> 위대함의 씨앗을 품고 태어난 존재이다"
> -지그 지글러-

3. 친밀감과 신뢰감으로 구성원의 마음을 활짝 열어라!

사람들이 변화에 저항감을 갖는 이유는 잘 몰라서, 싫어서, 그리고 "당신을 싫어해서"이다. 예술경영리더와 구성원은 서로 친밀한 관계를 맺어야 하고 서로의 존재에 편안함을 느껴야 한다. 신뢰도 안 가고 편안하지도 않은 사람과 함께 시간을 보낸다고 하는 것은 매우 힘든 고역이라 할 수 있다. 친밀함이나 열린 마음 대신 적대감과 의심, 불신으로 가득 찬 예술경영리더십코칭 시간을 상상할 수 있겠는가? 아마 예술경영리더십코칭이 이루어지는 중이라고 해도 결코 생각할 수 없을 것이다.

1) 진정으로 친밀한 관계

서로에게 그러한 존재가 되기 위한 첫 번째 단계는 친밀한 관계를 맺는 것이다. 친밀한 관계를 의미하는 단어 "라포(rapport)"는 '돌려주다' 또는 "이야기하다"의 뜻을 가진 프랑스어 "rapporter"에서 왔다. 구성원과 친밀한 관계를 맺는 일은 곧 서로에게 "동일한 마음의 파장"을 반사하고 "동일한 내용"에 대해 이야기 하는 것이다. 즉 서로의 마음과 뜻이 통해야 하는 것이다.

친밀한 관계를 나타내는 것으로 "한 쌍의 춤을 추는 남녀"를 떠올려볼 수 있다. 이들은 파트너의 움직임에 따라 자신의 움직임을 맞춘다. 이들은 서로 상호간에 동시적인 반응이 이루어지는 춤을 함께 추며 몸짓을 통해 서로를 보완한다.

> 사람들은 무의식적으로 자신과 가장 비슷한 사람을 좋아한다.

[그림 7-3]은 전, 16대 노무현 대통령이 무언가를 이야기 하고 있고 반기문 UN사무총장이 듣고 있는 모습이다. 어떤 점들을 발견하였는가? 자세히 보면 반기문 총장이 노무현 대통령에게 몸을 향하고 있으며 시선을 집중하면서 동시에 똑같은 자세를 취하고 있는 모습 이다. 이를 예술경영리더십코칭에서는 미러링

▌그림 7-3 리더십코칭의 미러링의 예

자료: https://www.yna.com

(Mirrorng)이라고 한다. 미러링이란 상대방과 전적으로 공감하고 함께 하고 싶다는 진심 어린 표현의 바디랭귀지(Body language)이다.

리더가 첫 세션에서 구성원과의 대화 중 반드시 해야 할 것 중 하나는 구성원이 말하고 있는 내용은 물론 말하는 방법과 신체적 언어들을 파악하여 구성원이 눈치채지 못하도록 자연스럽게 미러링을 하는 것이 매우 중요하다. 즉 구성원에게 자세를 향하게 하면서 한껏 다가가 시선을 집중하면서 동시에 구성원의 말의 속도와 크기를 맞추어 주고 구성원의 제스처(gesture: 손짓, 몸짓)를 따라 하는 것이다. 대체로 사람들은 자기 자신이 하는 말에 집중하느라 이런 미묘한 기술을 눈치 채지는 못한다. 따라서 효과적으로 상대방을 따라 하려면 관찰과 훈련을 통해 섬세한 기술을 습득하도록 노력하여야 한다.

아울러 예술경영리더십코칭이 진행될 때, 구성원이 하는 "안녕하세요"라는 말 한마디도 가볍게 듣지 말고 귀 기울여 관찰해 보는 것을 지속적으로 훈련을 하다 보면 어느 순간부터 자연스럽게 상대방이 말하고자 하는 진짜 의도와 감정까지도 파악할 수 있을 것이다.

> "사람들은 무의식적으로 자기랑 닮은 사람들에게 친밀함과 호감을 보인다"

2) 친밀한 관계를 맺고자 할 때 유머가 많은 도움이 된다.

호감도를 높이는 방법 중 하나는 능숙한 유머 구사이다. 리더들에게도 구성원과 함께 웃으며, 화사하게 미소 짓고, 따뜻한 분위기를 형성함으로써 리더와 구성원 사이의 서먹함을 깨고 유대감을 강화시키는 유머 감각을 장착하는 것은 필수적이다.

좋은 유머감각은 의사소통을 원활하게 하고 걱정을 덜어주며 근육을 이완시키고 방어적인 태도를 완화시키며 서로 연결되어 있다고 느낌을 받게 한다. 이러한 유대감은 이후 코칭 중에도 구성원과의 관계가 시험에 들 때, 문제에 맞닥뜨렸을 때 그리고 어려운 결정을 내려야 할 때 비로소 더욱 빛을 발하게 되기 때문에 예술경영리더십코칭 초기부터 자연스러운 유머를 나눌 수 있는 분위기 형성은 매우 중요하다.

좋은 유머 감각은 희망과 낙관적인 태도를 갖게 하고, 분위기를 좋게 만들 뿐더러, 기쁨과 웃음을 불러일으킨다. 웃음은 과학적으로 건강에 도움이 된다고 증명되었을 뿐만 아니라 의사소통을 원활하게 하고, 걱정을 덜어주며, 근육을 이완시키고 방어적인 태도를 완화시키며 서로 연결되어 있다는 느낌을 받게 한다.

또한 예술경영리더십코칭 중에 구성원의 미소가 자연스럽고 스스로가 리더에게 유머를 구사하려고 할 때가 구성원과의 관계가 좋은 방향으로 가고 있다는 반증이 될 수 있다.

모 그룹의 회장도 임원회의 때 유머 2가지를 꼭 준비하여 사용한다고 한다. 예술경영리더들도 이와 같이 진행 전에 적절한 유머를 준비하는 자세는 필수적이라 하겠다.

3) 무엇보다 가장 중요한 것은 진실성이다

> 무기고를 통틀어 가장 강력한 설득의 무기는 "진실성(眞實性)"이다 .
>   -지그 지글러-

예술경영리더로서 구성원과의 친밀한 관계를 형성하고 유머를 구사하기 위해 노력하겠지만, 그 노력에는 반드시 진정성이 수반해야 하며 구성원의 관심사에 초점이 맞춰져 있어야 한다. 리더 자신이 중심이 되거나 구성원을 아랫사람 대하듯 해서는 곤란하다. 구성원은 리더가 친밀감을 갖는 척하거나 일단 웃음으로 무장을 해제시킨 후 하기 싫은 일을 시키려든다는 사실을 깨닫게 되면 그 즉시 리더의 진정성을 의심하게 된다. 반면에 리더가 진실로 구성원과 유대감을 갖고 함께 웃고 싶어 한다는 사실을 느낀다면 긴장을 늦추고 안도감을 가지며 더 좋은 해결책을 모색하게 된다. 이는 강한 신뢰와 상호 존중이 없다면 불가능한 일이다.

딕 칠드리(Doc Childre)와 브루스 크라이어(Bruce Cryer)(2000)는 리더십코칭 원칙의 핵심을 "조직에서 다른 사람들에게 관심을 보일 때에는 진정성이 기반이 되어야 한다. 진정성이 없는 행동은 공허할 뿐이다. 진정성이 있는 관심은 사람들로부터 자발적인 열정과 봉사정신을 이끌어내는 데 필수적이다. 진정성이 있는 관심은 사람들로부터 자발적인 열정과 봉사정신을 이끌어내는 데 필수적이다. 기계적이고 마음에 없는 관심은 저항감을 불러일으켜 조직융화를 저해 시키다. 동료나 가족, 고객이나 상사들은 억지스러운 예의와 마음이 담긴 진정성의 관심을 본능적으로 구분할 줄 안다"

진정성은 매우 미묘한 방식으로 상대방에게 전달된다고 한다. 사람들에게는 진정성을 감지해내는 본능이 있다. 교훈은 이것이다. 리더는 어떠한 상황하에서도 구성원에게 진정성 있는 관심을 보여야 한다. 예술경영리더십코칭이 시작되면 리더의 관심사는 잊어버리고 구성원의 목표와 성장에만 집중해야 한다. 그 시간은 예술경영리더가 처한 문제로 고민하라고 주어진 시간이 아니다. 구성원이 리더에게 가장 원하는 것은 자신에 대한 믿음과 신뢰, 그리고 진정성 있는 관심이다.

일이나 인생에서 원하는 바를 달성할 수 있도록 헌신적으로 지지하는 누군가가 있다고 생각해 보라. 산 정상에서 깃발을 흔들며 어서 올라오라고 격려하는 누군가를 생각해 보라.

실패를 통해 배움을 얻도록 도와주고 목표를 이루었을 때 축하해 주는 누군가를 생각해 보라. 기쁠 때나 슬플 때나 당신을 위해 그 자리에 있어 주는 누군가를 생각해 보라.

예술경영현장에서 바로 그 "누구"의 관심과 진정성으로 상대의 마음을 움직이는 것이 "예술경영리더십코칭을 활용한 예술경영리더"이다.

4) 진실성과 함께 신뢰를 구축하라.

> 성공한 리더가 되려면 "진심으로 사람들에게 관심을 갖고
> 상대방이 스스로 중요한 사람이라고 느끼도록 해야 한다"
>
> -카네기-

진실성과 신뢰가 없는 관계는 더 이상 지속할 가치가 없다. 리더와 구성원이 서로 신뢰를 하지 않는다면 예술경영리더십코칭이 어떻게 앞으로 나아갈 수 있겠는가? "이 정보를 공유하여야 할까?"

"다른 생각이 있는 걸까?", "약속한 바를 잘 실천할까?" 진실성이 결여되어 있고 신뢰가 구축되지 않았을 경우 머릿속에는 이런 의문과 의심이 계속해서 고개를 들게 마련이다.

진실성(Integrity)이란 "도덕적이고 윤리적인 규범을 준수하는 것으로 진실성으로 가득한 사람은 스스로와 다른 사람에게 전념하고 열린 자세를 배운다. 또한 "언행일치(言行一致)", 즉 말한 것은 반드시 실행에 옮긴다. 이와 같이 진실성을 기반으로 하는 관계는 있는 그대로의 모습을 보여줄 수 있고 다른 사람인 척 할 필요가 없는 관계이다. 구성원이 가면을 쓰고 있거나 좋은 인상만을 남기려 고만 한다면 더 이상 진실된 대화는 어렵고 진짜 문제를 해결할 수도 없다. 물론 리더가 구성원 앞에서 가면을 쓸 경우에도 결과는 마찬가지이다.

예술경영리더십코칭에서 진실성의 위력은 투명한 관계를 맺을 때 발휘된다. 예술경영리더십코칭에서 정직과 투명성 그리고 리더의 무방비적인 태도가 뒷받침된다면, 구성원 역시 마음을 열고 정직해지며 경계를 푼 상태로 코칭에 임하기 쉬워진다.

예술경영리더십코칭 시작 단계에 적용하면 좋은 방법은 리더 본인의 이야기를 먼저 구성원과 공유하는 것이다. 과거에 성공한 이야기뿐만 아니라 실패했던 이야기와 힘들었던 문제, 그리고 극복과정에서 배운 교훈까지 이야기 하는 것이다. 그렇게 함으로써 구성원은 리더가 마음을 열고 속 깊은 이야기를 들려준 데 감사하게 되며 자신이 마주한 문제에 대해서도 정직해질 수 있다. 또한 자신의

두려움과 실패와 어려움에 대해 조금 더 편안하게 이야기하게 된다.

우리가 자신을 도울 수 있는 유일한 방법은 스스로 만든 벽을 허물고 자신의 단점을 인정하며 정직하고 직접적이며 열린 대화를 나누는 것이다.

예술경영리더십코칭 때 신뢰 구축을 위해 필요한 또 다른 요소는 구성원과 나눈 대화는 외부로 유출로 유출되지 않는다는 사실을 확인시켜 주는 것이다. 즉 나눈 모든 대화 내용에 대해 철저히 보안을 하여야 한다.

구성원이 정직하게 자신을 드러내는 일은 예술경영리더십코칭 과정에서 매우 중요하다. 리더는 구성원의 행동이면에 가려진 진짜 이야기와 의도, 그리고 동기에 대해 파악함으로써 실행 목표를 세우기 위해 필요한 정보를 얻을 수 있기 때문이다. 이와 같이 예술경영리더십코칭에서 기밀성은 안전하고 열린 대화를 위한 필수 조건이다.

또 구성원과의 신뢰를 구축하는 것으로 아주 사소한 것이라도 한 번 약속한 것은 반드시 지키는 것이다. 특히 시간 약속은 최소 10분 전에 도착하여 준비하여야 하며, 혹시라도 늦게 되는 경우에는 사전에 양해를 구하여야 한다. 또한 예술경영리더십코칭 후 자료를 보내주기로 한 경우도 많은데 철저하게 지켜야 하며, 자료가 구성원에게 실질적으로 도움이 된 경우에는 이후 예술경영리더에게 더 호의적으로 바뀌는 계기가 된다.

4. 구성원의 "자존감(自尊感)을 높여 자긍심을 불러 일으켜라!

구성원의 마음을 활짝 열게 하고 진솔한 대화를 유도 하기란 쉬운 일은 아니다. 어떤 질문을 했느냐에 따라 서먹한 분위기가 조성될 수도 있다.

회사에서 하는 예술경영리더십코칭의 특성 상 구성원 본인이 간절히 원해서 받는다기보다는 리더의 요구와 설득에 의해 받기 때문에 약간은 피동적인 상태인 경우가 대 부분이다. 또한 겉으로는 리더에게 예의를 갖추고 있지만 부정적으로 마음의 문을 닫고 임하는 구성원도 있다. 그리고 친해지기 전까지는 쉽게 마음을 열지 않는 성향의 구성원들도 있다. 이런 구성원들을 어떻게 하면 자발적으로 또한 적극적으로 예술경영리더십코칭에 임하게 할 수 있을까?

사람은 누구나 스스로가 자랑스럽고 성취감과 보람을 느꼈을 때의 상황을 주제로 이야기를 할 때면 스스로에 도취되어 자연스럽게 열정적으로 대화에 임하는 경향이 있다. 즉 구성원의 과거에 성취했던 사건과 그것을 성취할 수 있었던 원동력에 대한 적극적인 관심, 구성원 스스로의 모습에서 좋아하는 점, 남들로부터 인정받는 점, 행복하게 만드는 것, 구성원의 강점과 열정 등에 관련된 고객의 자존감을 높여 줄 수 있는 대화를 주제로 질문을 하면 구성원도 자연스럽게, 열성적으로 대화에 임하게 된다.

자존감을 높여 주는 질문 유형

• 지금까지 살아오면서 가장 보람 있고, 스스로가 가장 자랑스러웠을 때가 언제였습니까?

• 3가지만 이야기 해 보시겠어요?

• 그렇게 성취할 수 있었던 성공 요인은 어떤 것들이었습니까?

    → 성취한 3가지 사건에 대한 성공 요인에 대해 인정과 지지 및 칭찬을 한다.

• 본인이 생각하는 자신의 장점은 무엇 입니까? 스스로 어떤 면을 가장 좋아 하십니까?

• 사람들은 당신의 어떤 점들을 가장 인정해 줍니까?

• 그동안 성취한 성공 요소와 스스로의 장점 및 남들이 인정한 것들을 활용하고, 열정을 쫓는 일에 전력을 다 할 수 있는 상황이라고 상상해 보세요. 당장 어떤 일을 할 것 같습니까?

    → 구성원의 내면에 자리잡고 있는 욕구의 본질에 대해 사전에 파악할 수 있다.

    → 구성원의 열정과 간절함이 있는 목표가 도출 되었을 때는 자연스럽게 달성했을 때의 모습 상상하기, 목표 달성에 대한 의미 부여하기, 달성 모습을 뇌에 각인시키기, 확언으로 만들어 실천하기 등까지를 진행한다. 여기서 도출된 주제나 목표가 예술경영리더십코칭 전반에 걸쳐 목표를 설정하는 데 영향을 미칠 수 있다.

5. 예술경영리더십코칭에 대한 기본적 이해를 공유하라!

　구성원에게 예술경영리더십코칭 경험 여부를 질문 한 후 경험 유무와 관계없이 현재 구성원이 어떠한 생각을 가지고 있는지에 대해 파악 하는 것은 매우 중요하다. 왜냐하면 리더가 "처음부터 바로 예술경영리더십코칭은 이런 겁니다"라고 일방적으로 설명하여 주도권을 갖는 것보다는 구성원에게 주도권을 줌으로써 참여를 유도하는 것이 좋다. 이때, 구성원이 옳은 생각을 갖고 있을 경우에는 그 생각에 대해 지지해주고 칭찬 해준다. 그리고 아직 잘못된 인식(예술경영리더십코칭 경험이 없는 대부분의 구성원은 스포츠 코치에 대한 인식으로 코치가 모든 것을 지도하고 이끌어가는 것으로 생각)을 갖고 있는 구성원에 대해선 예술경영리더십코칭에 대한 본질을 이해하도록 한다.

　첫 세션부터 예술경영리더십코칭에 대해 장황하게 설명하는 것보다는 검증된 효과, 본질, 즉 "예술경영리더가 주도권을 갖는 게 아니고 조직의 구성원의 위대한 잠재력을 끌어내도록 리더가 도와주는 것"이라는 인식을 갖도록 짧지만 명쾌하고 강력하게 설명을 해 주는 것이 바람직하다. 이때는 말로만 설명하기보다는 자료를 활용하는 것이 효과적이다.

　이와 같이 자료를 활용하여 예술경영리더십코칭에 대한 기본적인 본질을 구성원과 함께 공유 한다. 즉, 구성원의 약점과 실수 등 부정적인 감정에 초점을 맞추는 것이 아니라 구성원의 장점과 위대한 잠재력의 긍정적인 감정에 초점을 맞춤으로써 그동안 불가능하다고 생각한 것을 예술경영리더십코칭을 통해 가능하도록 꿈을 꾸고 실현시키는 것이다. 구성원과 예술경영리더가 이런 위대함을 함께 나누는 것이 예술경영리더십코칭이다.

　또한 구성원이 갖고 있는 기존의 리더십을 다 버리고 예술경영리더십코칭으로 다 바꾸어야 한다는 부담을 주어서는 안 된다. 즉 구성원이 기존에 갖고 있는 리더십의 좋은 장점들은 계속 활용 하면서, 시대의 흐름에 따라 부각되는 "예술경영리더십코칭"을 보강 한다면 시대가 요구하는 바람직한 리더가 될 수 있다는 권유를 하는 것이 부담감을 줄여 유연하게 진행할 수 있다.

　또한, 처음부터 구성원이 조직에서 예술경영리더십코칭을 받는 근본적인 이유에 대해 공유 하는 것도 필요하다. 즉 먼저 구성원 본인이 변화와 성장을 항

후 본인 스스로가 "탁월한 예술경영리더"가 되어 본인의 조직에서 예술경영리더십을 발휘하여 보다 발전적인 문화예술환경과 조직문화를 만들고 구성원들의 생산성과 창의력을 끌어내는 리더가 되는 것이 궁극적인 목표임을 인식하게 한다. 이는 예술경영리더십코칭이 진행되는 과정 중에도 구성원에게 항상 상기시켜 목표의식을 잃지 않게 하는 출발이 된다.

6. 사전 진단 및 인터뷰 결과를 선물하라!

구성원을 대상으로 행동유형(DISC)검사 등 사전 진단과 구성원의 동료 및 서포터즈(Supporters: 구성원에 대한 지지자로 예술경영리더십코칭 前이나 중간 그리고 끝난 後에 변화와 결과에 대해 인터뷰를 해 주며, 변화에 지지를 보내준다) 대상으로 장점 및 이번 기회를 통해 개선했으면 하는 것들에 대해 예술경영리더십코칭 전에 인터뷰를 하였다.

첫 번째 세션에서 사전 진단 결과를 자세하게 피드백을 하기에는 시간이 부족하고 집중력이 떨어지기 때문에 첫 번째 세션에서는 스폰서와 서포터즈를 대상으로 했던 인터뷰 결과와 예술경영리더가 요구하는 사항 등을 피드백 해 준다.

1) 객관적인 피드백을 강력하게 하라!

구성원은 그동안 본인에 대해 본인의 생각과 나름대로의 판단을 가지고 있었을 것이다. 그러나 본인을 둘러싸고 있는 이해관계자들의 본인에 대한 공통적인 생각과 판단들은 객관적인 결과이므로 어떻게 받아들이느냐 하는 것이 예술경영리더십코칭 세션에서 목표와 방향을 설정하는 데 매우 중요한 과정이 된다.

예술경영리더십코칭이 진행되는 동안 리더는 구성원과 진솔한 대화가 이루어질 수 있도록 기본적으로 따뜻하고, 편안하며 활기찬 분위기를 만들어야 한다. 그런데 예술경영리더십코칭을 통해 구성원의 변화와 성장을 이루고자 할 때는 먼저 구성원의 자각(自覺, Self-awareness: 자신을 의식하고 스스로 깨달음)에 직면하는 순간을 반드시 거치게 된다. 이와 같이 예술경영리더는 구성원이 침묵하거나 눈동자가 흔들리거나 하는 행동을 관찰을 통해 구성원이 자각하는 순간을 발견할 수 있다.

바로 인터뷰 결과를 피드백 할 때가 구성원이 많이 흔들이는 곧 자각의 순간이다. 이때 구성원의 장점을 피드백 할 때는 진정성을 가지고 최대한 풍요롭게 하며 더 나아가 리더가 발견한 구성원의 잠재된 역량까지도 함께 칭찬을 해 주는 것이 좋다. 그러나 구성원이 개선하여야 할 부분을 피드백할 때는 구성원의 눈치를 보면서 슬쩍 넘어가는 분위기로 해서는 안 되며, 피드백을 선물로 받아들이는 사전 공감대를 형성하는 것을 전제하여 짧은 시간이지만 명쾌하면서도 강력하게 하는 것이 좋다. 왜냐하면 이때가 전체 예술경영리더십코칭 시간을 통해 구성원이 당면한 첫 번째 자각의 순간이기 때문이다. 이때 리더는 구성원의 반응을 면밀히 관찰하여야 한다.

구성원의 반응은 다양한 형태로 나타나나 크게 구분해 보면 다음과 같다.

- 역시, 예상했던 대로 나왔구나 하며 인정하는 유형
- 예상은 했지만 직접 들으니 기분이 좋지 않은 유형(안 좋은 마음을 표현하는 유형과, 밖으로 나타나지 않도록 노력하는 유형으로 나뉨)
- 전혀 예상치 않은 피드백에 놀라는 유형(반응은 긍정적일 수 있고 부정적일 수 있음)
- 피드백 내용을 인정을 하지 않고 반박하거나 그럴 수밖에 없는 이유를 예술경영리더(코치)에게 장황하게 설명하는 유형.

구성원이 어떤 반응을 보이던 리더는 첫 세션부터 인터뷰 피드백을 가지고 예술경영리더십코칭의 방향에 대해 결론을 내리거나 구성원에게 어떤 결론을 강요해서는 안 된다. 구성원 스스로가 충분히 생각해 보는 시간을 갖도록, 즉 구성원 스스로의 깨달음의 시간을 갖게 하는 것이 좋다. 따라서 첫 세션에서는 "피드백을 통해 어떤 점을 느꼈나요?", "피드백은 선물인데 어떤 선물을 받았나요?" 등의 질문을 통해 구성원이 스스로 깨달은 것에 대해 리더와 함께 공유하는 정도로 진행한다. 그러나 이 구성원의 깨달음은 2차 세션에서 예술경영리더십코칭 목표를 설정할 때 중요한 요인으로 작용하게 된다.

사전 인터뷰 피드백 사례(예시)

"예술경영연구소장을 시키고 싶은데요…"

모 그룹 연구소 임원의 사전 스폰서와 서포터즈들의 사전 인터뷰 결과는 다음과 같다.

1. 장점

• 성품이 매우 부드러워 구성원들에게 인기가 많고 천성이 매우 선하여 주변 관계가 매우 원만함.

• 업무처리는 전문성과 통찰력이 매우 뛰어나 문제해결력이 우수함을 인정을 받고 있음.

2. 예술경영리더십코칭을 통해 개선이 필요한 부문

• 스폰서 및 서포터즈 공히 좀 더 강력한 카리스마를 갖춘 리더십을 통한 조직관리

• HRD와 직속상사도 예술경영연구소장을 맡기는 데 있어 전문성과 강력한 리더십을 요구하고 있는 상황임.

• 이러한 내용을 인터뷰 대상자에게 피드백하였고 이에 대해 "저는 회사를 그만 두면 두었지 사람을 함부로 다루는 것은 절대 할 수 없습니다"라고 예술경영리더십코칭 리더(코치)가 당황해 할 정도로 매우 강하고 격렬한 반응을 보였다. 고객의 감정이 매우 격한 상태라 바로 그 자리에서 이 문제를 더 이상 논의하는 것은 문제가 있다고 판단하여 "네 그렇군요"라고 동의를 하면서 일단 감정을 자제시켰다.

• 다음 차수에서 인터뷰 대상자에게 자연스럽게 "혹시 일과 사람에 대해 구분하는 것에 대해서는 어떻게 생각하시나요?" 질문을 하였다. 이 질문을 받은 상대는 또 한 번 자각하는 순간이 되었다. 즉 일을 할 때는 보다 강력한 의사결정과 추진력을 발휘하지만 사람을 다룰 때는 본인의 평소 소신대로 배려와 따뜻함으로 나누어 리더십을 발휘하는 것이다. 인터뷰 대상자는 본인이 평생 갖고 있었던 소신을 지키면서도 조작에서 원하는 요구를 달성할 수 있는 좋은 방법임을 깨닫고는 급격히 변화되어갔다.

　가. 예술경영리더십코칭 목표: "자기 주도적 리더 성향 강화"로 정하고 달성 모습으로는 "경청과 배려는 지속적으로 하되 필요 시에는 과감한 결단과 조직을 좀 더 강력하게 이끌어 가는 모습으로 정한다.

　나. 평가 방법: 구성원 10명에게 주도적 리더에 대한 평가를 10점 척도로 사전 평가를 한 후 중간 평가와 최종 평가한다.

　다. 최종 결과: 사전 평가가 3.5, 중간 평가에는 5.58, 최종 평가는 8.4로 제시되고,

서포터즈들의 중간/최종 인터뷰 결과도 매우 높게 나왔다.

→ 이후, 일과 사람을 분리함으로써 리더십에 커다란 변화를 통해 업무 성과는 물론 창의적으로 조직을 잘 이끌어 예술경영연구소장으로 영전이 됨.

위 사례에서도 보듯이 사전 인터뷰 결과 피드백에 대한 구성원의 반응은 향후 예술경영리더십코칭의 목표와 방향을 설정하고 성과를 올리는 데 중요한 생각을 풀어나가는 계기가 되므로 매우 신중하게 다루어야 한다.

7. 예술경영리더십코칭을 통해 얻을 수 있는 기대효과에 대해 공유하라!

예술경영리더십코칭은 횟수와 시간 등 기한이 정해져 있기 때문에 정해진 기한 동안 달성할 수 있는 기대효과에 대해 구성원과 사전에 공유하는 것은 목표에 대해 서로 한 방향을 향해 가는 것으로 매우 의미가 있다고 하겠다.

1) 예술경영리더십코칭 기대효과

① 주제별 목표 설정 및 실천

구성원과 예술경영리더십코칭 기간 중에 달성 할 주제별 목표, 즉 일 목표, 리더십 목표, 개인적인 목표로 나누어 목표를 설정한다. 각 목표별로 달성되었을 때의 모습을 정하고 목표달성을 위한 방법을 도출하여 이를 어떻게 실천할 것인지를 구체적으로 정한다. 아울러 달성했는지를 평가할 수 있는 방법에 대해 정량적인 수치가 가능한 것은 수치로 평가하고 어려운 것은 정성적(통상 구성원의 주관적 지표)으로 평가한다.

이 주제별 목표는 철저하게 구성원이 주도하여 스스로 설정하는 목표여야 한다. 다만 예술경영리더의 역할은 구성원의 잠재된 욕구와 잠재력을 끌어내어 목표를 설정하고 강력한 실천 의지를 가질 수 있도록 격려하고 지지하여야 한다. 그리고 이렇게 주제별로 목표를 설정 및 실천/평가 방법을 정한 후 구성원 본인과 리더가 목표 합의서에 사인을 한다. 이때 구성원은 리더(스폰서)에게 주제별 목표에 대한 설명을 한 후 본인의 각오를 피력함은 물론 리더와 서포터즈의 협조가 필요한 경우에는 협조를 구체적으로 요청한다. 이를 들은 리더는 구성원이 목표를 잘 달성하도록 격려와 지지를 보내고 요청한 협조사항에 대해서는 가능한 것일 경우 협조 약속을 한다.

리더는 예술경영리더십코칭 세션 때마다 구성원과 함께 실천 사항과 결과를 확인하고 피드백 함으로써 코칭 기간이 종료되는 시점에 달성될 수 있도록 상호 책임을 다한다.

② 예술경영리더로서 갖추어야 할 역량 습득

앞서 설명한 바와 같이 조직 내에서 리더로서 예술경영리더십코칭을 받는 이유는 본인이 먼저 예술경영리더(코치)로서 변화와 성장을 하는 것이고 이후는 예술경영리더가 되어 조직을 변화하고 성장시키는 역할을 하는 것이다.

따라서 예술경영리더로서 갖추어야 할 역량 습득하여야 한다. 이것은 구성원의 성향을 고려하는 "배려 리더십", "칭찬,격려 및 지지하는 방법", "경청, 관찰, 직관으로 소통하는 방법", "예술경영리더십코칭 대화법" 그리고 "피드백 하는 방법" 등의 역량을 말한다.

예술경영리더십코칭 역량을 습득하는 방법은 진행시간에 학습 및 실습을 통해서도 이루어지지만 무엇보다도 가장 강력한 방법은 예술경영리더십코칭할 때 진행되는 실천 약속(과제)을 잘 지킴으로써 구성원이 직접 체험을 통해 얻는 깨달음과 느낌을 갖는 것이다. 본인이 직접 체험을 하고 깨달음과 느낌을 가지고 있기 때문에 구성원들의 마음을 미리 헤아릴 수 있어 보다 강력한 효과를 낼 수 있을 수 있다. 따라서, "예술경영리더십코칭은 체험을 통해 완성된다"라는 말을 때마다 강조를 하는 것이 좋다.

③ 개인의 삶을 성찰

문화·예술 산업현장에서 예술경영리더십코칭을 받는 대상자는 기본적으로

"핵심 리더"가 대상이 된다. 그 자리까지 올라가는 데 있어서도 매우 치열한 과정을 거쳤고, 또한 그 자리를 유지하기 위해서도 매년 실적에 대한 압박과 부담 때문에 많은 스트레스를 받고 있다. 이렇게 문화·예술 산업현장의 시스템은 가치와 성과창출을 위해 치열하게 앞만 보고 달려가도록 촉진시킨다. 따라서 문화·예술 산업현장에서 성공하면 할수록 본인의 특별한 노력에 의한 자기 성찰이 없다 보면 삶에 대해 진지하게 돌아보고 주변을 살피고 미래를 꿈꾸는 것에 소홀할 수밖에 없다.

이렇게 앞만 보고 열심히 달려 온 조직의 핵심리더들에게 예술경영리더십코칭을 통해 잠시 인생의 쉼표를 제공하면서 옆도 돌아보고 뒤도 돌아보면서 "삶"에 대해서, "행복"에 대해서 특히, 자기 자신의 내면과의 대화를 통해 "자기 성찰"을 하게 하는 세션은 실제 많은 핵심리더들이 예술경영리더십코칭의 가장 큰 효과로 꼽고 있다. 즉 올라갈 때 보지 못한 삶에서 중요한 그 꽃들을 예술경영리더십코칭을 통해 보게 하는 것이다.

이와 같이 예술경영리더(코치)(구성원 코칭 "자아 성찰" 참조)는 구성원의 자아 성찰을 통해 삶을 재조명하게 함으로써 행복하고 풍요로운 삶을 설계하도록 유도한다.

④ 예술경영리더십 이슈 코칭

구성원의 모든 관심과 신경이 가장 집중되어 있는 이슈가 발생했을 때는 다른 주제보다는 신속하게 "예술경영리더십 이슈 코칭"으로 전환하여 구성원의 당면 문제를 해결하는 것도 효과 중의 하나이다.

예술경영리더십코칭 중, 구성원의 상황을 살펴본 후 리더가 먼저 "지금 머릿속에 꽉 차있는 것은 무엇입니까?"라고 하여 "예술경영리더십 이슈 코칭으로 전환하는 방법과, 구성원이 먼저 예술경영리더십코칭 주제를 "예술경영리더십 이슈 코칭"으로 요청하여 진행하는 경우가 있다.

8. 전체적인 진행 세션을 이해하고, 예술경영리더십코칭 일정을 사전 준비하라!

구성원과 예술경영리더십코칭 전체 진행 하는 횟수와 소요시간, 다음 진행과의 간격, 진행방법 등에 대해 이해와 공유를 한 후 일정을 사전 합의하여 결정하여야 한다. 예를 들어 조직 내부가 아닌 식사 약속과 쉐도우 코칭(Shadow Coaching)일정 등은 미리 협의를 하여 잡아야 한다.

예술경영리더십코칭을 하는 데 있어 예술경영리더가 겪는 애로사항은 리더 본인과 구성원의 갑작스러운 사유에 의해 그 일정이 예정대로 잘 안 되는 것이다. 이로 인해 스케줄이 꼬이게 되어 리더나 구성원의 일정관리에 많은 지장을 받게 된다. 또한 약속일정이 안 지켜지는 것이 빈번해 지면 진행 일정이 뒤로 밀림으로써 전반적인 진행 일정관리에도 많은 지장을 준다.

1) 구성원과 함께 예술경영리더십코칭이 가능한 시간을 확보하되 운영은 유연하게 하라.

예술경영리더십코칭이 약(6~10회)회 정도 진행되는 중에 다음 일정과의 간격은 통상 1주일 단위 또는 2주일 단위로 진행이 된다. 먼저 리더와 구성원이 상호 일주일을 보내는 중에 가장 외부로부터 자유로운 요일과 시간대를 상호 협의를 통해 파악하여 일정을 정하고 구성원에게 그 일정에 대한 확실한 인식을 심어준다. 이는 예술경영리더와 구성원 모두 요일과 시간대를 미리 명확히 정함으로써 이후 일정관리에 서로 도움을 준다.

이렇게 기본적인 일정을 정해 놓지만 실제로는 상황에 따라 유연하게 운영을 하는 것이 좋다. 예술경영리더십코칭이 진행되는 동안 최소 1회에서 또는 수차례 갑작스러운 상황변동으로 일정을 변경하게 된다. 리더의 사유 때문일 경우 구성원이지만 정중하게 양해를 구해야 한다.

또한 많지는 않지만 구성원의 개인사유에 의할 때가 있을 수 있다. 이때 예술경영리더(코치)는 어떻게 대응하여야 할까? 상황에 따라 다양한 대응이 있겠지만 먼저 예술경영리더에게 양해를 구하고자 하는 구성원의 심정을 헤아려보는 것이 필요하다. 모든 사람이 다 마찬가지이겠지만 서로가 한 약속을 먼저 어기면서 부탁을 해야 하는 심정은 매우 미안한 마음을 갖고 있는 것이 공통점이며 특히 상사와의 약속인 경우는 더욱더 강도가 세다고 할 수 있겠다.

이때 예술경영리더의 태도가 구성원과 더욱더 가까워지는 계기가 될 수 있다. 즉 구성원의 마음을 헤아려 주는 마음과 진정성이 담긴 음성으로 "아 그래. 얼마나 노고가 많은가?. 편안한 마음으로 다음 일정을 잡아보지."해 주면 구성원도 미안함과 고마운 마음으로 다음부터 예술경영리더에게 더 친근하게 대하는 것을 느낄 수 있을 것이다.

9. 예술경영리더십코칭 후 감사 표시의 문자를 전달하라!

예술경영리더십코칭이 끝나 구성원과 헤어진 후 1~2시간 이내에 문자나 카톡으로 "오늘 구성원(대상자)과 의미가 있었음을 알리고 진심으로 감사를 표하는 것과 앞으로 최선을 다해 좋은 예술경영리더십코칭 성과를 함께 이루어 보자"는 취지의 내용을 보낸다.

구성원의 입장에서 보면 오늘 처음 하는 예술경영리더십코칭에 대한 두려움, 어색함과 기대감 등이 뒤 섞여 복잡한 마음일 수 있다. 이럴 때 예술경영리더의 진심 어린 문자 하나가 안정감과 친밀감을 높일 수 있는 좋은 방법이 될 수 있다.

10. 이 모든 것을 깨트릴 발상의 전환을 하라!

예술경영리더십코칭의 첫 세션에서의 마지막은 "지금까지 언급했던 모든 것을 다 깨트릴 발상의 전환을 하라"이다. 여기서 언급된 내용들은 그동안의 경험을 통해 첫 세션에서 하면 좋은 내용으로 참조만 하라는 것이지 반드시 하라는 것은 아니다. 바둑에서도 "정석은 익히되 바로 잊어버려라"는 격언이 있다.

왜냐하면 예술경영리더십코칭에는 따로 정답이 있는 것이 아니기 때문이다. 즉 지금 앞에 있는 구성원의 상황에 맞추어 구성원의 변화와 성장을 이끌어내는 것이 정답이기 때문이다. 따라서 예술경영리더(코치)는 진행할 때 좋은 성과를 내는 사례들에 대한 연구를 게을리 하면 안 되고, 항상 평소에 다양한 방법에 대해 익히는 노력에 힘을 쏟아야 한다.

이러한 평소의 노력으로 다양한 방법을 몸에 익힌 후, 응용하여 구성원의 상황에 맞추어 사용하는 것이 좋은 예술경영리더십코칭의 성과를 위해서 무엇보다 중요하다 하겠다.

제 2 세션
예술경영리더십코칭
주제별 목표 및 실천방안 설정하기

1. 예술경영리더십코칭의 주제와 목표를 설정한다.

예술경영리더십코칭의 주제와 목표 설정은 운영성과 창출을 위한 가장 중요한 영역이다. 그 주제별 목표가 성공하기 위해서는 반드시 구성원이 주도권을 가져야 하고, 구성원이 중심이 되어야 하며 구성원 본인을 위한 것이어야 한다. 즉 구성원이 절실하고 간절하여 스스로 목표를 이루고자 하는 원동력의 에너지를 끌어낼 수 있는 것이어야 한다. 따라서 목표가 명료해야 하며 설정한 시간 안에 이룰 수 있는 것을 목표로 잡아야 한다.

예술경영리더(코치)는 구성원과 함께 주제별 목표를 설정하는 데 있어 구성원과의 신뢰와 존중에 기본을 두는 관계가 형성되어야 한다. 돈독한 신뢰와 친밀성을 갖기 위해서 적절하고 유연한 제안이나 충고는 필요하다. 그리하면 구성원은 본인에게 가장 중요하고 의미 있는 꿈과 도전에 대해 리더에게 안심하고 상담할 것이다.

예술경영리더십코칭에서의 기간과 주제별 목표의 유형은 다음과 같다.

    1) 단기 목표(1~2주 이내): 현재 예술경영리더십코칭 이슈 해결에 초점

    2) 중기 목표(3~4개월): 예술경영리더십코칭 기간 내에 성과를 창출하는 데

초점을 두고 일 목표, 리더십 목표, 개인적 목표로 나눈다.

3) 중장기 목표(1~3년): 구성원의 미래의 변화와 성장에 초점

1) 단기 목표 예술경영리더십코칭 이슈 해결에 초점

구성원이 단기간(2주 이내)에 해결해야 할 목표에 초점을 맞춘 것으로서 현재 구성원이 가장 절실한 문제일 수도 있다. 따라서 예술경영리더는 진행 중에 구성원이 가장 절실한 문제가 무엇인지에 대해 살펴볼 필요가 있다. 예술경영리더십 이슈 코칭을 위한 질문 유형은 다음과 같다.

예술경영리더십 이슈 코칭을 위한 질문 유형

• 지금 머릿속에 꽉 차있는 생각은 무엇입니까?

• 두 번째로 꽉 차있는 생각은 무엇입니까?

• 오늘 예술경영리더십코칭 주제는 어떤 것으로 해 보시겠습니까?

• 지금 당장에 해결하여야 할 문제는 무엇입니까?

• 지금 어떤 문제 때문에 집중이 안 되고 있습니까?

• 지금 어떤 문제를 해결하면 가장 속 시원하겠습니까?

• 지금 어떤 문제를 해결하면 미래 성장에 도움이 되겠습니까?

---

2) 성과를 위한 예술경영리더십코칭
(현재의 일과 리더십 그리고 개인 문제 해결에 초점)

구성원이 예술경영리더십코칭 기간 안(3~4개월)에 해결해야 할 목표에 초점을 맞춘 것으로서 다음 2가지 유형으로 나누어 목표를 설정한다.

(1) 일 목표

(2) 개인적 목표

주제별 목표 설정의 양식과 작성 방법은 <표 7-2>와 같다.

▌표 7-2 예술경영리더십코칭 주제별 목표 설정 양식의 예

예술경영리더십코칭 주제별 목표 설정	
예술경영리더십코칭 목표(일, 리더십 관련)	
달성 시기/모습 (사전/사후 변화) 의미	
실천 방법	
평가 방법	
예술경영리더십코칭 목표(개인적, 건강, 부부/자녀와의 소통 등)	
달성 시기/모습 (사전/사후 변화) 의미	
실천 방법	
평가 방법	

작성 방법
1. 주제별 예술경영리더십코칭 목표를 설정하여 명확하게 표현한다.
2. 목표를 이루었을 때의 모습과 기대되는 변화를 작성한다.
3. 목표 달성을 위한 구체적이고 실천 가능한 방법을 작성한다.
4. 목표를 달성 했는지를 확인할 수 있는 평가 방법에 대해 작성한다.

자료: 선행연구에 의한 저자 재구성

3) 일, 리더십 목표 설정 사례

구성원의 현재 리더십에 대한 진단(스폰서와 서포터즈의 사전 인터뷰, 리더십 다면 평가자료 등)의 피드백과 예술경영리더십코칭을 통한 자각 및 미래 리더로서

갖추어야 할 역량 등에 대한 의견을 나누고 난 후 구성원이 주도권을 가지고 설정하도록 한다. 그 사례는 다음과 같다.

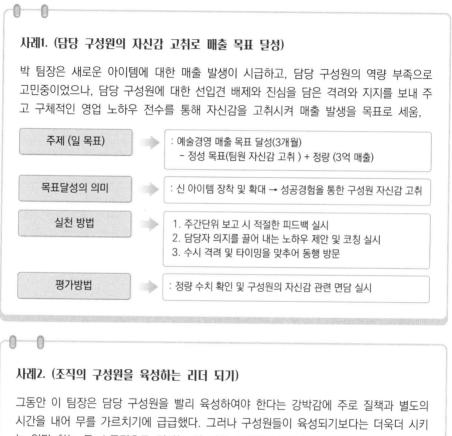

사례1. (담당 구성원의 자신감 고취로 매출 목표 달성)

박 팀장은 새로운 아이템에 대한 매출 발생이 시급하고, 담당 구성원의 역량 부족으로 고민중이었으나, 담당 구성원에 대한 선입견 배제와 진심을 담은 격려와 지지를 보내 주고 구체적인 영업 노하우 전수를 통해 자신감을 고취시켜 매출 발생을 목표로 세움,

주제 (일 목표)	: 예술경영 매출 목표 달성(3개월) – 정성 목표(팀원 자신감 고취) + 정량 (3억 매출)
목표달성의 의미	: 신 아이템 장착 및 확대 → 성공경험을 통한 구성원 자신감 고취
실천 방법	1. 주간단위 보고 시 적절한 피드백 실시 2. 담당자 의지를 끌어 내는 노하우 제안 및 코칭 실시 3. 수시 격려 및 타이밍을 맞추어 동행 방문
평가방법	: 정량 수치 확인 및 구성원의 자신감 관련 면담 실시

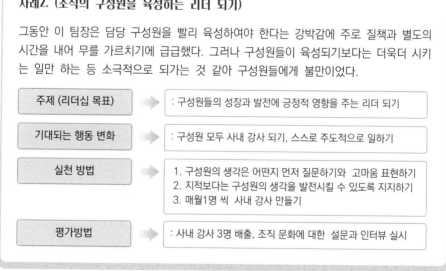

사례2. (조직의 구성원을 육성하는 리더 되기)

그동안 이 팀장은 담당 구성원을 빨리 육성하여야 한다는 강박감에 주로 질책과 별도의 시간을 내어 무를 가르치기에 급급했다. 그러나 구성원들이 육성되기보다는 더욱더 시키는 일만 하는 등 소극적으로 되가는 것 같아 구성원들에게 불만이었다.

주제 (리더십 목표)	: 구성원들의 성장과 발전에 긍정적 영향을 주는 리더 되기
기대되는 행동 변화	: 구성원 모두 사내 강사 되기, 스스로 주도적으로 일하기
실천 방법	1. 구성원의 생각은 어떤지 먼저 질문하기와 고마움 표현하기 2. 지적보다는 구성원의 생각을 발전시킬 수 있도록 지지하기 3. 매월1명 씩 사내 강사 만들기
평가방법	: 사내 강사 3명 배출, 조직 문화에 대한 설문과 인터뷰 실시

4) 개인적 목표 설정 사례

예술경영리더십코칭을 통해 구성원에게 일과 삶에 대한 균형을 유지하게 함으로써 성공과 행복을 추구하게 하는 것은 매우 중요하다. 따라서 일이 아닌 개인적인 목표를 설정하게 하는 데 유형으로는 개인의 건강관리, 가족(부부 및 자녀)과의 소통, 기타 다양한 목표가 설정될 수 있다. 개인의 목표는 너무 무거운 것보다는 보다 가벼우면서도 실천이 가능한 것이 좋고 달성이 되었을 때는 스스로에게 선물을 주게 하는 방법도 효과가 크다. 그 사례는 다음과 같다.

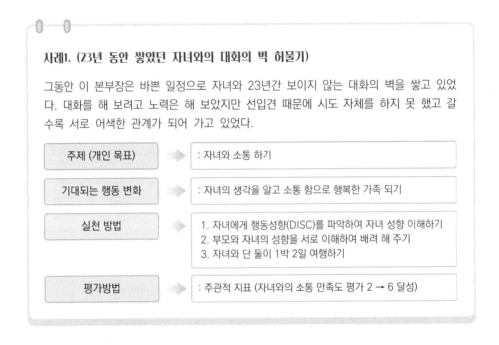

사례1. (23년 동안 쌓였던 자녀와의 대화의 벽 허물기)

그동안 이 본부장은 바쁜 일정으로 자녀와 23년간 보이지 않는 대화의 벽을 쌓고 있었다. 대화를 해 보려고 노력은 해 보았지만 선입견 때문에 시도 자체를 하지 못 했고 갈수록 서로 어색한 관계가 되어 가고 있었다.

주제 (개인 목표)	: 자녀와 소통 하기
기대되는 행동 변화	: 자녀의 생각을 알고 소통 함으로 행복한 가족 되기
실천 방법	1. 자녀에게 행동성향(DISC)를 파악하여 자녀 성향 이해하기 2. 부모와 자녀의 성향을 서로 이해하여 배려 해 주기 3. 자녀와 단 둘이 1박 2일 여행하기
평가방법	: 주관적 지표 (자녀와의 소통 만족도 평가 2 → 6 달성)

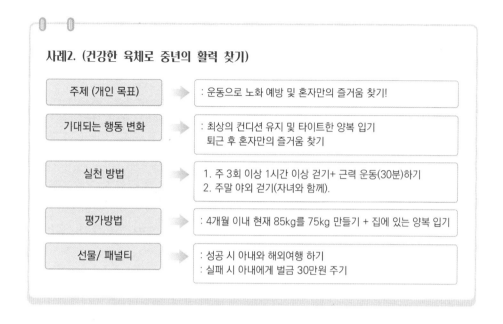

사례2. (건강한 육체로 중년의 활력 찾기)

주제 (개인 목표)	➡	: 운동으로 노화 예방 및 혼자만의 즐거움 찾기!
기대되는 행동 변화	➡	: 최상의 컨디션 유지 및 타이트한 양복 입기 퇴근 후 혼자만의 즐거움 찾기
실천 방법	➡	1. 주 3회 이상 1시간 이상 걷기+ 근력 운동(30분)하기 2. 주말 야외 걷기(자녀와 함께).
평가방법	➡	: 4개월 이내 현재 85kg를 75kg 만들기 + 집에 있는 양복 입기
선물/ 패널티	➡	: 성공 시 아내와 해외여행 하기 : 실패 시 아내에게 벌금 30만원 주기

2. 효과적인 예술경영리더십코칭 목표 설정 방법

주제별로 원하는 목표를 분명히 밝히고 선택하고 나면 목표를 효과적으로 설정하는 과정이 필요하다. 이 과정은 목표설정 과정을 한 단계 더 나아가게 한다. 아래의 SMARTEST 목표 설정 기준을 사용하면 목표 설정을 더욱 효과적으로 할 수 있다.

1) SMARTEST 목표 설정 기준

- Specific: 구체성(구체적인가?)
- Measurable: 측정 가능성(측정 가능한가?)
- Attainable: 달성 가능성(달성 가능한가?)
- Relevant: 관련성(중요한 이유는? 파급효과는? 영향은?)
- Time-bound: 완수 시간(언제부터, 언제까지)

- Engaging: 헌신
- Satisfying: 만족감
- Team-based: 협력 지원

자료: 피터 드러커, 윤영애 역(2011), 피터 드러커의 다섯 가지 경영원칙 자가평가 워크북, 아시아코
치센터에서 재구성

2) SMARTEST 목표 설정을 위한 예술경영리더십코칭 질문

① 구체성(Specific)

(1) 당신이 성취하고 싶은 것을 좀 더 명확하게 설명해줄 수 있습니까?

(2) 당신의 목표를 구체적이고 단순한 한 문장으로 진술할 수 있습니까?

(3) 당신은 정확히 무엇을 성취하고 싶으신가요?

(4) 더 구체적으로 말해주세요. 당신이 원하는 최종 결과는 무엇입니까?

② 측정가능성(Measurable)

(1) 당신이 이 목표에 이르렀을 때 당신과 다른 사람들이 어떻게 알 수 있습
니까?

(2) 그 결과를 어떻게 수량화하고 측정할 수 있습니까?

(3) 당신은 자신의 목표를 향해 가는 과정에서 당신이 이루는 성과를 어떻게
측정할 수 있습니까?

(4) 이 목표를 측정 가능한 방식으로 진술할 수 있습니까?

③ 달성가능성(Attainable)

(1) 이 목표를 성취하는 일에서 당신이 통제할 수 있는 부분은 얼마나 됩니까?

(2) 이 목표를 이루기 위해서 당신은 누구에게 도움을 받을 수 있나요?

(3) 다른 사람들이 도와주지 않을 때에도 여전히 그 목표를 성취할 수 있는
다른 방법과 백업플랜은 어떤 것들인가요?

(4) 이 목표는 당신이 성취할 수 있는 범위 안에 있습니까? 이 목표를 정말

이룰 수 있습니까?

④ 관련성(Relevant)

(1) 이 목표는 당신에게 왜 중요한가요? 당신과 어떤 관련이 있습니까?
(2) 이 목표는 당신의 다른 목표들의 달성과 어떤 관련이 있습니까?
(3) 이 목표는 당신의 삶 또는 당신의 비전과 어떤 관련이 있습니까?
(4) 이 목표는 당신의 삶의 목적에 어떻게 부합하나요?

⑤ 완수시간(Time-bound)

(1) 당신은 며칠 몇 시까지 이 목표를 이루는 것에 전념할 것입니까?
(2) 당신은 이 프로젝트를 언제 시작할 것입니까?
(3) 당신은 언제까지 그것을 끝낼 것입니까?
(4) 당신은 얼마 동안 그것을 계속할 것입니까? 얼마나 자주하실 겁니까?

⑥ 헌신(Engaging)

(1) 당신은 이 목표가 정말로 자신의 것이라고 느끼십니까?
(2) 1에서 10까지 점수를 매긴다면 당신은 이 목표에 얼마나 동기부여가 되어 있습니까?
(3) 이것은 정말로 당신의 가슴에서 열망하는 것입니까?
(4) 당신의 꿈이 당신을 목표에 헌신하게 만드나요?

⑦ 만족감(Satisfying)

(1) 이 목표를 달성하는 것은 당신에게 어떤 만족감과 기쁨을 줍니까?
(2) 이 목표를 달성하는 것은 당신의 가슴의 열망을 어떻게 충족시켜줍니까?
(3) 목표를 성취하고 나면 어떤 장기적인 혜택과 만족감을 얻게 될까요?
(4) 이 목표를 달성하고 난 뒤에 당신의 삶은 어떻게 달라질까요?

⑧ 협력지원(Team-based)

(1) 당신이 꿈을 이루는 일에 도움을 줄 수 있는 사람은 누구입니까?

(2) 당신의 꿈을 이루는 데 다른 사람들이 어떤 지원을 해줄까요?

(3) 당신의 팀은 당신이 목표를 성취하는 데 어느 정도까지 도움을 줄 수 있습니까?

3. 실행방법과 평가방법 정하기

1) 실행 방법 정하기

지금까지 구성원은 주제별로 예술경영리더십코칭 목표를 설정하였고 기장 긍정적인 달성 모습에 대해서 "상상하기"와 "확언하기"를 통해 목표 달성에 대한 동기부여를 하였다. 아울러 목표 달성이 본인에게 어떤 의미가 있는지도 알아보고, 본인 스스로에게 의미까지를 부여하였다.

이제 목표를 어떻게 달성할 것인지에 대한 구체적인 실천 방법이 필요하다. 먼저, "목표를 달성하는 데 애로사항이나 극복해야 할 과제는 어떤 것이 있나요?"라는 질문을 한다. 이 질문을 하는 이유는 첫 번째, 구성원이 원래 생각하고 있는 목표 달성을 방해하는 장애요인이 진짜 이유인지, 또는 자신을 합리화 하는 핑계인지를 스스로 인정하게끔 하는 것이다. 즉 진짜 이유를 찾는 것이다.
"그 장애요인이 진짜 장애요인인가요? 노력하면 어느 정도 가능한 것인가요?"

두 번째 이유는 목표 달성을 위해서 필요한 모든 자원에 대해 스스로 파악하게 해 보는 것이다. 즉 자신만의 노력이 아닌 모든 자원을 활용하는 실천 방법을 끌어내는 것이다.

"이 목표를 달성하는 데 도움이 되는 사람(조직)은 누구 누구가 있습니까?"

"이 목표를 달성하는 데 꼭 필요한 것 들을 모두 이야기 해 보세요?"

이제 목표달성을 위해서 예술경영리더십코칭에서 가장 중요한 질문을 던지는 차례이다.

"그럼에도 불구하고 이러한 모든 자원을 활용 하여 목표 달성을 하는 방법 3가지는 무엇일까요?

이렇게 구성원이 주도권을 가지고 목표를 설정함은 물론 달성 방법도 스스로

▎표 7-3 예술경영리더십코칭 주제별 실천계획의 예

1. 예술경영리더십코칭 주제

1. 조직 목표: 팀웍 강화 2. 리더십 목표: 팀원 업무 역량강화 3. 개인 목표: 건강 관리

2. 예술경영리더십코칭 주제별 달성도 측정 및 진척 사항 체크

주제	구체적 행동 변화	현재 (점수)	목표 (점수)	1	2	3	4	5	6	7	비고
1	• 매 주 월요일 팀원 전체 　티타임 실시 　– 특정 주제 없이 개인별로 　　한 주간 있었던 일 나누기 • 월 1회 개인 면담을 통해 　애로사항 파악 및 해결	보통 (5)	최고 (9)								
2	• 업무별 세부 매뉴얼 작성 • 개인별 취약한 업무 스킬 　파악 지도/지원	보통 (5)	최고 (9)								
3	• 주 3회 걸어서 출근하기 　(봄/가을) • 월 2회 산행하기	보통 (3)	최고 (10)								

자료: 선행연구에 의한 저자 재구성

도출하게 하는 것이 예술경영리더십코칭의 성과에 매우 중요한 과정이다. <표 7-3>과 같이 달성 방법을 크게 3가지 정도를 도출한 후 다음 세션까지 달성 방법 20가지를 추가로 더 작성하여 가져오게 한다. 달성 방법 20가지를 도출하는 과정에서 실질적인 달성 방법에 대해 스스로 많은 아이디어를 창출하게 된다. 그래서 다음 세션에서 달성 방법과 구체적인 실천 항목에 대해 최종 결정을 한다.

(2) 평가 방법 정하기

목표 달성을 평가 하는 방법으로는 복표가 정량적인지 또는 정성적이냐에 따라 평가 방법도 달라진다. 수치로 나타나는 목표는 당연히 수치로 평가하면 된다. 그러나 수치로 나타낼 수 없는 정성적인 목표는 사전에 평가 방법에 대해 미리 정하여 평가를 실시한 결과를 가지고 평가하여야 한다.

대표적으로 "구성원의 주관적 지표" 또는 해당 대상자들에게 하는 "인터뷰"나 "설문지" 방법들이 주로 사용된다.

제 3 세션
예술경영리더십코칭
인정하고 칭찬하기

1. 예술경영리더십코칭 리더십 역량 학습("인정과 칭찬")

예술경영리더십코칭은 핵심 리더들을 대상으로 하는 프로그램이다. 따라서 예술경영리더는 직속 구성원 중에서 중간 리더까지를 대상으로 하여야 한다. 하지만 직속 구성원도 예술경영리더십 역량을 학습하여 현장에서 활용할 수 있도록 할 수 있다. 이때 예술경영리더는 예술경영리더십 그룹코칭을 통해 예술경영리더십 역량을 전수(앞 예술경영리더가 갖추어야 할 역량 참조)할 수 있다. 예술경영리더십 그룹 코칭을 하는 장점으로는 상호실습과 토론이 가능하다는 것이다. 가족과 직원을 선택하여 앞 장에서 설명한 바와 같이 "소중한 사람에게 10가지 칭찬하기"를 실천하게 하여 그 반응과 본인의 느낌에 대해 예술경영리더와 상호 피드백을 하여 역량을 갖추게 된다. 이러한 부분이 현장에서 상호보완적 성과를 창출할 수 있는 예술경영리더십의 틀이 될 수 있다.

2. 예술경영리더십코칭 역량 학습(배려)

예술경영리더는 예술경영리더십셀프코칭에서 학습한 "배려 리더십"의 내용에 대해 그룹 코칭으로 학습을 진행하고 구성원을 대상으로 DISC를 실시한다.

<표 7-4>와 같이 검사 대상자의 직급과 직책 및 이름을 쓴다. 각 검사 대상자별로 DISC 검사 전 평소의 행동을 보고 예상되는 유형을 적어 본다. 그리고 실제 검사 후의 결과를 작성한다. 각 대상별로 나온 DISC 결과에 따라 각 성향을 배려하는 방법에 대해 작성을 한다. 아울러 직원들의 DISC 성향 검사를 한 후 느낌과 리더십 방향에 대해 새롭게 설정하게 한다.

▌표 7-4 예술경영리더십코칭 예상되는 행동 유형 작성 결과서 예

직책	이름	DISC결과		예술경영리더십코칭 방향
		예상유형	실제 결과	

느낀 점과 향후 리더십 방향 설정하기

자료: 선행연구에 의한 저자 재구성

제 4 세션
예술경영리더십코칭
'경청'하기

1. 예술경영리더십코칭 역량 학습(코칭 대화)

예술경영리더는 예술경영리더십셀프코칭에서 학습한 "경청"의 내용에 대해 그룹 코칭으로 학습을 진행하고, <표 7-5>를 활용하여 실습을 한다. 아울러, 한 주간 "경청"실천 실습하고, 그 결과에 대해 상호 피드백을 나눈다.

표 7-5 경청을 통한 관찰 실습 활용의 예

	관찰을 통해 발견한 사항 느낌 상호 피드백	

신체적 언어	• 시각(외모)
	  – 복장, 헤어 스타일
	  – 액세서리	

	• 시각/청각
	  – 얼굴표정, 시선
	  – 몸 짓, 손 짓
	  – 말의 속도, 양
	  – 말투, 목소리 크기	

감정	• 감정	
내면의도	• 의도	
기타 관찰 특이사항		

자료: 선행연구에 의한 저자 재구성

제 5 세션
예술경영리더십코칭
Life Story 경청 및 쉐도우 코칭

1. 구성원과의 식사, 라이프 스토리(Life Story) 경청

1) 식사

구성원과 매번 사무실에서 만나다 보면 아무래도 속마음까지를 나누는 데 조금은 한계가 있을 수 있다. 한국 사람들은 특히 더 함께 식사를 나누는 사이가 되면 한결 가까워진다. 사전에 식사 일정을 정하고 식사 메뉴는 서로 상의하여 정하되 가급적이면 대화를 나누기에 좋은 분리된 룸이나 공간을 택하는 것이 좋다.

식사 시간은 구성원과 상의하여 점심 식사일 수도 있고 저녁 식사가 될 수도 있다. 점심시간은 식사 포함하여 1시간에서 1시간~1시간 30분 이내로 진행되기 때문에 시간에 대한 부담이 적고, 식사도 가볍게 할 수 있기 때문에 예술경영리더십코칭 초기에는 점심식사가 바람직하다고 생각한다.

그러나 예술경영리더십코칭 중반이나 종반에 서로 친밀도가 높을 때는 저녁 시간에 시간제한을 덜 받으면서 충분한 시간을 가지고 술도 반주 정도로 가볍게 같이 나누며 진행하는 것도 무난하다.

2) 구성원의 라이프 스토리(Life Story) 경청

식사 중에도 자연스럽게 구성원이 그동안 살아왔던 이야기를 나눌 수는 있다. 그러나 식사 중에는 사회적인 이슈나 가벼운 이야기를 화제로 하여 가볍게 나누는 것이 바람직하다.

따라서 식사 후의 차를 한잔 마시면서 30~40분 정도 구성원이나 리더 모두에게 집중할 수 있는 분위기에서 대화를 나누는 것이 좋다. 구성원의 라이프 스토리(Life Story) 경청을 위한 질문은 "지금까지 살아온 것에 대해 말해 주겠나?"라고 바로 질문을 하여도 되지만 구성원의 성향에 따라 또는 자신의 이야기 하기를 망설이는 구성원에게는 조

나요?", "와이프는 어떻게 만났나요?", "살아오면서 가장 행복했던 때는 언제였나요" 등의 질문을 함으로써 구성원과의 대화를 이끌어 내야 한다.

경우에 따라서는 리더가 먼저 자신의 이야기를 들려줌으로써 구성원이 자신의 이야기를 자연스럽게 할 수 있도록 유도하는 것도 좋은 방법이다. 또한 구성원이 이야기 하는 중에 리더 자신의 삶과 유사한 경우에는 충분한 공감도 표시하며, 리더 자신의 이야기도 구성원에게 들려주어 좀 더 적극적인 반응을 나타내 주는 것도 좀 더 활발한 대화를 하는 데 도움이 된다.

구성원의 삶의 이야기(Life Story)를 경청하면서 리더는 집중 적인 관찰을 통해 구성원에게 나타나는 미묘한 신체적 반응과 감정적 반응을 캐치할 필요가 있다. 구성원이 그동안 살아오면서 의식 또는 무의식을 지배하고 있는 요소들을 파악 한다. 이는 추후 예술경영리더십코칭을 할 때 구성원의 의식을 파악하거나 변화시키는 데 중요한 단서가 될 수도 있다.

구성원에게 자신의 살아온 이야기를 솔직하게 해 주어 진심으로 감사하다는 인사를 하고 다음 일정을 서로 확인한 후 헤어진다. 이렇게 일 대 일로 식사를 함께 하고 구성원이 자신이 살아왔던 이야기를 예술경영리더(코치)와 나눈 이후의 진행 세션은 그 전 세션보다 분명히 좀 더 친밀하고 신뢰도가 함께하는 세션 분위기가 되는 데 기여한다.

자료: 선행연구에 의한 저자 재구성

2. 쉐도우(Shadow Coaching) 코칭

예술경영리더십 쉐도우 코칭(Shadow Coaching)이란 일정시간 동안 구성원의 일상적인 행동을 촬영과 관찰을 통하여 이를 구성원과 함께 피드백을 하는 것을 말한다. 일상적인 행동이란 다음과 같다.

1. 회의하는 모습
2. 보고 받는 모습
3. 지시하는 모습

4. 직원들과 대화하는 모습
5. 직원과 면담하는 모습
6. 기타

1) 예술경영리더십쉐도우코칭(Shadow Coaching) 기대효과

보통 사람들은 무의식적으로 하는 좋지 않은 행동들이 있다. 그것들에 대해 그냥 말로만 하는 지적은 상대방이 잘 인정도 하기 어렵고 오히려 반발심을 일으킬 수도 있다. 그뿐만 아니라 실감이 나지 않아 교정하기가 쉽지 않다. 그러나 이러한 행동을 촬영하여 자기의 모습을 스스로가 직접 보면서 자기의 행동이 안 좋다는 것을 인정할 수가 있어 교정하는 효과가 크게 나타난다.

2) 예술경영리더십쉐도우코칭(Shadow Coaching) 진행 방법

예술경영리더십쉐도우코칭의 진행은 먼저, 구성원에게 취지를 설명하여 일상적인 행동을 관찰하는 시간과 장소를 서로 협의하여 정한다. 그리고 정해진 시간과 장소에 가서 미리 구성원과 함께하는 동료들에게 예술경영리더십쉐도우코칭의 취지를 설명한 뒤 리더의 촬영이나 관찰에 대해 전혀 의식하지 말고 평소와 하던 대로 해 달라는 부탁을 한다.

구성원의 일상 행동에 대해 촬영과 관찰을 시작한다. 이때 촬영은 모든 시간을 다 촬영하는 것이 원칙이지만 그러한 장비가 없거나 너무 시간이 많이 소요될 때는 중요하다고 판단되는 장면에 대해서만 부분 촬영할 수도 있다. 또한 구성원의 행동을 세심하게 관찰을 하고 중요한 장면들에 대해서는 메모를 하여 피드백 준비를 한다.

3) 피드백

예술경영리더(코치)는 촬영된 영상을 미리 보고 피드백을 할 장면을 선정하고, 관찰을 통한 피드백할 내용 등에 대해 정리하여 피드백을 준비한다. 예술경영리더십쉐도우코칭 후의 다음 세션에서 구성원과 함께 피드백을 한다. 먼저 구성원에게 예술경영리더십 쉐도우코칭을 할 때의 느낌에 대해 먼저 나누어 본다. 그리고 촬영된 영상을 고객과 함께 보면서 먼저 구성원 스스로의 피드백을 들어 본다.

구성원 스스로 판단할 때 본인의 좋은 행동과 바람직하지 않은 행동에 대해 구성원의 이야기를 들어 본다. 그리고 나서 예술경영리더(코치)가 관찰한 내용에 대해 피드백을 전달한다. 그리고 앞으로 계속 발전적으로 지양해야 할 행동과 개선 및 교정해야 할 행동에 대해 구성원과 함께 협의하여 결정을 한다.

4) 실행계획 수립과 및 상호 책임 합의

피드백을 통해 나온 내용 중 구성원이 계속 더 발전적으로 지향해야 할 행동과 개선 및 교정을 하여야 할 행동에 대해 구성원 스스로 실천 계획을 수립하게 한다. 그리고 예술경영리더는 이 실천 계획에 대한 상호책임에 대해 합의한다. 예술경영리더십코칭 세션이 끝날 때까지 상호 책임에 대하여 매 세션별로 점검을 하고 피드백을 한다. 구성원 스스로 개선에 노력을 보이고 개선의 효과가 나타날 때마다 구성원에게 칭찬과 격려를 해 준다. 그러나 개선의 노력이나 효과가 미미할 때는 구성원 스스로 정하고 약속한 실천 계획에 대해 리마인드 (remind)를 해 주며 실천할 수 있도록 관심과 격려를 해줄 필요가 있다.

예술경영리더십쉐도우코칭(Shadow Coaching) 피드백 사례

① 장점

1) 회의 시작 前 격의 없는 Ice Break로 상호 Relation 실시

   → 친형 같은 태도와 친화력으로 자연스럽게 Relation 유도

2) 효율적인 "회의 문화" 정립에 솔선수범

   → 사전 이슈 공유 – 사전 시간 설정 등

3) 구성들에게 솔직하고 날카로운 질문과 공감을 유도한 강력한 지시를 통해 회의에 대한 집중 및 효율성 강화

   → 모르는 것에 대해선 솔직하게 질문함으로써 친밀/신뢰감 형성

   → 업무에 대한 날카로운 질문과 지적(오타, 용어 통일 등)

   → 일방적 지시가 아닌 질문(해 보면 어떨까? 등)을 통해 공유를 유도하면서 일단, 공유된 건에 대해선 강력한 지시

② 보완점

1) 경청과 관찰을 하고 있으나 좀 더 기술적이었으면 하는 바람.

   → 좌석 배치에 따라 눈 마주치기 어려운 위치에 있는 구성원에게도 의도적인 눈 맞춤과 리액션(reaction) 필요

2) 친밀도는 좋으나 반말 일변도보다는 가끔 존댓말 병행 요망

③ 실행 계획

• 장점 활용 강화 및 보완점 보완 다짐 → 경청과 관찰 스킬 배양

• 존댓말과 반말 사용에 대한 직원들의 의사 타진 예정

• 서포터즈 선정 및 칭찬하기 실천

제 6 세션
예술경영리더십코칭
'코칭 대화'하기

1. 예술경영리더십코칭 대화

예술경영리더(코치)는 셀프 코칭에서 학습한 대화의 내용에 대해 예술경영리더십 그룹 코칭으로 학습을 진행하고 T – Grow(Goal-Reality-Option-Will)대화 모델로 상호 실습하게 한다. 아울러 현장에서 구성원과 예술경영리더십코칭 대화를 한 후 상호 피드백을 한다.

T-GROW 질문 모델

• 주제/목표 설정(Goal)

"무엇에 대해 이야기하고 싶은가요?"

"지금 가장 중요하고 시급한 과제와 이슈는 무엇인가요?"

"그 주제의 가장 긍정적인 모습은 어떤 것인가요?

"이 결과는 당신에게 어떤 의미가 있나요?"

• 현실 파악(Reality)

"문제 해결을 하는 데 방해요소는 무엇인가요?"

"무엇 때문에 이 문제가 일어나고 있다고 생각하십니까?"

"이를 해결하기 위해 지금까지는 어떤 노력을 해 오셨나요?"

• 대안 창출 (Option)

"다른 대안이 있다면 어떤 방법이 있을까요?"

"그 중 어떤 방법이 있을까요?"

"그럼에도 불구하고 대안을 3가지만 찾아본다면 무엇이 있을까요?"

• 실행 의지

"무엇부터 하시겠습니까.

"언제부터 어떻게 해 보시겠습니까?"

"언제쯤 중간 점검을 해 보시겠습니까?"

"제가 언제 어떤 방법으로 점검해 드리면 좋을 것 같습니까?"

자료: 정진우(2008), 코칭 리더십, 아시아코칭센터, PP.114-116에서 저자 재구성

예술경영리더십코칭 대화 후 느낀 점 상호 피드백

1. 예술경영리더십코칭 대화에서 어떤 점을 느끼셨습니까?

2. 좀 더 개발하면 좋겠다고 생각되는 것은 어떤 것입니까?

3. 리더(코치) 역할을 했을 때 자신의 잘된 점은 무엇입니까?

4. 좀 더 개발하고 싶은 것은 어떤 점입니까?

제 7 세션
예술경영리더십코칭
'자아 성찰·소중한 꿈' 이루기

1. 자아 성찰

　예술경영리더십코칭을 통한 기대효과 중 고객의 자아 성찰을 통해 삶을 재조명하게 함으로써 행복하고 풍요로운 삶을 설계하도록 유도한다. 이렇게 앞만 보고 열심히 달려 온 구성원에게 예술경영리더십코칭을 통해 잠시 인생의 쉼표를 제공하면서 옆도 돌아보고 뒤도 돌아보면서 "삶"에 대해서, "행복"에 대해서 특히, 자기 자신의 내면과의 대화를 통해 "자기 성찰"을 하게 하는 세션은 실제 많은 리더들이 예술경영리더십코칭의 가장 큰 효과로 꼽고 있다. 즉 올라갈 때 보지 못한 삶에서 중요한 그 꽃들을 코칭을 통해 보게 하는 것이다.

　다음의 질문과 앞의 "예술경영리더십코칭 리더 셀프 코칭" 자료를 활용하여 구성원의 내면을 성찰하게끔 한다.

- "지금까지 어떠한 존재로 살기 위해 노력해왔는가?"
- "나의 인생을 한 문장으로 적어 보기"
- "인생의 좌우명"은? 그 이유는?

- "나의 묘비명은 ＿＿＿＿ 라고 쓰여 있기를 원합니까? 그 이유는"?
- "당신은 누구 십니까"?(10회 이상 질문 반복)
- "유서 써보기"
- "자기 자신과의 파워 인터뷰"
- "본인에게 편지 쓰기"(1년 후 개봉)
- "삶의 의도 메트릭스"
- "나의 소중한 꿈 찾기"

2. 원더풀 라이프(Wonderful Life)를 원한다면!

구성원의 남은 인생 동안 원하는 것을 이룰 수 있도록 예술경영리더십코칭을 해 주어야 한다. 현재 구성원의 인생에서 가지고 싶은 것(having), 하고 싶은 것(Doing), 되고 싶은 것(Being)을 기록하도록 하라. 눈물이 날 정도로 경이롭고 행복으로 가득 찬 원더풀 라이프(Wonderful Life)를 달성하길 원한다면 먼저 구성원이 간절히 원하는 것을 아래의 방법과 양식을 참조하여 적도록 하라.

1) 가능한 인생의 많은 목표를 생각하라.

목표 하나를 한 장의 카드에 작성하며, 고치지 말고 생각을 멈추지 말고 빨리 작성한다. 가지고 싶거나, 하고 싶거나, 미래 되고 싶은 것을 구체적으로 작성하라. 되도록 카드의 중간에 목표를 적어 두자. 그래야 이후 여백에 내용을 추가할 수 있다.

2) 장기적으로 생각하라!

정한 첫 번째 목표는 몇 주나 몇 달 또는 1년, 5년 안에 달성할 수 있는 단기적인 것일 수도 있다. 목표를 정하면서 장기적 미래에 대해서도 생각해 보자. 10년, 20년, 30년, 50년, 심지어 100년 내 달성 할 목표를 적어라. 자신의 수명을 넘어서 다른 사람에게 넘겨 줄 수 있는 세대를 초월한 목표를 정해라.

3) 목표를 어떻게 달성할지 걱정하지 마라!

구체적 실행 계획은 나중에 정한다. 또한 목표가 우스꽝스럽거나 비현실적이라고 해서 그 목표를 버리지 마라. 수정하거나 목표를 줄이거나, 버리는 것은 나중에 일이다.

4) 다른 사람과 함께 해라!

다른 사람들에게도 목표를 정해보라고 하고 서로 공유하고 격려한다.

5) 말하라!

또 다른 방식으로 다른 사람에게 당신의 목표를 말한다. 사람들에게 중간에 끼어들어 질문을 하거니 비판하지 않도록 부탁하자. 다른 사람에게 당신이 말하는 목표를 적어달라고 부탁한다.

6) 비전을 보존하라!

안전하고 접근 가능한 장소에 목표를 보관하라. 카드 박스를 이용해도 될 것이다.

구성원에게 나머지 인생 동안 이루고 싶은 꿈을 100가지를 작성해 오라고 실천 약속을 한다. 물론 1~2주 동안 100가지를 다 작성하기가 어려울 수도 있다. 따라서 이번 기회에 본인의 "드림 노트(Dream Note)를 장만케 하고 생각이 날 때마다 기록하게 유도한다. 100가지 옵션에 도전하여 계속 내면에 있는 꿈을 끌어낼 수 있도록 격려한다. 때에 따라서는 "기적 질문" 등을 통해서 구성원의 꿈을 끌어내는 데 도움을 주는 것도 바람직한 예술경영리더십코칭 방법이라 하겠다.

꿈 100가지 작성과 달성 방법 30가지 작성하기 양식과 사례

구성원에게 먼저 이루고 싶은 꿈 100가지를 작성하게 한 후 그 중에서 가장 간절하고 시급하게 달성하고 싶은 꿈 한 가지를 선정하게 한다. 1차로 선정된 꿈에 대해 그 꿈이 가장 긍정적으로 달성된 모습을 그려내어 "상상하기"와 "확언하기"를 실시한다. 그리고 그 꿈이 달성된 것이 구성원에게 어떤 의미를 갖는지에 대해서도 공유를 한다. 그러고 나서 그 꿈을 달성하는 방법에 대해 30가지를 작성하게 한다. 통계에 의하면 "어떠한 목표든지 달성하는 방법을 30가지를 도출해 내면 반드시 이루어진다"라고 한다. 구성원도 방법 30가지를 작성하는 과정에서 평소에 생각하지 못했던 다양하고 참신한 방법들을 스스로 도출하면서 꿈을 이루는데 대하여 자신감을 갖게 됨으로써 더욱 열정적으로 노력하게 된다.

이루고 싶은 꿈(하고 싶은, 되고 싶은, 갖고 싶은) 100가지를 쓰세요 (작성 사례)

1. 세계최고의 예술경영인
2. 서예 작품 전시
3. 가족과 함께 설악산 or 지리산 등반
4. 설악산에 일주일 동안 거주하기
5. 100일간의 세계여행
6. 미러리스 카메라 갖기

7. 하루에 한 번씩 아이들 안아주기
8. 토익 800점 이상 달성하기
9. 분기에 한 번씩 아내와 영화보기
10. 계절별로 가족 여행하기
12. 매달 가족 모습 찍기(스냅, 사진)
13. 2년 뒤 가족과 함께 일주일 제주 여행

14. 전국 일주

15. 한 달 유럽 여행

16. 양육 교사

17. 55세에 경제적 자유(50억 갖기)

18. 바리스타 되기

19. 갈등관리, 코칭 자격증 취득하기

20. 한 달에 한 번 봉사활동

21. 공연관람 1년 12번하기

22. 하루를 감사하면서 되돌아보기

23. 제주도에 한옥 주택 마련하기

24. 에베레스트 베이스캠프 트래킹

25. 부모님 제주도 여행

26. 50세에 친구들과 2박 3일 여행가기

27. 가족들과 야구 구경

28. 蘭 키우기

29. 얼굴에 살 찌우기

30. 배에 王자 세기기 (몸짱)

31. 성악 배우기

32. 몸무게 60kg만들기

33. 두 달에 한 권 책 읽기

34. MBA 사이버 강의 듣기

35. 10km 단축 마라톤 완주

36. 한달 1권이상 책읽기

37. 한글 서예 배우기

38. 먹고 자고, 먹고 자고 2주 동안 해보기

39. 18번 노래 만들기

40. 옛날 첫사랑 만나보기

41. MOS 자격증 취득하기

42. 일주일에 최소 한 두 번 일기장에 일기 쓰기

43. 개인 서재 갖기

44. 가족과 함께 캠핑하기

45. 피아노 연주하며 노래 부르기 (딱 한 곡)

46. 원하는 차로 바꾸기

47. 漢詩 짓기(한문 배우기)

48. 전각/표구 배우기

49 한국 100대 명산 등반하기

50. 마케팅 공부하기

51.두 아들과 아내의 꿈 찾아주기

52. 최소 1년 한번 스승님 만나기

53. 브레이크 댄스 배우기

54. 친구들과 밤새도록 포커치고 사우나

55. 오랫동안 못 본 친구들 만나보기

56. 서울 고궁 돌아보기

57. 서울 여행

58. 하루 매일 10,000보 걷기

59. 팀원들과 1박 2일 등산하기

60. 드럼배우기… 등등

세 가지를 선택한 다음 최종적으로 한 가지 꿈을 선택하고 그 이유와 의미를 적어 보세요

1. 세계 최고의 예술경영인, 공연기획자(★) 되기.

2. 100일간의 세계여행.

3. 매일 10,000보 걷기.

최종적으로 선택한 꿈(꿈찾아주기)을 달성시킬 수 있는 방법(옵션) 30가지를 쓰세요

1. 하루 10분간 가족과 대화하기
2. 잘한 것은 칭찬하기
3. 하루에 한 번씩 안아주기(정서적 안정)
4. 1년에 세 번씩 체험 학습
5. 아내와 아이들 좋아하는 것 찾아보기
6. 꿈 리스트작성
7. DISC 검사하기
8. 가족끼리 부정적인 말 하지 않기
9. 가족과 하루를 감사로 돌아보기
10. 매일 영어회화 연습하기
11. 내가 먼저 변하기
12. 갈등관리, 코칭 배우기
13. 꿈이 있는 아빠/남편 되기
14. 가족끼리 화내거나 짜증내지 않기
15. 눈을 마주치고 얼굴을 보고 대화하기
16. 꿈 리스트 실행을 통한 성취감 얻기
17. 자신감을 심어주기
18. 존재 자체로서 존중하기
19. 가족 공동의 꿈 갖기
20. 건강 지키기
21. 게임/TV 많이 하지 않기
22. 책을 통한 간접 체험하기
23. 돈 벌어놓기
24. … 30. 매일 운동하기

3. 구성원들을 꿈을 꾸게 하라!

1) 참여형 팀 비전 설정

구성원들이 참여하여 팀의 미션과 비전을 정하고 달성 모습을 공유한다. 그리고 비전 달성을 위한 핵심전략을 수립한 후 핵심전략을 구체화할 실천 계획을 수립한다. 이후 예술경영리더는 팀 비전을 달성될 수 있도록 구성원에게 예술경영리더십코칭을 한다. 참여형 팀 비전 설정 양식의 <표 7-6>과 같다.

▌표 7-6 참여형 팀 비전 설정 양식의 예

우리 팀의 Mission & Vision [시점/모습(정량/정성), 팀/구성원]
우리 팀의 Vision 달성을 위한 핵심(예술경영리더십코칭 활용) 전략
핵심 전략을 구체화할 실천계획 (Who/What/How/When)

자료: 선행연구에 의한 저자 재구성

2) 구성원의 Dream Note 설정 및 실천계획 선언

▼ 그림 7-4 구성원의 드림노트 설정의 목적 - 목표 - 계획 체계와 작성의 예

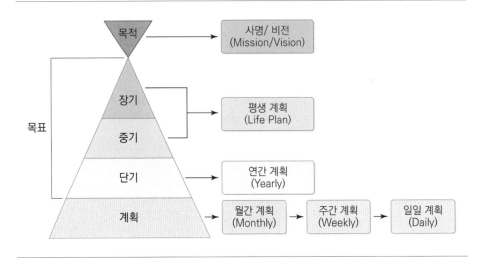

드림 노트 작성 사례

자료: 선행연구에 의한 저자 재구성

구성원에게 앞의 사례와 같이 각 개인별 드림 노트와 비전을 이루는 "자기발전 실천 계획"을 [그림 7-4]와 같이 매년 작성하고 팀의 잘 보이는 장소에 부착을 한다. 이는 비전을 글로 쓰고 선언하는 효과를 발휘할 수 있다. 또한 팀원 서로가 각자의 꿈을 공유함으로 서로 이해하고 배려할 수 있는 분위기가 조성된다. 분기별로 실천 정도를 상호 피드백을 함으로써 실천을 계속 지지하고 독려하는 것도 바람직하다. 이를 실천할 계획 양식 활용의 예는 <표 7-7>과 같다.

▎표 7-7 실천 계획 양식 활용의 예

	나의 발전을 위하여	머리는 차갑게, 가슴은 뜨겁게 행동하고 긍정적인 에너지가 넘치는 사람 되기 1. 나의 장점/단점/성향 파악하기 2. 직장/가정/학교 균형 맞추기 3. 상황에 지배당하지 않고 상황을 지배하는 습관 4. 감정 표현에 솔직해 지기
	직장의 발전을 위하여	• 프로페셔널(professional)한 업무 처리 • 인간미 넘치는 동료 1. 무거운 분위기보다는 의욕적인 분위기 유도하기 2. 실수 횟수 줄이고 미래를 예측하는 연습 3. Income 창출 아이디어 1개 이상 제안
긍정 에너지 프로 따뜻한 리더/남편/아빠	나의 가족을 위하여	• 한번 말하고 두 번 들어 주기 • 진심으로 이해해주고 대화하기 1. 아들과 매일 10분 눈 마주 보며 대화하기 2. 아내에게 매일 1가지씩 칭찬해주기 3. 화내기 전에 1번 더 생각하고 말하기
	소중한 나의 꿈을 위하여	• 현실의 틀을 깨고 매일같이 진화하기 • 5년 이내 연봉 1억 1. 새 차 구매 2. 대학교 졸업(2025년) 3. 평생 열정을 쏟을 수 있는 취미활동 시작하기 4. 남에게 보이기 위한 삶보단 나를 위한 삶을 사는 연습

제 8 세션
예술경영리더십코칭 종합 정리
셀프 코칭 주제·목표 설정

1. 예술경영리더십코칭의 마지막 세션

예술경영리더십코칭의 공식적으로 마지막 세션이다. 일단 오늘의 마지막 세션이 오기까지 약 3개월 동안 구성원이나 리더 모두에게 그동안 함께 했던 많은 대화와 깨달음들이 머리에 스쳐 지나갈 것이다. 마지막 세션은 그동안의 세션과는 달리 처음 시작할 때부터 "그동안 바쁜데도 불구하고 예술경영리더십코칭에 열심히 임해 주어 진심으로 고맙다"라는 인사를 먼저 건네고 시작하는 것이 "이게 진짜 마지막이구나"라는 느낌을 갖게 해 주며 그동안의 코칭과는 구분 되는 분위기를 자연스럽게 형성할 수 있다.

마지막 세션에서는 다음 3가지를 중점적으로 다루게 된다.

1. 그동안 구성원과 예술경영리더가 함께 추진했던 "주제별 목표의 달성 여부 최종 확인"
2. 리더와 함께 하는 마지막 세션이 끝나고, 이후 스스로 예술경영리더(코치)가 되어 조직이나 자신에게 예술경영리더십코칭(셀프 코칭)할 주제 및 계획 발표
3. 예술경영리더십코칭 과정 총 정리 및 마무리 인사

1) 예술경영리더십코칭 주제별 목표 달성 점검

예술경영리더십코칭 주제별 목표, 즉 일, 리더십 목표, 개인적 목표에 대한 달성 여부를 최종 확인을 한다. 최초 목표 달성여부가 정량화로 되어 있는 목표는 정략적으로 확인이 가능하기 때문에 수치로 평가하면 된다. 그러나 정성적인 목표에 대해서는 사전에 설정한 구성원의 주관적 지표를 기준으로 평가하거나 해당 서포터즈(supporters) 구성원의 설문 및 인터뷰 결과를 가지고 평가할 수 있다. 물론 이 평가방법에 대해서는 목표를 설정할 때 사전에 리더와 협의하여 결정을 하고 그 내용(예를 들어 설문지 구성이나 질문 항목 및 인터뷰할 때 질문 항목 등)에 대해서는 사전에 준비를 마쳐야 한다.

설문지 작성 및 인터뷰 대상은 해당 직원에 대해 실시하되, 예술경영리더십코칭 전에 인터뷰를 하였던 스폰서와 서포터즈 인원에 대해서는 반드시 인터뷰를 실시하여 사전 사후에 대해 비교 평가를 한다.

처음 정했던 목표를 달성 했을 경우에는 축하와 함께 그동안의 노고에 대해 치하를 해 준다. 사전에 목표 달성 시 구성원이 스스로에게 선물을 주기로 한 것이 있다면 실행하도록 격려를 해 주고, 리더도 작지만 의미 있는 축하의 선물을 주는 것도 좋다.

또한, 목표에 미달 했을 경우에는 구성원 스스로가 미달한 이유에 대해 분석을 하게 하여 무엇이 문제인지에 대해 스스로 깨닫게 한다. 아울러 미달된 목표에 대해서는 공식적인 예술경영리더십코칭이 끝난 이후에라도 구성원이 그 목표를 계속 달성할 의지가 있는 경우에는 향후 예술경영리더십셀프코칭 주제로 연계하여 계속적으로 추구하도록 권유한다.

2) 향후 예술경영리더십셀프코칭 주제 선정·실천 계획 발표

예술경영리더(코치)와의 공식적인 코칭은 끝났지만 그 이후도 진정한 예술경영리(코치)로서 스스로 예술경영리더십코칭 주제를 선정하여 목표를 정하고 실천해 가는 셀프 코칭을 할 수 있도록 권장하는 것으로서 단기적 이슈 30%, 중장기적 이슈(70%)와 같이 비중을 두고 정하는 것이 좋으며 리더가 계속 지지하고 상호 책임을 진다는 인식을 공유하는 것에서 출발 한다. 아울러, 예술경영리더십셀프코칭 주제와 목표에 대해 내부적으로도 계속 상호책임을 질 수 있는 시스템을 갖추어 주는 것도 조직문화를 접목하는 차원에서 필요한 조치이다.

셀프 코칭 주제로는 구성원이 주도권을 가지고 결정하게 하는 것이 원칙이다. 그러나 주제별 코칭 목표를 최종 점검한 결과를 가지고 구성원이 계속 추구할 의지가 있고 조금만 노력하면 목표가 달성될 가능성이 있는 주제는 계속 연장하는 것도 바람직하다.

또한 주제별 목표를 설정할 때 애초부터 장기적 목표를 가지고 1단계 추진 목표로 설정하여 추진한 경우에는 당연히 2단계 목표로 주제를 바꾸어 계속 추진하게 한다.

개인적인 목표로서 이직이나 은퇴 이후의 생활에 대한 목표 설정과 그 목표 달성을 위해 지금부터 무엇을 준비하는지도 자연스럽게 예술경영리더십셀프코칭 주제로 하는 것도 바람직하다. 모 임원의 은퇴 이후에 대한 예를 들면 다음과 같다. 그는 은퇴에 대한 막연한 생각만 있었지 구체적인 계획은 없었다. 그러던 중, 예술경영리더십셀프코칭를 통해 은퇴에 대한 주제를 선정하였다. 그래서 오랫동안 문화예술 산업현장에서 근무한 경험을 살려 국내에 있는 지역에서 부부가 함께 봉사활동을 하고 싶다는 목표를 세웠다. 실천 계획으로 이를 위해 주민 참여가 주도적인 문화도시의 거버넌스 구축을 위한 모임운영은 물론 공연장과 지역문화재단에서 실시하는 각종 아카데미에서 강사로 참여하기로 하였다.

이 외에도 은퇴 이후에 하고 싶은 일을 위해 사전에 준비할 것들을 정하여 실천하거나 책을 쓰기 위해 자료수집과 북한 탈 주민을 위한 문화예술 단체운영 등의 제 2의 인생의 목표를 구체화하고 준비하는 실천 계획 등을 예술경영리더십 셀프코칭 주제로 설정할 수도 있다. 이같이 예술경영리더들이 현업에 바쁘다 보니 은퇴 이후의 인생 2모작에 대한 생각은 갖고는 있지만 구체화하는 것에 대해서는 시간적, 정신적 여유가 없었는데 예술경영리더십코칭을 통해 셀프코칭의 주제로서 구체적으로 다루게 되는 계기가 되어 의미 있어 하는 리더가 많다. <표 7-8>은 예술경영리더십셀프코칭 주제 목표설정을 위한 사용양식의 예이다.

주제	목표	실천 계획(핵심)	비고

자료: 선행연구에 의한 저자 재구성

3) 예술경영리더십코칭 전체 리뷰 & 평가

그동안의 전 과정에 대해 리뷰(review)하고 종합적으로 평가하는 시간이 필요하다. 처음 가졌던 생각과 끝난 시점에서 생각과 비교하고 유익한 점이나 앞으로 계속 적용하고 싶은 것 등 주요 질문으로 도출한다. 전체 리뷰·평가 후, 예술경영리더십코칭 질문의 예는 <표 7-9>와 같다.

이번 예술경영리더십코칭을 통해 변화한 점이나 깨달은 점은 무엇입니까?

특별히 유익했던 것은? 앞으로 실전에서 적용해 보고 싶은 것은 무엇입니까?

이번 예술경영리더십코칭을 통해 영감이나 자극을 받았던 것은 무엇입니까?

실전에서 적용하여 성과가 있었던 것은 무엇입니까?

예술경영리더십코칭을 통해 새롭게 인식된 리더십 가치는?
향후 추구하고자 하는 새로운 예술경영리더십 스타일은 어떤 것입니까?

4) 조직에서 성공 모습 촬영 및 핵심 실천계획 도출

이제 마지막 질문으로 조직에서 가장 성공적인 모습(언제, 어디서 무슨 일을 하고 있으며 사람들은 어떤 예술경영리더라고 하나요?)을 상상하게 한 후 상상 속에서 자세를 취하게 하고 사진을 찍어 뇌에 그 모습을 각인시킨다. 그리고 그 모습을 달성하기 위해 지금부터 무엇을 하여야 하는지에 대해 <표 7-10>과 같이 양식을 활용하여 도출하게 함으로써 궁극적으로 준비하여야 할 것을 스스로 깨닫고 준비하게 한다.

▌표 7-10 조직에서 핵심 실천 계획 양식의 예

궁극적으로 이루고 싶은 가장 긍정적인 모습은?
(언제, 어디서, 무슨 일을 하고 있으며 사람들이 당신을 어떤 예술경영리더라고 말을 하나요?)
눈을 감고 가장 긍정적인 그 모습을 생생하게 느껴보고 설명하라.
그 모습을 달성하기 위해 지금부터 갖추어야 할 꼭 필요한 3가지는?
1. 2. 3.

5) 공식적인 마무리 인사/허그

최종 마무리 할 순서이다. 다시 한 번 예술경영리더십코칭을 통해 소중한 만남에 감사하고 성실히 예술경영리더십코칭에 임해 주어 감사하다는 말을 전달한다. 책이나 가벼운 선물을 주고받는 것도 좋은 방법이다. 헤어질 때 백 마디 말보다 진정성이 담긴 서로의 허그(hug)도 좋은 방법이다. 다음의 TIP은 구성원이 언제 어느 때고 항상 구성원을 지지하는 리더가 있다는 인식을 강하게 심어주는 것도 의미 있는 마무리가 될 수 있다.

> 수고 하셨습니다.
> 여러 가지 어려운 여건하에서도
> 열정적으로 예술경영리더십코칭에 임해 주신 OOO님께
> 가슴으로 감사드립니다.
> 멋진 예술경영리더로 활약하실 OOO님의 모습을
> 미리 축하드립니다.
>
> 그리고
> OOO님이 언제 어떤 모습일지라도
> 끝까지 격려 지지하고 있는
> 한 예술경영리더(코치)가 있다는 사실도
> 꼭 기억 해주시길 바랍니다.
> 사랑합니다!

제 9 세션
예술경영리더십코칭, 팔로우 업 코칭
지원 시스템 구축

1. 지속적인 사후 관리

1) 지속적인 지원체계(Support System) 구축

구성원의 목표달성을 위해 애쓰고 지속적으로 격려해주는 일 외에도 예술경영리더(코치)가 해야 할 중요한 일이 있다. 그것은 바로 구성원의 성공 가능성을 극대화해 줄 지원 체계를 만드는 것이다. 지원체계는 도중에 의욕을 잃는 것을 막고 계속 전진하도록 도와준다. 구성원은 지원 체계의 도움으로 새로운 행동 습관을 잘 유지하고 더 많은 것을 성취할 수 있게 된다.

사람들은 큰 목표를 이루기 위해 행동을 하면서, 원하는 것을 이루는 데는 많은 노력과 희생이 필요하다는 사실을 깨닫는다. 이럴 때 사람들은 의욕을 잃을 수 있으며, 특히 장애물이나 어려움에 직면하게 되면 더욱 그렇게 되기 쉽다. 이와 같이 예술경영리더십코칭을 통해 새로운 일을 시작하는 것은 그동안 익숙했던 행동을 유지하는 것보다 훨씬 어렵다. 새로운 습관이 완전히 자리 잡으려면 최소 30일에서 90일은 공을 들여야 한다. 변화하는 일은 혼자서는 하기 힘들다. 하지만 다른 사람들의 도움을 받는다면 훨씬 더 많은 것을 이룰 수 있다. 가장 성공적인 삶을 사는 사람들은 일을 혼자하려 하기보다는 다른 사람에게 도움을 구하고 도움을 받아들이는 법을 아는 사람들이다.

그동안 세션에서는 점검 해주고 지지해 주는 역할을 예술경영리더(코치)가 맡았지만 이제 옆에 없고 스스로 헤쳐나가야 하는 상황이 오면 오래된 나쁜 습관으로 바로 돌아가 버릴 위험이 크다. 따라서 예술경영리더십코칭 세션이 끝나더라도 지속적으로 예술경영리더와 같은 역할을 해 줄 방법의 지원체계(Support System)를 구축하는 것이 반드시 필요하다.

지원체계를 사용하는 기간이나 빈도는 구성원이 이루고 싶은 목표와 해결방안의 특성에 따라 달라질 수 있다. 먼저 구성원 스스로가 자신에게 적합한 지원체계를 고안하도록 하는 것이 훨씬 바람직하다. 물론 예술경영리더로서 구성원의 동의를 얻어 몇 가지 아이디어를 제공할 수도 있다.

구성원들이 자신의 상황과 필요에 따라서 사용할 수 있는 방법들의 지원체계는 다음과 같다.

---

1. 후속 이메일, 문자나 카톡 등 SNS 활용
3. 리더와 짧은 전화 통화
4. 직장에서 지속적으로 보는 사람 중에 "스폰서나 서포터즈"를 선정하여 지원 받음
5. 직장에서 일정 기간 동안 "책임 파트너"를 지명하여 집중적으로 도움을 받음.
6. 가족 중에서도 일정 기간 동안 "책임 파트너"를 지명하여 집중적으로 도움을 받음
7. 플래너, 전자수첩, 알람 기능이 있는 스케줄 프로그램 사용하기.
8. 중요한 과제를 완수했을 때 가족, 친구, 동료들과 축하하기.

---

2) 팔로워 업(Follow up) 코칭

예술경영리더십코칭 종료 후 일정 기간이 지난 시점에서 진행하는 예술경영리더십코칭이다. 기간은 통상 1개월~2개월 정도의 기간으로 예술경영리더십코

칭 세션 후 너무 짧거나 길지 않는 기간이 적정하다.

　장기적인 예술경영리더십코칭 효과는 궁극적으로 조직에서 정책적으로　리더십 평가 KPI(Key Performance Index)제도를 도입하여 조직 내에서 예술경영리더(코치) 역할이 수행되도록 지속적인 관리로 예술경영리더십코칭이 조직문화(組織文化)를 정착하게 하는 것이다.

　하지만 팔로워 업(Follow up)코칭은 예술경영리더십코칭 세션이 끝난 후 그동안 예술경영리더(코치)와 함께 하였던 세션에서 벗어나 구성원 홀로 스스로를 셀프코칭하는 기간을 1~2달 정도 진행해본 후, 다시 리더와 만나 마지막 세션에서 정했던 셀프코칭 주제별 목표 달성 여부를 점검하고 피드백하는 것이다.

　구성원 스스로 셀프코칭 할 때 애로사항과 장애 요인이 있는 경우에는 향후, 예술경영리더십코칭을 통해 해결점에 대해 찾아본다. 그리고 필요하면 예술경영리더십코칭의 지속적 도움이나 조직 내부의 "지원 시스템"을 보다 적극적으로 가동하게끔 하는 방법을 모색한다. 또한 셀프코칭의 성과가 탁월하면 예술경영리더는 "칭찬"을 통해 인정하여 더욱더 자신감을 가지고 훌륭한 예술경영리더(코치)로서 성장하도록 "지지"를 보내 준다.

　팔로워 업(Follow up) 코칭의 기대 효과는 8회 세션이 끝나고 일정 기간 동안 구성원 스스로 셀프 코칭(Self Coaching)을 할 수 있도록 함으로써 궁극적으로 조직 내에서 탁월한 예술경영리더(코치)로 성장하는 브릿지(Bridge)역할을 하는 것이다.

문화·예술경영 현장의 탁월한 리더들의

예술경영리더십코칭
Practice Note

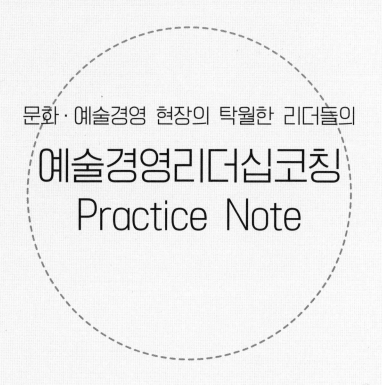

셀프 코칭 Practice Note

구성원 코칭 Practice Note

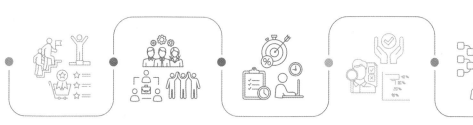

예술경영리더십
셀프 코칭
Practice Note

예술경영리더십코칭 '성장과 변화를 위해서'

예술경영리더십코칭 리더로 거듭나기 위해 새로이 시작하기 前
지금 현재 자신의 생각을 점검해 보세요.

꿈을 이루기 위해 지금까지 생각해 보지 않았던 새로운 방법이나 시도는 무엇이 있을까요?

나의 수정(修正) 리스트(수정하여야 할 생각, 말, 행동, 습관과 태도 등)

Daily Practice list

목표 (달성 모습/의미)	달성 전략 (핵심 실천 사항)	매일 실천 사항 (반복적/구체적 실천 사항)

나의 예술경영리더십 스타일 평가 및 예술경영리더십 목표 설정

현재, 나의 예술경영리더십 중 계속 강화하여야 할 장점은?

향후 "탁월한 리더"가 되기 위해 개선하거나 보완하여야 할 리더십 스타일은?

나의 예술경영리더십 철학은?

예술경영리더십 목표 & 실천 방안

예술경영리더십코칭 리더십에 대한 이해와 활용 목표

"예술경영리더십코칭"은 어떤 리더십이라 생각하나요?

"예술경영리더십코칭"이 부각되는 배경이 무엇일까요?

앞으로 리더로서 "예술경영리더십코칭"을 어떻게 활용하시겠습니까?

예술경영리더십코칭 '행복한 성공'을 위한 질문

나에게 "성공"이란?

나에게 "행복"이란?

↓

나에게 "행복한 성공"이란?

예술경영리더로서 달성할 목표, 확언 & 핵심 달성 전략

예술경영리더로서 반드시 이루고 싶은 3대 목표는?

가장 간절한 목표 1 선택 → 선택 이유는? 그리고 달성 모습은?

예술경영리더로 목표 달성은 나에게 어떤 의미가 있는가?

확언(목표 달성 모습을 현재 완성된 상태로 진술)하기

목표 달성을 위해 지금부터 무엇을 하여야 하는가?
(달성 방법 20가지 작성 → 핵심 전략 3가지 작성)

예술경영리더십코칭 '스트레스 자가 진단 테스트'

전혀 그렇지 않다 0점/가끔 그렇다 1점/자주 그렇다 2점/꽤 자주 그렇다 3점/항상 그렇다 4점

문항	점수
1. 충분히 잠을 자는 데도 피곤하다.	
2. 조금만 불편해도 기분이 가라앉고 짜증이 나며 참을 수가 없다.	
3. 내가 하는 업무가 하찮고 쓸데 없는 것 같아서 우울하다.	
4. 나는 필요한 만큼 유능하지 못한 것 같다.	
5. 나는 신체적, 정신적으로 모두 지쳐 있다.	
6. 나는 성 생활에 관심이 적어졌다.	
7. 다른 사람들의 문제나 욕구에 대해서 무감각해졌다.	
8. 잘 잊어 버린다.	
9. 쉽게 지루해진다.	
10. 왜 일하냐고 자문하면 "월급을 받기 위해서"라는 답이 나온다.	
11. 내가 하는 일에 거의 열정을 느낄 수 없다.	
12. 맡은 책임을 모두 수행하는 데 분노가 느껴진다.	
13. 내 시간과 에너지를 계속 쏟아야 하는 것을 피하고 싶다.	
14. 내 의사 결정 능력이 평상시보다 저하된 것 같다.	
15. 내가 하는 업무의 질이 필요한 만큼에 이르지 못한다.	
16. 나는 지금 질병에 걸리기 쉬운 상태이다.	
17. 친구나 가족들과 의사소통할 때 뒤틀려져 있다.	
18. 집중하는 데 어려움이 있다.	
19. 식사량이 달라졌고 커피, 찬 음료나 술을 더 마시고 담배를 더 피운다.	
20. 나는 매사에 불만족하고 무엇인가 잘못된 것처럼 느껴진다.	

스트레스 자가 진단 점수 결과

- 0~25점: 적응을 잘 하고 있으며 특별한 조치가 필요 없음.
- 26~40점: 스트레스가 잠재해 있으며 예방적 행위가 필요함.
- 41~55점: 스트레스 위험이 있으며 적극적인 노력 필요함.
- 56~80점: 포괄적인 스트레스 관리와 전문적인 조치가 필요함.

구분		실천사항		점검 방법(How) 상/벌 계획
		무엇을(What)	어떻게(How)	
몸 건강	식습관 관리			
	운동하기			
마음 건강	스트레스 관리			

- 건강관련 내용을 참조하여 스스로의 건강관리를 위한 실천 (What/How)계획 작성
- 식습관 관리: 물 마시기, 소식(小食, 30번 씹기), 균형 있는 식사하기 등
- 운동하기와 스트레스 관리를 자기에 맞게 실천(What/How) 계획 작성
- 점검 방법: 스스로 점검할 수 있는 방법 선택, 실천 결과에 따른 스스로에게 상/벌 계획 작성

예술경영리더십코칭 '나의 비전가치 정하기'

난 어떤 비전을 가지고 전념해 왔는가?

나의 삶의 목적을 한 문장으로 적어 본다.

• 난 무엇을 위해 노력하고 있는가?

• 내 삶의 목표는 무엇인가?

• 내가 삶에서 원하는 것들의 목적과 목표는 무엇인가?

나의 삶의 좌우명은? 그 이유는?

나의 묘비명에는 _____ 라고 쓰여 있기를 원합니까? 그 이유는?

난 _____한 사람이 될 것이다.

자료: 이의용(2015) 스무 살의 나의 비전(2판) 내용에서 저자 재구성

┌───┐
│   예술경영리더십코칭 사명 선언문(Mission Statement)   │
└───┘

나의 미션(사명)   ~해서(~로서)   기여(제공)하겠습니다.

위 사명을 수행하기 위한 나의 역할 정하기
(부부/부모/자녀/가족구성원, 직장동료, 친구, 이웃, 사회인, 신앙인, 동호회, 단체/기타)

1. 부부	
2. 부모님	
3. 자녀	
4. 가족구성원	
5. 직업인	
6. 이웃/친구/사회	
7. 신앙인	
8. 동호회/단체	
9. 기타	

자료: 강규형(2008), 성공을 바인딩하라, 지식의 날개

평생 간절히 이루고 싶은 꿈은? 의미는?	그 꿈을 달성했을 때(시점)의 모습은?

이루고 싶은 꿈(하고 싶은, 되고 싶은, 갖고 싶은) 50가지를 쓰세요.

상기 꿈 중 가장 간절한 한 가지 꿈을 선택하고 선택한 이유와 그 의미를 적어 보세요.

최종적으로 선택한 꿈을 달성시킬 수 있는 방법(옵션) 30가지를 쓰세요.

예술경영리더십
구성원 코칭
Practice Note

예술경영리더십코칭 Vision & Action plan

구성원 육성을 위한 예술경영리더십코칭을 통해 이루고자 하는 비전 & 목표

대상	예술경영리더십 코칭 목표/기대 효과	예술경영리더십코칭 방법	일정/횟수

예술경영리더십코칭 목표 설정 및 실천 계획

이름		직업/직위/직급	
입사/연도/경력 (자/타사)			
행동 유형(DISC)		심리 유형(MBIT)	
가족사항		특이사항	

장점(탁월성, 핵심 역량 등) → 칭찬해 주고 싶은 것(5가지 이상)

개선 및 보완해야 할 사항

그가 나에게 거는 기대	내가 그에게 거는 기대

⬇

예술경영리더십코칭 목표 & 기대 효과

예술경영리더십 코칭 주제		예술경영리더십 코칭 방법	

예술경영리더십코칭 구성원 정보 파악을 위한 질문 참조 양식	
구분	**내용**
• 출생/입사일 • 현재까지 살아오신 것을 간략하게 소개	
• 자신의 장점/단점은?	
• 가족 관계는?	
• 취미생활은? 자신만의 스트레스 해소법은?	
• 좋아하는/잘 하는 음식은?	
• 가장 잘 부르는 노래는? 이유는?	
• 가장 감명 깊게 본 영화/책/말씀(내용)	
• 살아오면서 가장 인상 깊었던 사람은? • 이유는? [고객/스승/선배/동료/직원] • 인생 모델로 삼고 있는 분은? 이유는?	
• 살아오면서[근무중] 가장 보람 있었을 때 • 힘들었을 때가 언제? 이유?	
• 어떤 자녀/배우자를 원하는가?	
• 예술경영리더십코칭에 기대하는 것은? • 예술경영리더십코칭을 어떻게 활용하시겠는가?	
• 평생 반드시 이루고 싶은 목표는? • 달성 후 모습은?	
• 인생을 살아가는 데 좌우명은? 이유는?	

예술경영리더십코칭 보고서(표지)

성명		사진
부서		
직업/직급/직위		

구분	성명	메일	연락처	비고
Coach				
Sponsor				
Supporter				

차수	날짜, 시간	장소	비고 (참여도10점/목표달성%)
1회			
2회			
3회			
4회			
5회			
6회			
7회			
8회			

피드백 미팅			

	예술경영리더십코칭 세션 사전 준비

라포 형성, 이슈 관찰

	내용	양식/준비물
실천약속 확인 피드백		
금일 진행 주제		
주제별 예술경영리더십코칭 목표 점검		

다음 세션 실천 약속	양식/준비물

	예술경영리더십코칭 주제별 목표설정을 위한 이슈 도출

	이 슈	배경과 필요성	해결될 때 기대효과
개인 이슈			

	이 슈	배경과 필요성	해결될 때 기대효과
업무(일)와 리더십 이슈			

예술경영리더십코칭 주제별 목표 합의서

예술경영리더십코칭 목표(일, 리더십 관련)

달성 시점 모습 (사전·사후 변화) 의미	
실천 방법	
평가 방법	

예술경영리더십코칭 목표(개인적, 건강, 부부/자녀와의 소통 등)

달성 시점 모습 (사전·사후 변화) 의미	
실천 방법	
평가 방법	

위의 목표를 달성하기로 합의합니다.

이름: _____ (sign)   이름: _____ (sign)

       COACHEE   COACH

작성 방법
1. 주제별 예술경영리더십코칭 목표를 설정하여 명확하게 표현한다.
2. 목표를 이루었을 때의 모습과 기대되는 변화를 작성한다.
3. 목표 달성을 위한 구체적이고 실천 가능한 방법을 작성한다.
4. 목표를 달성했는지를 확인할 수 있는 평가 방법에 대해 작성한다.

예술경영리더십코칭 주제별 목표 달성을 위한 실천 계획

1. 예술경영리더십코칭 주제

1. 조직 목표: 팀웍 강화
2. 리더십 목표: 팀원 업무 역량강화
3. 개인 목표: 건강 관리

2. 예술경영리더십코칭 주제별 달성도 측정 및 진척 사항 체크

주제	구체적 행동 변화	현재 (점수)	목표 (점수)	1	2	3	4	5	6	7	비고
1											
2											
3											

예술경영리더십코칭 일지			

(　　) 회

이름		일시/장소 소요 시간	
실천 약속점검 (이전 세션)			
예술경영리더십 코칭 실시 • 목표 • 주제 • 내용 • 특이사항			
오늘의 진행 성과 • 성찰 • Reflection			
다음 세션 실천 약속 – 서로 확인			
다음 일시·장소			

예술경영리더십코칭의 구성원 DISC 성향 검사 결과 및 리더십 방향 설정

| 직책 | 이름 | DISC결과 | | 예술경영리더십 코칭 방향 |
		예상유형	실제 결과	

느낀 점과 향후 리더십 방향 설정하기

"사람은 자기와 비슷한 사람을 무의식적으로 좋아한다"

	관찰을 통해 발견한 사항	

신체적 언어	• 시각(외모)
	  – 복장, 헤어 스타일
	  – 액세서리	

	• 시각/청각
	  – 얼굴표정, 시선
	  – 몸 짓, 손 짓
	  – 말의 속도, 양
	  – 말투, 목소리 크기	

감정적 언어	• 감정 • 의도	
기타 관찰 특이사항	• 잠재 탁월성 • 기타	

예술경영리더십코칭 꿈과 꿈 달성을 위한 옵션 만들기(구성원)

평생 간절히 이루고 싶은 꿈은? 의미는?	그 꿈을 달성했을 때(시점)의 모습은?

이루고 싶은 꿈(하고 싶은, 되고 싶은, 갖고 싶은) 50가지를 쓰세요.

상기 꿈 중 가장 간절한 한 가지 꿈을 선택하고 선택한 이유와 그 의미를 적어보세요.

최종적으로 선택한 꿈을 달성시킬 수 있는 방법(옵션) 30가지를 쓰세요.

이번 예술경영리더십코칭을 통해 변화한 점이나 깨달은 점은 무엇입니까?

특별히 유익했던 것은? 앞으로 실전에서 적용해 보고 싶은 것은 무엇입니까?

이번 예술경영리더십코칭을 통해 영감이나 자극을 받았던 것은 무엇입니까?

실전에서 적용하여 성과가 있었던 것은 무엇입니까?

예술경영리더십코칭을 통해 새롭게 인식된 리더십 가치는?
향후 추구하고자 하는 새로운 예술경영리더십 스타일은 어떤 것입니까?

궁극적으로 이루고 싶은 가장 긍정적인 모습은?
(언제, 어디서, 무슨 일을 하고 있으며 사람들이 당신을 어떤 예술경영리더라고 말을 하나요?)

눈을 감고 가장 긍정적인 그 모습을 생생하게 느껴보고 설명하라.

↓

그 모습을 달성하기 위해 지금부터 갖추어야 할 꼭 필요한 3가지는?

1.
2.
3.

예술경영리더십 코칭 이슈 Key-Theme	
예술경영리더십 코칭 前 현상 (다면평가)	
예술경영리더십 코칭 진행 - Best Practice - 성공사례	
예술경영리더십 코칭 後 변화 (코칭 성과)	
예술경영리더십 코칭 소감 (대상자 대상)	

↓

예술경영리더십 리더(코치) 제언	

찾아보기

참고문헌

국내 문헌

강규형(2008), 성공을 바인딩하라, 지식의 날개

고미야 노부루, 이주윤(역)(2021), 조력 전문가를 위한 공감적 경청, 한국코칭수퍼비전아카데미.

고현숙(2007), 유쾌하게 자극하라, 올림.

고현숙·이신자(2011), 리더십코칭의 이론적 개념과 연구과제, 리더십연구 2(2), pp.111－134.

그림책편집기획팀(2012), 날마다 새롭게 사는 사람에게 주는 명심보감 50훈, 그림책

김나위(2017), DISC 행동유형과 사주명리학 일간(10天干)의 성격 비교 연구, 인문사회21, 8(1), pp.329－331.

김성근(2013), 리더는 사람을 버리지 않는다. 이와우

김성오(2013), 육일약국 갑시다. 21세기북스.

김성회(2017), 용인술, 사람을 쓰는 법: 사람 보는 법, 얻는 법, 기르는 법!, 쌤앤파커스.

김샛별(2020), 조직구성원의 리더십역량강화 코칭모델개발, 숭실대학교 대학원 석사학위논문, pp.7－54.

김영명·안효영(2014), 변혁적 리더십이 조직구성원의 혁신성과에 미치는 영향: 창의적 분위기의 매개효과 및 혁신성향의 조절효과, 기술혁신연구 22(2), pp. 247－285, 기술경영경제학회.

김영회·이건웅·이승철(2021), DISC: 누구도 피할 수 없는 우리 행동의 4가지 특성, 서울: 학이시습.

김정택·심혜숙(2007), 16가지 성격유형의 특성, 에세스타.

김정택·심혜숙·제석봉(2009), MBTI 개발과 활용, 어세스타.

김종건(2019), 사람을 거느리는 법: 이천오백년 노자 리더십의 정수, 유노북스

김혁수·김지원(2016), 지역문화재단 경영자의 전문성과 효율성 제고를 위한 요인별 특성에 관한 연구, 문화경제연구 19(2) pp. 121-146, 한국문화경제학회.

김현숙(2015), 조직 계층별 상사-부하간의 리더십 특성에 관한 연구: 변혁적·거래적 리더십 중심으로, 리더십연구 6(1), pp. 41－75, 리더십학회.

나폴레온 힐·주디스 윌리엄슨, 김한슬기(역)(2020), 나폴레온 힐의 인생수업, 스몰빅라이프

더글러스 스톤·쉴라 한, 김현정(역)(2014), 하버드 피드백의 기술, 21세기북스

도로시 리즈, 노혜숙(역)(2019), 질문의 7가지 힘, 더난출판.

데일 카네기, 이채윤(역)(2019), 사람의 마음을 사로잡는 칭찬의 힘, 상상나무

로라 휘트워스·헨리 킴지하우스·필 샌더힐, 박현준(역)(2009), 라이프 코칭가이드, 아시
    아코치센터, pp.27-72.

리처드 엘 휴즈·로버트 시 지넷·고든 제이 커피, 정재삼·김은지·두민영·이영민, 장성화·
    함성수(공동 역)(2019), 리더십개론, 교육과학사, pp.22-41.

레니 바론·엘리자베스 와겔리, 에니어그램 코칭 인스티튜드(역)(2012), 나와 만나는 에니
    어그램, 서울: 마음살림.

래리 킹, 강서일(역)(2004), 대화의 법칙, 청년정신

마쓰시타 고노스케, 남상진·김상규(역)(2009), 마쓰시타 고노스케 길을 열다, 청림출판

미네 나오노스케, 이채춘 역(2004), 닛산 리바이벌 플랜, 일송미디어.

미셀 레더먼, 도지영(역)(2019), 아는 사람의 힘, 유노북스

박상언(2015), 예술기관 리더십의 의미와 구현 방식, 문화예술경영학연구 제8권 1호 통권
    14호, 한국문화예술경영학회.

박신의(2015), 예술경영과 리더십, 온고잉 프로젝트?-예술적 리더십 개념과 역할에 대한
    소고-, 문화예술경영학연구 8(1), pp.3-24, 한국문화예술경영학회.

박양우(2006), 예술인 정책의 필요성 및 기본방향, 법학논문집, 30(2), 중앙대학교 법학연
    구원, pp.13-19.

박양우·황서이(2019), 토픽모델링과 의미연결망분석을 활용한 한국 예술경영 연구의 동향
    변화, 예술경영연구, 제50권, pp.5-31, 한국예술경영학회.

박정민·송윤아·류기현·이재은(2013), CEO 리더십 이론에 관한 개념적 모델의 탐색적
    연구: 카리스마적, 변혁적, 거래적 리더십을 중심으로, 벤처창업연구 8(1),
    pp.313-317, 벤처창업학회.

박정배(2009), 공연이벤트의 스폰서십 갈등관리와 협력적 커뮤니케이션을 통한 관계성과
    연구, 성균관대학교 박사학위논문.

박정배(2020), 예술경영학개론(개정판), 커뮤니케이션북스.

박정배·최창현(2019), 예술경영조사방법론, 박영사.

박정배·이인권(2017), 공연기획코디네이션 이해, 대왕사.

박정배·임연철(2013), 예술경영, 커뮤니케이션북스.

반성식·김민석(2007), 비영리조직의 투자결정 - 최고경영자의 경영마인드와 리더십을 중
    심으로 -, 산업경제연구 20(1), pp.277-304, 한국산업경제학회.

배정미(2020), 행정조직의 리더십 역량과 조직성과간의 구조적 관계에 관한 연구: 직무의 미성과 직무스트레스의 매개효과, 금오공과대학교 대학원 박사학위논문.

선종욱(2019), 선코치의 코칭학원론 전자책 시리즈(1-14), 도서출판 코칭.

시요우민·유원뤼·무원우, 손지현(역)(2011), 조직과 의사결정, 시그마북스.

신계화·김화례(2013), 공공 공연장 CEO의 리더 스타일이 품질경영 활동과 경영 성과에 미치는 영향, 한국콘텐츠학회 논문지 13(5), 한국콘텐츠학회.

스튜어드 웰스, 이순영 역(2007), 미래예측을 위한 전략적 사고, 현대미디어.

신준섭(2010), 조직문화유형과 코칭리더십이 조직몰입과 직무만족에 미치는 영향, 한양대학교 대학원 석사학위논문.

심현수(2020), 변혁적 및 거래적 리더십이 조직몰입에 미치는 영향: 코칭리더십의 매개 및 조절효과검증, 카톨릭대학교 상담심리대학원 석사학위논문.

앤드루 소벨·제럴드 파나스, 안진환(역)(2012), 질문이 답을 바꾼다, 어크로스

오정환(2009), 성공, 질문으로 승부하라, 호이테북스.

유필화(2015), 교보생명 신창재 회장의 리더십, 경영철학, 그리고 실적, 경영학연구 19(4) pp.161-180, 한국경영학회.

유정근(2019), 번혁적리더십과 서번트리더십이 조직시민행동에 미치는 영향에 관한 연구: 상사신뢰의 매개효과 및 조직문화의 조절효과를 중심으로, 안동대학교 대학원 박사학위논문.

윤규원(2018), 예비미술치료사의 도형심리검사 기질유형과 MBTI성격유형의 상관관계, 대구한의대학교 대학원 석사학위논문.

윤혜진(2018), 리덧비 다면평가에서 평가자간 불일치가 피드백 수용도와 개발 동기에 미치는 영향, 중앙대학교 심리서비스대학원 석사학회논문, p.5

이동연(2011), 3분 안에 Yes를 이끌어 내는 대화의 기술, 평단.

이서영(2014), 예스를 이끌어내는 설득 대화법 52, 원앤원북스

이의용(2015), 스무 살 나의 비전(2판), 학지사

이장우·허재원(2013), 리더십과 조직역량이 해외진출 전략에 미치는 영향-한류음악시장(K-pop)에서 SM엔터테인먼트의 사례, 경영학연구 17(1), pp.243-266, 한국경영학회.

이종선(2011), 따뜻한 카리스마: 싸우지 않고 이기는 힘, 갤리온, pp.213-215.

이지연(2021), 다시 일어서는 힘 리질리언스 코칭, 크레파스 북

이호건·엄민영(2018), 새로운 리더가 온다, 피플벨류HS.

이태헌(2017), 정보 지향성과 기술사업화역량, 변혁적 리더십이 경영성과에 미치는 영향, 한국산업기술대학교 박사학위논문

잭 웰치 · 수지웰치, 김주현(역)(2005), 잭 웰치 위대한 승리, 청림출판

잭 캔필드 , 정재완(역)(2013),불가능을 가능하게 만드는 코칭파워, 매일경제신문사

정진우(2008), 코칭리더십, 아시아코치센터, pp.114 – 116.

정진우(2012), 바라보면 가슴뛰는 것들, 아시아코칭센터.

정재완(2015), 실전비즈니스코칭 매뉴얼, 매일경제신문사.

정재완 · 주형근(2015), CCPI 코칭&컨설딩, 매일경제신문사.

정재창(2010), 리더십 다면평가에서 지각 차이와 평가자 규모에 관한 연구, 중앙대학교 대학원 박사학위논문.

정환호 · 이혜영 · 강은주 · 한주희(2011), 교향악단에서 지휘자의 변혁적 리더십과 리더, 대한경영학회지 24(4), pp.2053 – 2071, 대한경영학회.

조엘 아서 바커, 황태호(역)(1996), 패러다임을 전환하면 미래가 보인다, 초당

조현구 · 엄은숙(2017), 15%의 이기는 사장, 청림출판

존 우든 · 스티브 제이미슨, 올댓번역 역(2011), 리더라면 우든처럼, 지니넷

존 위트모어 · 김영순(역)(2020), 성과향상을 위한 코칭리더십, 김영사

주형근 · 황인표(2012), "e – Learning관련 학습 조직 특별성 행동유형 및 학업 스트레스 비교연구", 『e비즈니스 연구』, 13(5): 22 – 35.

지평길(2020), 이건희, 위대한 선택(2), 북씽크.

진성호(2019), 팀장의 리더십유형이 프로젝트 성과에 미치는 영향: 조직문화의 조절효과를 중심으로, 안양대학교 대학원 박사학위논문.

제나리(2019), 코칭리더십 연구의 동향 검토: 2011년 – 2018년 국내 등재(후보)학술지 중심으로, 한국인사조직학회 2019년도 춘계학술연구발표회 발표논문집, pp.1 – 15.

차동욱 · 김정식(2011), 중간관리자의 임파워링 리더십과 직무몰입, 조직몰입, 조직시민행동간의 관계, 조직과 인사관리 연구 35(1), pp.171 – 198, 한국인사관리학회.

추나영 · 이정훈,조송현(2009), 무용단장의 변혁적 리더십과 집단효능감 및 직무성과의 관계, 한국사회체육학회지 35(1), pp.73 – 85, 한국사회체육학회.

최효진 · 황소영 · 유용미(2006), 삶을 움직이는 힘 코칭 핵심 70, 서울: 새로운 사람들.

폴정(2009), 코칭설명서, 아시아코팅센터.

프리드리히 막스 뮐러, 장혜경 역(2011), 독일인의 사랑, 푸른숲주니어.

피터 드러커 · 윤영애 역(2011), 피터 드러커의 다섯 가지 경영원칙 자가평가 워크북, 아시아코치센터.

피터드러커 · 프랜시스 헤셀바인, 조안 스나이더 컬, 유정식(역) (2017), 최고의 질문: 세계 최고리더들의 인생을 바꾼, 다산북스

토니 스톨츠푸스, 김주희 · 송관배 · 김환영 역(2010), 코칭퀘스천, 한민사.

탁계훈·신제구(2017), 참여적 리더십이 목표몰입에 미치는 영향: 리더신뢰의 매개효과와
　　성장욕구강도의 조절효과를 중심으로, 경영교육연구 32(6), pp.143~168, 한국경영교
　　육학회.

하버드 비즈니스 프레스, 이상욱(역)(2008), 코칭의 기술, 한스미디어(주).

하성현·이윤현·양은진·김성남(2013), "미용실고객의 DISC 행동유형에 따른 상담서비스
　　만족도가 재방문의도에 미치는 영향",『한국미용학회지』, 19(3): 485－492

한영수(2013), 경영자의 코칭리더십과 코칭역량이 조직구성원의 조직몰입에 미치는 영향,
　　숭실대학교 대학원 석사학위논문, pp.5－23.

한충근·유연우(2016), 조직내부에서 상사의 변혁적 리더십과 조직몰입의 관계에서 조직원
　　의 지식경영활동에 따른 매개효과분석: 직종별 대기업 종사자 간 비교분석, 한국산학
　　기술학회논문지, 17(8), pp. 544－559, 한국산학기술학회.

혼다 켄 (本田 健)·홍찬선 역(2004), 부자가 되려면 부자에게 점심을 사라, 더난출판사

홍광수(2010), 관계, 아시아코칭센터.

국외 문헌

Albert Mehrabian(1971), Silent messages, Belmont, California, Wadsworth Publishing
　　Company.

Antelo, A., Prilipko, E. V., & Sheridan－Pereira, M. (2010), Assessing effective
　　attributes of followers in a leadership process. Contemporary Issues in Education
　　Research, 3(10), pp.1-12.

Anthony Robbins(1993), Awaken the Giant Within: How to Take Immediate Control of
　　Your Mental, Emotional, Physical & Financial Destiny!, Free Press.

Allan·Barbara Pease (2006), The Definitive Book of Body Language: The Hidden
　　Meaning Behind People's Gestures and Expressions, Random House LLC.

Bennis, W. G(1959), Leadership theory and administrative Behavior; The Problem of
　　Authority, administrative Science Quarterly 4, pp.259－260.

Bernard M. Bass, Ruth Bass(2008), The Bass Handbook of Leadership: Theory,
　　Research, and Managerial Applications, Free Press; 4th ed. edition.

Boysen,S., Cherry, M., Amerie, W., & Takagawa, M.(2018), Organisational Coaching
　　Outcomes: A comparison of a practitioner survey and key findings from the
　　literature. international Journal of Evidence Based Coaching and Mentoring, 16(1),
　　p. 159

Campbell, D.P. (1991). Campbell Leadership Index Manual. Minneapolis, MN: National

Computer Systems.

Carter, D., & Baghurst, T.(2014), The Influence of Servant Leadership on Restaurant Employee Engagement, Journal of Business Ethics volume 124, pp.453-464.

Covey, Stephen R(1994), Daily Reflections for Highly Effective People: Living the Seven Habits of Highly Successful People Every Day, Fireside Books.

Doc Childre and Bruce Cryer(2000), From Chaos to Coherence (The Power to Change Performance), Heartmath Llc.

Dolinsky, D.(2000), "On infanting one's beliefs from one's attempt and consequence for subsequent compliance", 『Journal of Personality and Social Psychology』, 78: 260−272

Dr. Peter Chee·Jack Canfield (2013), Coaching for Breakthrough Success: Proven Techniques for Making Impossible Dreams Possible, McGraw−Hill Education; 1st

Edwards, M.R. and Ewen, A.J. (1996) 360−Feedback The Powerful New Model for Employee Assessment & Performance Improvement. AMACOM, New York.

Elizabeth Hill; Catherine O'Sullivan; Terry O'Sullivan(1997), Creative Arts Marketing, Oxford [etc.] : Butterworth−Heinemann.

Fred E. Fiedler(1967), A Theory of Leadership Effectiveness, McGraw−Hill.

Fred E. Fiedler·Martin M. Chemers(1984), Improving Leadership Effectiveness: The Leader Match Concept, Wiley Press; 2nd edition.

Ginnett, R. C. (1996), "Team Effectiveness Leadership Model: Identifying Leverage Points for Change", Proceedings of 1996 National Leadership Institute Conference, College Park, MD, National Leadership Institute.

Hogan, RT, Curphy, GJ, Hogan, J (1994). What do we know about personality, leadership and effectiveness? The American Psychologist 49: 493-504.

James M. Kouzes, Barry Z. Posner(2017), The Leadership Challenge: How to Make Extraordinary Things Happen in Organizations, Jossey−Bass; 6th edition.

John C. Maxwell(2019), Developing the Leader Within You 2.0, HarperCollins Leadership; Reprint edition.

L. C. Spears(1995), "Servant Leadership: A pathway to the emerging territory," in spears, L. C.(Ed.), Reflection on Leadership: How Robert K. Greenleaf's theory of servant−leadership influenced today's top management thinkers, pp.198−213, New York: John Wiley & Sons, inc.

Kittie W. Watson, Larry L. Barker(2000), Listen Up: How to Improve Relationships,

Reduce Stress, and Be More Productive by Using the Power of Listening, St Martins Pr; 1st edition.

Mary Beth A. O'Neill(2007), Executive Coaching with Backbone and Heart: A Systems Approach to Engaging Leaders with Their Challenges Executive Coaching with Backbone and Heart: A Systems Approach to Engaging Leaders with Their Challenges, Jossey－Bass; 2nd edition, p.314.

Michaels, E., Handfield－Jones, H., & Axelrod, B. (2001). The War for Talent. Brighton, MA Harvard Business Press.

Mumford. M. D., Zaccaro, S. J., Harding, F. D., Jacobs, T. O., & Fleishman, E. A. (2000).

Leadership skills for a changing world: Solving complex social problems. Leadership Quarterly, 11(1), 11-35.

Gordon J. Curphy Richard L. Hughes, Robert C. Ginnett (2021), Leadership: Enhancing the Lessons of Experience 10TH Edition, International edition, McGraw.

Robert K. Merton(1968), Social Theory and Social Structure, Free Press.

Roger Fisher · William L. Ury · Bruce Patton(2011), Getting to Yes: Negotiating Agreement Without Giving In, Penguin Books; 3rd Revised ed. edition.

Rauch, C.F. and Behling, O. (1984) Functionalism: Basis for an Alternate Approach to the Study of Leadership. Leaders and Managers: International Perspectives on Managerial Behavior and Leadership, 45－62.

Sanders, M. G(2006), Missteps in team leadership: The experiences of six novice teachers in three urban middle schools, Urban Education, 41, pp.277－304.

Simona Botti(2000), What Role for Marketing in the Arts? An Analvsis of Arts Consumption and Artistic Value, International Journal of Arts Management, 2(3), pp.14-27.

Stuart Diamond(2012), Getting More: How to Negotiate to Achieve Your Goals in the Real World, Penguin Random House USA Ex.

Sherman Severin(2003), ROI in Executive Coaching Using Total Factor Productivity, ICF Coaching Research Symposium.

Talkington Andrew W., Voss Lautwrie S., Wise Pameta S., (2002), 'The Case for Executive Coaching' Business Magazine Chemistry Section.

Timothy Ferriss(2016), Tools of Titans: The Tactics, Routines, and Habits of Billionaires, Icons, and World－Class Performers, Houghton Mifflin Harcourt;

Illustrated edition.

William J. Byrnes(2003), Management and the Arts, Focal Press, p.180.

Yukl, G.(2010), Leadership in Organization. Prentice-Hall: Englewood Cliffs, NJ.

Zig Ziglar(2009), See You At The Top: 25th Anniversary Edition, Simon & Schuster Audio/Nightingale-Conant; Abridged edition.

기타 문헌

국제코치연맹(International Coach Federation: ICF) https://foundationoficf.org

국제코치훈련원(2021), T·R·A·I·N 기초 교재.

대동문화재단(2020), 문화로 국민행복을 책임진다: 문화예술, 세계와 교류하는데 힘쓸 것, 박양우 문화체육관광부 장관, 대동문화. 통권121호 (2020년 11/12월), pp.112-115

세계 최대의 글로벌 코치 양성기관 CCU https://www.coachu.com/

예술경영웹진(예술경영 461호) 문화행정 의사결정에 누가 영향을 주고 있을까?: 행정인, 기획인, 예술인 비교 관점 https://www.gokams.or.kr:442/webzine/wNew/column/column_view.asp?idx=2438&padx=90&searchString=ge=2&c_i%EB%A6%AC%EB%8D%94%EC%8B%AD&c_idx_2=all2

위키백과 https://ko.wikipedia.org

한국간행물윤리위원회(1993), 왜 예술활동을 지원해야 하나: 「예술경제란 무엇인가?」, 서평문화. 제12집 (1993. 12) pp.87-92.

한국리더십센터 https://www.eklc.co.kr

한국문화예술교육진흥원 https://www.arte.or.kr/customer/compliment/index.do

한국코치협회 www.kcoach.or.kr

홍광수(2021) DISC연구소(blog.naver.com/hokwso), DISC조사 양식.

PMG 지식엔진연구소(2014), 최신 경제 상식 사전(전자책), 박문각.

The Bell News(2020. 4. 3.자) 위기의 완성차, '닛산 리바이벌 플랜'의 소환 https://www.thebell.co.kr/free/content/ArticleView.asp?key=2020040208385490801 04053&lcode=00

DBR(Dong-A Business Reviw)(2009), 리더십, 수치화가 가능한가, 불황기 고성과 리더십의 비결, Issue 1, 24호, 30호 https://dbr.donga.com/article/view/1203/article_no/1360/ac/a_view https://dbr.donga.com/article/view/1306/article_no/1685/ac/magazine

https://www.chosun.com/site/data/html_dir/2004/07/14/2004071470170.html 조선일보 (2004.7.14.일자), 박지성을 만든 히딩크 감독의 한마디

https://everydaymemo.tistory.com/7 : 16가지 성격유형(어세스타 MBTI결과보고서)

https://smartfuture−poscoict.co.kr/172 posco포스코ICT: 파이디어 스퀘어 자료

http://weekly.cnbnews.com/m/m_article.html?no＝115646 리더십이 경쟁력이다.

https://www.16personalities.com/ko/%EB%AC%B4%EB%A3%8C−%EC%84%B1%EA%B2%A9−%EC%9C%A0%ED%98%95−%EA%B2%80%EC%82%AC 무료 성격유형검사

https://m.blog.naver.com/PostView.naver?isHttpsRedirect＝true&blogId＝kohhh123&logNo＝220371813503 성격,적성과 DISC성격유형; 차은영 코칭스타일 연구소 자료

https://blog.naver.com/PostView.naver?blogId＝rlacjf33&logNo＝220654255045&redirect＝Dlog&widgetTypeCall＝true&directAccess＝false 비크만코칭연구소, #75. 행동유형모델 DISC 무료진단: 행동유형평가서 프로파일

Portal Site 자료 활용

Google.com / naver.com / daum.net

사진 자료

Google.com

https://www.autodaily.co.kr/news/articleView.html?idxno＝334672

https://yhgosh.tistory.com/154

https://designerzom.tistory.com/40

http://kid.chosun.com/site/data/html_dir/2021/11/01/2021110102072.html

https://m.dongascience.com/news.php?idx＝15973

https://www.hankyung.com/economy/article/202010255560i

https://m.blog.naver.com/atm7878/220702595585

http://www.munhwa.com/news/view.html?no＝2011061111119779322MWOS

https://blog.daum.net/ksk3914/16637973

https://blog.daum.net/pochapocha/143 55220

https://www.yna.com

저자소개

박정배 박사는 청운대학교 공연기획경영학과(4년제 최초), 문화예술경영·MICE(석사과정)을 개설하여 틀을 만든 초대 학과장·교수이다. 활발한 학회(KRI)에서 역할(회장·부회장·이사·감사 등)과 정부·자치단체·기업 등의 관련 분야에서 비상임위원으로 활동하고 있다. 최근에는 코칭·협상·갈등관리·한류CEO·엔터테인먼트경영·마케팅·문화 전문가과정 등도 이수하며 문화융합과정에 관심을 기울이고 있다.

박양우 박사는 제23회 행정고시에 합격한 후 주로 문화체육관광부에서 일했으며, 재직 중 대통령비서실 행정관, 주뉴욕 한국문화원장, 문화관광부 차관 등을 역임하였다. 2008년 중앙대학교 교수로 부임하여 부총장을 지냈고, 제8대 문화체육관광부 장관을 맡아 일했다. 한국예술경영학회 회장을 지냈고, 지금은 광주비엔날레 대표이사를 맡고 있다.

정재완 박사는 ICF인증코치(PCC)로서 조직의 경영자(CEO/임원)를 대상으로 10,000시간의 비즈니스코칭을 수행하였다. 경영지도사로 삼성전자, LG 등 200여 기업의 경영·마케팅전략 컨설팅하여 목표달성에 조력했다. 한국능률협회 컨설팅 컨설턴트·히트상품 심사위원, 한국생산성본부 전문위원, 신용보증기금 경영지도위원으로 컨설팅과 강의를 하였다. 현재 비즈니스코칭, 컨설팅 전문회사의 대표로 있다.

예술경영리더십 코칭

초판발행	2021년 9월 5일
중판발행	2021년 12월 5일
지은이	박정배·박양우·정재완
펴낸이	안종만·안상준
편 집	전채린
기획/마케팅	오치웅
표지디자인	Benstory
제 작	고철민·조영환
펴낸곳	(주)**박영사**
	서울특별시 금천구 가산디지털2로 53, 210호(가산동, 한라시그마밸리)
	등록 1959. 3. 11. 제300-1959-1호(倫)
전 화	02)733-6771
f a x	02)736-4818
e-mail	pys@pybook.co.kr
homepage	www.pybook.co.kr
ISBN	979-11-303-1373-3 93320

copyright©박정배 외, 2021, Printed in Korea

정 가   19,000원